图书在版编目（CIP）数据

物华旧影：1910-1911 年佛利尔镜头里的中国文化史
迹 / 常青著 . -- 北京：文物出版社，2019.6
　ISBN 978-7-5010-6135-8

　Ⅰ . ①物… Ⅱ . ①常… Ⅲ . ①文物—中国—图集②名
胜古迹—中国—图集 Ⅳ . ① K873 ② K928.7-64

　中国版本图书馆 CIP 数据核字 (2019) 第 090204 号

物华旧影
1910~1911 年佛利尔镜头里的中国文化史迹

常　青/著

责任编辑 / 许海意
责任印制 / 张道奇
责任校对 / 陈　婧
装帧设计 / 谭德毅

出版发行 / 文物出版社
社　　址 / 北京东直门内北小街 2 号楼
邮政编码 / 100007
网　　址 / http://www.wenwu.com
邮　　箱 / web@wenwu.com
经　　销 / 新华书店
制版印刷 / 鑫艺佳利（天津）印刷有限公司
开　　本 / 889mm×1194mm　1/16
印　　张 / 23印张
版　　次 / 2019年6月第1版
印　　次 / 2019年6月第1次印刷
书　　号 / ISBN 978-7-5010-6135-8
定　　价 / 320.00元

I appreciate the generosity of the Smithsonian Institution and the Freer Gallery of Art and Arthur M. Sackler Gallery in offering the images for the book as a courtesy, and I thank Mr. David Hogge, Head of Archives of the Freer|Sackler, over the years carefully digitized all these photographs Freer taken in 1910–1911 China.

感谢史密森博物学院以及其旗下的佛利尔美术馆、赛克勒美术馆无偿提供本书的全部图片，也向数年来将佛利尔在1910~1911 年的中国拍摄的照片精心数码化的佛利尔美术馆、赛克勒美术馆档案部主任霍大为先生致谢。

Charles Lang Freer（1854–1919）
佛利尔（1854~1919）

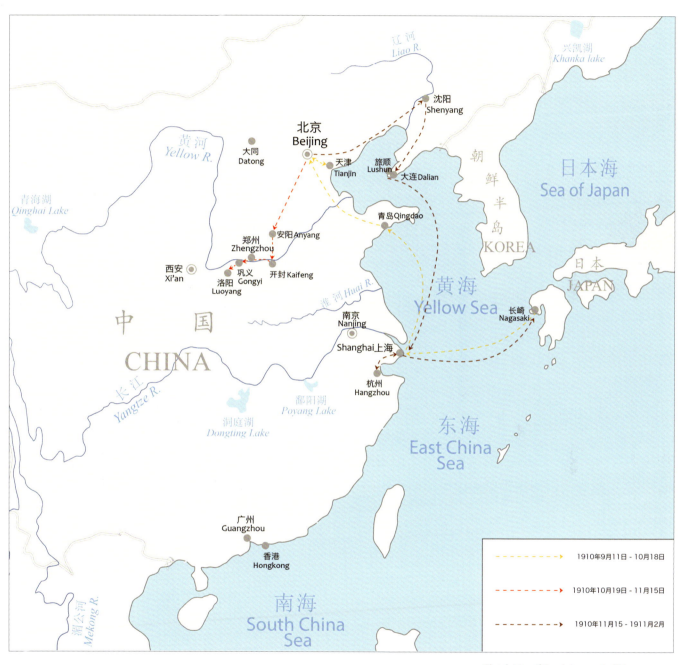

北京
Beijing

大同
Datong

黄河
Yellow R.

青海湖
Qinghai Lake

辽河
Liao R.

兴凯湖
Khanka lake

沈阳
Shenyang

天津
Tianjin

旅顺
Lushun

大连 Dalian

朝鲜半岛
KOREA

日本海
Sea of Japan

郑州
Zhengzhou

安阳 Anyang

青岛 Qingdao

西安
Xi'an

巩义
Gongyi

开封 Kaifeng

洛阳
Luoyang

淮河 Huai R.

黄海
Yellow Sea

日本
JAPAN

中　国
CHINA

南京
Nanjing

长崎
Nagasaki

长江
Yangtze R.

鄱阳湖
Poyang Lake

洞庭湖
Dongting Lake

Shanghai 上海

杭州
Hangzhou

东海
East China
Sea

广州
Guangzhou

香港
Hongkong

南海
South China
Sea

湄公河
Mekong R.

1910年9月11日 - 10月18日	
1910年10月19日 - 11月15日	
1910年11月15 - 1911月2月	

Sketch Map of Freer's journey in China, 1910-1911
By Louie Y. Liu
1910~1911 年佛利尔中国旅行示意图
刘艺绘制

Selected Events of Freer's journey in China, 1910–1911
1910~1911 年佛利尔中国旅行大事记

1910 年

9 月 11 日	佛利尔从日本长崎市抵达上海，当天就前往一些地点参观中国陶瓷器与绘画作品。
9 月 15 日或之后	乘船前往青岛参观。
9 月 21 日之前	从青岛前往北京。在北京期间，他参加了正在北京访问的美国战争部长和他的妻子举办的正式晚会，并由此关系得以参观了紫禁城。他还去天津访问了著名收藏家端方（1861~1911）。
10 月 19 日	乘火车离开北京，夜宿安阳。
10 月 20 日	乘火车到达开封。
10 月 21 日	上午，参观开封卧龙宫、大相国寺、二曾祠。下午，逛开封店铺、参观城市。
10 月 22 日	上午，参观开封禹王台、繁塔。下午，参观祐国寺铁塔。
10 月 24 日	上午，重游繁塔，参观周围的寺庙建筑。下午，在龙亭等处参观。
10 月 25 日	乘火车离开开封府，经郑州，到达巩县（今河南巩义）黑石关，借宿于一所学校。该校舍由政府建于 1900 年，曾为慈禧太后从西安返回北京时休息之用。
10 月 26 日	途经白沙村，参观巩县大力山石窟。
10 月 27 日	参观巩县北宋永昭陵和永厚陵。下午四点，乘火车前往洛阳。
10 月 28 日	游览河南府洛阳城。
10 月 29 日	河南府衙门派出六名配有步枪的士兵、三辆骡车、一顶轿子，配同佛利尔一行前往龙门石窟考察。途中参观关林庙。佛利尔一行可以使用龙门石窟宾阳洞正前方一座清代木构寺庙，他住宿于潜溪寺的三座建筑构成的院落中。
10 月 30 日	简要参观龙门石窟。佛利尔在日记中写道："它能与任何存世的古迹媲美！""我将在这些满是瑰宝的石窟中徜徉数日。"
10 月 31 日	上午，参观龙门石窟宾阳三洞。下午，参观龙门东山石窟寺和依山崖而建的木构寺庙。有一位河南府官员来访。
11 月 1 日	参观龙门石窟宾阳三洞，佛利尔和周裕泰、南明远拍下了在此地的第一组照片。然后参观老龙洞、莲花洞，并拍照。下午，有河南府官员来访，并在晚上将护卫增加到十二位，以防当地土匪。
11 月 2 日	参观龙门石窟莲花洞、潜溪寺洞、慈香窑、万佛洞、极南洞、古阳洞等洞窟。
11 月 3 日	第四次参观龙门石窟奉先寺大卢舍那像龛，并再次参观古阳洞，周裕泰拍摄照片，宗先生作拓片。
11 月 4 日	继续在龙门石窟宾阳三洞拍照，在古阳洞作拓片。
11 月 5 日	继续在龙门石窟拍照和制作拓片。
11 月 6 日	继续在龙门石窟古阳洞、宾阳三洞拍照和制作拓片。下午，有河南府官员来访，谈及追捕当地土匪事宜。

11 月 7 日	考察龙门东山香山寺，制作石碑拓片。再回龙门西山，为两块石碑作拓片。
11 月 8 日	佛利尔在其龙门潜溪寺住所前亲见河南府官员、士兵抓捕的土匪。
11 月 9 日	周裕泰为佛利尔的随从、河南府派来的士兵、寺院僧人在宾阳洞前拍合影照片留念。
11 月 10 日	在龙门石窟参观四座大型石窟，以及西山南端众多石窟。
11 月 11 日	在龙门石窟，佛利尔重游自己最喜爱的洞窟，称"这是我在龙门度过的最有趣的时光"。
11 月 12 日	离开龙门石窟前往河南府。在出发前，周裕泰为众人拍照留念。下午，在洛阳老城区游览石牌坊和古寺庙、古民居。晚上，与河南府官员一起用餐。
11 月 13 日	参观洛阳老城区东门外两座宋代寺庙、城西的明代牌坊、一座明代寺庙。晚上，在河南府衙门与府尹等官员一起用餐。
11 月 14 日	参观洛阳白马寺。
11 月 15 日许	返回北京。在京期间，专注于购买陶瓷器、青铜器、绘画。
12 月 21 日	离开北京前往沈阳，访问那里的宫廷文物收藏。
12 月 25 日之后	到大连、旅顺旅行。

1911 年

1 月	从东北前往上海。在上海，佛利尔见到了著名收藏家庞元济（1864~1949）收藏的文物精品，他从庞元济手中购买的文物包括传为唐代著名画家阎立本（601~673）绘《锁谏图》的元明时期摹本。
2 月 9 日	经河道与运河从上海乘船前往杭州。在杭州，佛利尔参观游览了西湖沿岸，以及灵隐寺、飞来峰石窟、雷峰塔、保俶塔、净慈寺、岳王庙、苏小小墓、竹素园等名胜古迹，拍摄了大量珍贵历史照片。
2 月 20 日	乘火车从杭州返回上海。再从上海乘船前往日本长崎。

该大事记的编写系根据 John A. Pope, "Preface [序言]"，刊于 *The Freer Gallery of Art: China* [佛利尔美术馆：中国]（Tokyo: Kodansha Ltd., 1971），第 9~14 页；查尔斯·兰·弗利尔著、李雯、王伊悠译：《佛光无尽——弗利尔 1910 年龙门纪行》，上海：上海书画出版社，2014 年。

Abstract

Charles Lang Freer (1854–1919) was an American industrialist and art collector. In 1906 he donated his extensive Asian Art collection to the nation, founding the The Freer Gallery of Art, the first museum in the Smithsonian Institution, Washington D.C., to exhibit his collection. With the founding of The Arthur M. Sackler Gallery in 1982, the two art galleries are now called the National Museum of Asian Art for the United States. Over the years, these two art galleries have influenced many Asian art collectors and museums in the country.

In the last years of the Qing dynasty (1644–1911) , Freer visited China four times, and bought a large number of antique works for his collection. At the same time, he was deeply engrossed in researching Chinese history, culture, and art history. In 1910–1911 he visited China for the last time. His trip took him to Kaifeng, Gongxian, and Luoyang in Henan province, and Hangzhou in Zhejiang province. Here, together with his Chinese professional photographers Zhou Yutai (Utai in Freer's diary) and others, he made many high quality black–and–white photos. Since his last visit, numerous historical sites, including some he photographed, have been damaged or destroyed. For instance, the Crouching Dragon Palace, the Ancestral Shrine of the two Zen brothers in Kaifeng, and the Zhusu garden in Hangzhou no longer exist. The relief carved images of the Procession of the Emperor and Empress in the central cave of Binyang at the Longmen grottoes, Luoyang were looted by antique dealers, and are currently housed in two museums in the United States. Some historic sites, such as the Shrine and Tomb of Yue Fei and the Tomb of Su Xiaoxiao in Hangzhou, were also partially destroyed and their original features changed. Fortunately, the 234 photos taken and collected by Freer, which currently reside in the Freer/Sackler Archives, faithfully record the historical features of those sites as well as the arts of the late Qing period; thus providing a valuable context for scholars researching materials on history, archaeology, art and related subjects.

In the Introduction to the book, the author summarizes Freer's journey in China and his photography. Viewing his photography, it is not hard to see his enthusiasm for Chinese culture and antique works of art. The main section of the book is divided into four parts, relating to the four areas of China visited by Freer. Each subsection of the book presents general information and the history of each site visited, along with comparative photos of the current condition of the sites. Additionally, the author will publish drawings, which illustrate the basic structure of some of the artistic works, as well as layouts of some cave temples and historical sites.

This book marks the first time that the entirety of Freer's photographs will be published and made available to scholars, connoisseurs, and collectors in the field of Asian art.

内容提要

　　佛利尔（1854~1919）是美国著名的工业家、艺术收藏家。1906 年，他将其丰厚的亚洲艺术收藏捐献给了国家，并在其后建立了史密森博物学院旗下的第一家博物馆——佛利尔美术馆以展出他的藏品。1982 年，随着赛克勒美术馆在其旁建立，这两家美术馆便被合起来命名为美国国立亚洲艺术博物馆。在 20~21 世纪，这两家美术馆对美国博物馆的亚洲艺术收藏与展览影响颇深。

　　在清朝的末年，佛利尔曾经在中国旅行四次，购买了大量的文物与艺术品。佛利尔在收藏中国古代艺术品的同时也醉心于对中国历史、文化、文物的研究。1910~1911 年的中国之行，是他五次中国行之中收获最大的一次，重点访问了开封、巩县、洛阳、杭州四地。在那次的旅行与参观之中，所到之处，均请专业摄影师周裕泰等随行拍摄了大量高质量的文物古迹的干板照片。由于历史原因，这四地许多古迹其后受到了不同程度的毁坏，如开封卧龙宫、二曾祠，杭州竹素园等地已荡然无存，龙门石窟北魏开凿的宾阳中洞帝后礼佛图浮雕已被全部盗凿。还有一些古迹也惨遭不同程度的破坏，改变了历史上的本来面目，如杭州苏小小墓、岳王庙等地。而现存于佛利尔美术馆档案部的 234 幅照片为我们保存了它们在清朝末年的历史面貌，是不可多得的珍贵研究资料。

　　本书《前言》重点说明佛利尔在中国的旅行与拍摄这些照片的过程，从中可以看到他对中国文化与古代艺术的真实情感。本书的主体内容分为四部分，全部发表佛利尔在开封、巩县、洛阳、杭州拍摄的历史遗迹照片，并介绍每一处历史遗迹的沿革与现状，辅以现状照片以资比较，以期让读者全面了解每处文化地点的历史面貌与现状。部分文物古迹还附有测量图，展现其基本结构。

　　这是佛利尔在中国所拍摄历史照片的首次全部发表，对研究与爱好中国考古与艺术史的学者、鉴赏家、收藏家都有非常高的参考价值。

*The auther and David Hogge at the Achieves of
the Freer | Sackler, July of 2015*
2015 年 7 月，作者与霍大为摄于佛利尔 - 赛克
勒美术馆档案

Acknowledgements

鸣　谢

我与佛利尔美术馆的结缘始自 1999 年。1999 年 10 月 1 日，我被邀请来到华盛顿，在佛利尔美术馆作资深访问学者两年。我当时的工作重心是中国佛教雕塑，考察记录了该馆收藏的所有 300 多件中国佛教雕塑作品，包括抄录所有造像题记。在这个调查基础上，经过后期的研究，最终完成了专著《金石之躯寓慈悲：美国佛利尔美术馆藏中国佛教雕塑》二卷，由文物出版社于 2016 年出版发行，对大部分佛利尔美术馆收藏的中国佛教造像作了重新研究与评价，并发表了所有 330 多件馆藏造像的客观资料。在做这项研究的时候，我发现佛利尔在清朝末年的中国开封、巩县、洛阳、杭州考察时，还拍摄了一大批照片，引发了我对写作第二本关于佛利尔的书的兴趣。

此书的写作与出版，如果没有佛利尔 – 赛克勒美术馆档案部主任霍大为（David Hogge）的支持与帮助，是不可能完成的。2015 年 6 月，我与霍大为先生取得了联系，谈了在中国出版佛利尔在中国拍摄的老照片的想法，立即得到了他的支持。他不仅送给我一本他与其他人合作出版的佛利尔在中国旅行日记的中文版《佛光无尽》，还提供了他制作的佛利尔在中国拍摄的所有照片的数码照片和说明文字，供我研究使用。2015 年 7 月，我再访佛利尔美术馆，与霍大为具体商谈了我的写作与出书计划，并再次得到他的支持。在我回到达拉斯家中不久，霍大为就把所有佛利尔老照片的高清数码 TIF 文件发给了我，确保了这些照片的高质量出版。

在写作期间，佛利尔 – 赛克勒美术馆图书馆管理员舒悦女士（Yue Shu）帮助我查找部分相关资料。我在达拉斯工作，身边缺少可查的资料。每当需要查阅一篇文章时，就发信给舒悦女士，她都非常及时地为我查找、扫描文章，再制成 PDF 文件，用电子信发给我。内心对舒悦女士为我所做的帮助的感激，在此无法用语言来形容。当我需要某个刊物或书中的一幅图时，舒悦则请霍大为先生帮助扫描，再通过电子信发给我。再次衷心感谢霍大为先生的无私帮助！

我还要感谢佛利尔 – 赛克勒美术馆版权事务办公室（Rights and Reproductions Coordinator）的 Jennifer E. Berry 女士在版权和出版相关手续上的帮助。前迈阿密大学洛尔艺术博物馆馆长（Director, Lowe Art Museum, University of Miami, 1990–2014）Brian A. Dursum 先生审阅修订了英文标题与内容提要，特此致谢！

Introduction:
Freer's Journey in China

前言：佛利尔的中国之旅

本书的主体内容是保存在位于美国首都华盛顿的佛利尔美术馆（图 1）（Freer Gallery of Art）的一批老照片，由该馆的创建者、美国著名艺术品收藏家佛利尔（Charles Lang Freer，1854~1919）在 1910~1911 年的中国考察时拍摄。如今的佛利尔美术馆与相邻的赛克勒美术馆合称为佛利尔 – 赛克勒美术馆（The Freer Gallery of Art and Arthur M. Sackler Gallery，或简称为 Freer|Sackler），它们是一套行政管理下的两个独立博

物馆，合起来称为国立亚洲艺术博物馆（The National Museums of Asian Art），隶属史密森博物学院（The Smithsonian Institution）（图2）[1]。

1840年的鸦片战争，英国人用炮火打开了中国的通商大门，从此在西方发达国家的文化领域里掀起了前往遥远的东方探险热潮，也引起了外国收藏家与古董商们对中国古代文物与艺术品的极大兴趣。于是，到了20世纪上半叶，大量外国收藏家与古董商前往中国搜求古代艺术品，佛利尔对中国文物古迹的调查和对古代艺术品的收藏，包括他的美术馆在美国的建立，便是这种大的历史背景下的产物。佛利尔在清朝末年的中国之旅，还为我们留下了一笔可观的文化遗产，就是他对所调查的文物古迹的摄影记录。这些古迹经历了20世纪的沧桑，如今很多已非原始面貌，他的照片却为我们留下了极其珍贵的历史资料。

20世纪初中国文物古迹的变迁与记录

保存在地下的墓葬和地面的佛寺、道观、祠庙、佛塔、园林、石窟寺等文物古迹，具有鲜明的地域性、组合的完整性、不可再造性等特点。也就是说，这些古迹本身的存在就与它们所在地点有着千丝万缕的联系；其建筑和之内的艺术作品的完整组合十分重要，缺一不可；如果它们完全或部分被毁坏了，就是再做弥补，也不可能使它们的原貌与内涵得以恢复。这些古迹再现着一个民族的记忆，是中华民族璀璨文明的重要组成部分。

Fig. 2. National Mall in Washington D.C.
The building with the Red Arrow pointed is the Freer Gallery of Art
图2：鸟瞰华盛顿国家大广场之国会大厦与史密森博物学院（红箭头所指者为佛利尔美术馆）

[1] 史密森博物学院位于美国首都华盛顿，是全世界最大的博物馆群，管辖十九座博物馆和美术馆、国家动物园以及九家研究机构。

在中国五千年历史中，20世纪是最为跌宕、巨变的一百年，也是文物古迹遭受最大破坏的世纪。在1949年以前，战争的灾难，无疑毁坏了众多的古迹。但在20世纪的和平年代，由于领导人的主观意志，对文物古迹的破坏往往比战争更为彻底。例如在民国初年的河南开封，笃信基督教的冯玉祥将军（1882~1948）在治理河南期间，曾经拆毁过不少地上古迹。例如，他为了开辟开封小南门，扩展马路，将卧龙宫拆毁；为了开阔开封龙亭贯穿南北的驰道，他下令拆除了万寿观牌坊，还逐散道士，打毁吕祖庙及火神庙中的泥塑神像。冯玉祥还把开封大相国寺改为"中山市场"，直到1949年该寺的宗教功能才得以恢复。冯玉祥把开封二曾祠的大门改为西式建筑，使其原有的祭祀功能不复存在，导致了这所晚清古迹最终消失于20世纪60年代。20世纪六七十年代的"文化大革命"使无数地面上的古迹遭到严重破坏，越是位于人口稠密的大城市，破坏越严重，仅在杭州一地，被毁的古迹就有岳王庙、苏小小墓、净慈寺、灵隐寺等，还有部分石窟和摩崖造像。

有的地上古迹则是因为年久失修而毁坏消失的。杭州的雷峰塔就是如此。清朝末年到民国初期，民间盛传雷峰塔砖具有"辟邪""宜男""利蚕"的特异功能，因而屡屡遭到盗挖。1924年9月25日，历经沧桑的雷峰塔砖砌塔身终于轰然坍塌。

有的古迹则是在其原有功能消失以后，被改作他用，从而使其原有的文化面貌与因素完全从人们的记忆中抹去了。例如，清朝乾隆年间（1736~1795）的高官李卫（1687~1738）在杭州修建的竹素园，因其后来的失势而日渐颓废。以后几废几立，在光绪年间（1875~1908）被改为蚕学馆，即今浙江工程学院的前身。民国后期再改作他用，1952年后为浚湖工程处工地，1956年改为杭州市园林管理局所在地。到了1991年开始重新修建竹素园时，已完全没了原始面貌。

20世纪上半叶，一些重要佛教石窟寺也遭到过严重破坏。虽然没有彻底摧毁它们，但盗凿其中佛像的行为，使一些洞窟内容组合的完整性不复存在。例如，一些古董商参与的对河南巩县大力山石窟和洛阳龙门石窟雕刻的盗凿，就严重损坏了这些窟龛内造像的完整性。一所洞窟的主要造像虽然还在那里，但很多造像的头部被盗走了，破坏了它们原有的宗教功能和完整视觉效果。这种残缺给中华民族的历史记忆带来了不可弥补的永远遗憾。

上面提到的文物古迹被毁之例，只是本书中的部分内容。在中国的大地上，20世纪毁掉的文物古迹不可胜数。在19世纪末至20世纪初，很多西方及日本学者到中国考察历史遗迹，从现代考古学、建筑学等角度记录、研究调查所得的资料，出版他们的旅行日记、考察照片、考古报告等，为我们保留了部分被毁或损坏古迹的历史资料。这样的记录工作可以分为两种：一种是边记录边破坏，一种是纯考察式的记录。

一些西方探险家和考古学家在中国所做的考古调查和发掘，就是边记录边破坏，包括一些英国人、法国人、日本人、俄国人、德国人、美国人在中国的探险活动[2]。例如，斯坦因（Marc Aurel Stein，1862~1943）是世代居住于匈牙利的犹太人，曾在印度北部旁遮普大学任督学，在东方学院任校长。1900年，作为考古学家的斯坦因在新疆塔克拉玛干沙漠南沿米兰、和田发掘古代佛寺遗址（图3），发现了大量珍贵的佛教建筑、雕塑与壁画，但他却搬运走了很多发掘品[3]。他于1904年入了英国籍，并在随后的1907年中国之行中收获巨丰——从敦煌莫高窟新发现的藏经洞中获取了九千多卷古代写本和数百幅唐五代时期的佛画[4]。斯坦因从中国获取的文物现藏大英博物馆（The British Museum）与印度新德里国家博物馆（National Museum, New Delhi）。法国汉学家伯希和（Paul Pelliot, 1878~1945）于1908年来中国考查，也从敦煌莫高窟获取了古代文书六千余卷与一百多幅佛画，现藏法国巴黎的吉美国立亚洲艺术博物馆（Musée national des Arts Asiatiques-

---

[2] 参见 Peter Hopkirk, *Foreign Devils on the Silk Road: The Search for the Lost Cities and Treasures of Chinese Central Asia* [丝绸之路上的魔鬼：探索失去的中国中亚古城与珍宝], Amherst: The University of Massachusetts Press, 1980.

[3] Aurel Stein, *Ancient Khotan: Detailed Report of Archaeological Exploration in Chinese Turkistan*, Oxford: Clarendon press, 1907.

[4] British Museum, ed., *Seiiki bijutsu* 西域美术 [The Art of Central Asia], vol. 2. Tokyo: Kōdansha 讲谈社, 1982.

Fig. 3. Wall painting and relief sculpture in small room of a Buddhist shrine
Dandan Uilik, Khotan, Xinjiang
Photograph in 1907
From Aurel Stein, Ancient Khotan, vol. 1, fig. 30
图 3：1907 年斯坦因在新疆和田丹丹乌里克发现的佛教寺院遗址
采自斯坦因《古代和田》第 1 卷，图 30。

guimet）。但同时，伯希和出版的对莫高窟的调查，为我们保留了珍贵的莫高窟在清朝末年的历史资料[5]。1903 年，日本人渡边哲信（1874~1957）和崛贤雄在新疆一带探险之时，从拜城克孜尔石窟中切割走了一批佛教壁画。1911 年，日本人吉川小一郎和橘瑞超（1890~1968）在敦煌莫高窟得到了 360 多卷中国古代写经。1907~1909 年，俄国考古学家科兹洛夫（Пётр Кузьми́ч Козло́в，1863~1935）在位于今内蒙古额济纳旗的西夏（1038~1227）与元代（1271~1368）修筑的黑水城遗址发掘出了三百多幅佛教绘画与雕塑，现藏圣彼得堡艾尔米塔什博物馆（The State Hermitage Museum，Saint Petersburg）[6]。1902~1905 年，德国考古学家格伦威德尔（A. Grunwedel，1856~1935）、勒科克（Albert von Le Coq，1860~1930）等人在新疆吐鲁番发掘了高昌故城与柏孜克里克石窟、拜城克孜尔石窟等遗址，搬走了大量的佛教泥塑像，切割走了许多精美的佛教壁画。这些德人获得的绝大部分中国佛教文物现藏柏林亚洲艺术博物馆（Museum für Asiatische Kunst，Berlin），但有相当一批大型壁画毁于二战的战火。

另外，还有一批西方和日本学者则是以纯考古调查为目的，他们留下的摄影记录更为全面与珍贵。例如，清光绪三十三年（1907），被誉为"西方汉学第一人"的法国人爱德华·沙畹（Émmanuel-Édouard

---

[5] 伯希和著，耿昇译：《伯希和敦煌石窟笔记》，兰州：甘肃人民出版社，2008 年。

[6] Mikhail Piotrovsky, ed., *Lost Empire of the Silk Road: Buddhist Art from Khara Khoto (X-XIIIth Century)*, Electa: Thyssen-Bornemisza Foundation, 1993.

Chavannes，1865~1918）及摄影师、拓工在内的一行人等，在短短数月间，遍历中国河南、四川、山西、山东、陕西、辽宁、吉林、北京各地名胜古迹，考察记录、摄影拓片，较为科学地采集了宝贵的一手图文资料。归国后不久，沙畹即于巴黎推出了精印照片集《北支那考古图谱》[7]。瑞典汉学家喜龙仁（Osvald Siren，1879~1966）于 1918 和 1921 年调查了位于河南洛阳的龙门石窟古阳洞，又在 1922 年考察了山西太原天龙山石窟等地。1925 年，他出版的《中国雕塑》，收录了一些龙门石窟照片。当时最大最全面的中国地上文物古迹摄影记录是日本人出版的《支那文化史迹》十二辑。常盘大定（1870~1945）是日本研究中国佛教学者、古建筑学家。1920 年以后，曾先后五次到中国研究佛教史迹。关野贞（1868~1935）是建筑史学家，1918 年到中国众多省份广泛调查古建筑、陵墓和佛教艺术。由二人合作编辑的《支那文化史迹》十二辑收图 2000 余幅，每辑都有解说一卷，由法藏馆于 1939~1941 年陆续出版。1975~1976 年，法藏馆以"中国文化史迹"为名对该书进行了再版。该书的摄影所介绍的中国古迹涵盖了河北、山东、四川、湖北、江西、安徽、江苏、陕西、山西、浙江、福建、河南、广东、湖南等省。1936 年，日本学者水野清一（1905~1971）、长广敏雄（1905~1990）合作在河北邯郸响堂山石窟、龙门石窟进行短期考察，1941 年出版《龙门石窟の研究》[8]《響堂山石窟：河北河南省境における北齐时代の石窟寺院》[9]，记录了许多两地石窟的珍贵资料。但这两位日本学者当时在中国的主要工作是研究山西大同云冈石窟。他们在 1938~1945 年集中进行的现场工作，包括调查、发掘、测绘、摄影等。第二次世界大战结束后，他们

转入编写报告阶段，这便是他们在 50 年代出版的 16 卷《云冈石窟》（副题为：公元 5 世纪中国北部佛教石窟寺院的考古学调查报告）[10]。这部著作卷帙浩大，内容广泛，堪称 20 世纪日本学者研究云冈石窟的代表作，也是对 50 年代以前云冈石窟研究的总结与提高。

上面提到的西方和日本学者的贡献只是几个典型之例。实际上，这些学者们的出版物，后来被一些古董商利用，作为针对某些杰出作品的盗窃指南。在现存中国众多的石窟寺中，山西太原天龙山石窟在 20 世纪上半叶损毁最严重（图 4）。这处石窟在 20 世纪初就引起了国内外学者的重视，不少学者陆续做了调查和研究。外国学者 E. 博尔斯曼（1908 年）和弗里尔（1910 年）最早调查了天龙山石窟[11]。嗣后，日本学者关野贞于 1918、1921 年两度涉足该石窟，做了文字记录和编号[12]。常盘大定（1920、1923 年）[13]、山中定

Fig. 4. South side of the central pillar
Cave 8 of Tianlongshan Cave Temples
Taiyuan, Shanxi Province
图 4：山西太原天龙山石窟第 8 窟中心柱南壁

[7] mmanuel-douard Chavannes, *Mission Archeologiquedaus la Chine Septentrionale* [北支那考古图谱], Paris: Leroux, 1909-1915.

[8] Mizuno Seiichi 水野清一 (1905-1971) and Nagahiro Toshio 长广敏雄 (1905-1990), *Ryūmon sekkutsu no kenkyū* 龙门石窟 の 研究 [*Research on Longmen Cave Temples*], Tōkyō : Zayuhō Kankōkai 座右宝刊行会, 1941.

[9] Mizuno Seiichi 水野清一 (1905-1971) and Nagahiro Toshio 长广敏雄 (1905-1990), *Kyōdōzan sekkutsu: Kahoku Kanan shōkyō ni okeru Hokusei jidai no sekkutsu jiin* 响堂山石窟：河北河南省境における北齐时代の石窟寺院 [*Xiangtangshan Cave Temples: Northern Qi Cave Temples in Hebei and Henan Provinces*], Kyōto : Tōhō Bunka Gakuin Kyōto Kenkyūjo 东方文化学院京都研究所, 1937.

[10] Mizuno Seiichi 水野清一 (1905-1971) and Nagahiro Toshio 长广敏雄 (1905-1990). 云冈石窟：西暦五世纪における中国北部佛教院の考古学的の调查报告 *Yün-kang: The Buddhist cave-temples of the fifth century A.D. in North China.* Kyoto: Jimbunkagaku Kenkyusho, Kyoto University 京都大学人文科学研究所, 1951-1955.

[11] Harry Vander Stappen and Marylin Rhie, "The sculpture of T'ien Lung Shan: Reconstruction and Dating", *Artibus Asiae* Vol. XXVII, 3, 1965.

[12] 关野贞：《天龙山石窟》，《佛教学杂志》，第 3 卷第 4 号，1922 年。

[13] 常盘大定、关野贞：《支那佛教史迹》评解三，日本佛教史迹研究会，1926~1927 年。

次郎（1924、1926 年）（图 5）[14]，以及瑞典学者喜龙仁（1922、1928 年）[15] 都曾经先后调查天龙山，并对天龙山各时期的造像特点提出了自己的见解。1921 年，田中俊逸调查天龙山时，对洞窟进行了详细的记录、照相和系统编号[16]。其后，以山中定次郎的山中商会为首，对天龙山石窟进行了盗凿，使其造像精华的大部分流失海外。另一例是龙门石窟宾阳中洞的《帝后礼佛图》浮雕，被美国纽约大都会艺术博物馆东方艺术策展人普爱伦（Alan Priest，1898~1969）看中。1934 年，他前往北京，与琉璃厂的古玩商人岳彬（？ ~1954）签

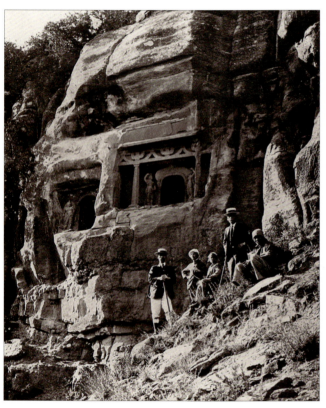

Fig. 5. Yamanaka Sadajirō（1866–1936）and his assistants at Tianlongshan grottoes, Taiyuan, Shanxi province
Photograph in 1920s
图 5：20 世纪 20 年代山中定次郎（1866~1936）在天龙山石窟

定了一个买卖合同，他愿付 14000 银元从岳彬手中买下此浮雕[17]。其后，岳彬与洛阳的古玩商人合谋，盗凿了宾阳中洞的《皇帝礼佛图》与《皇后礼佛图》。《皇帝礼佛图》于 1935 年入藏大都会艺术博物馆（图 6）。《皇后礼佛图》后被美国堪萨斯城纳尔逊艺术博物馆收藏。

在 20 世纪上半叶，因为外国学者的报道而引发的文物盗窃活动是不幸的，但文物古迹被破坏后又更显这些外国学者考察记录的可贵。在众多外国人对中国文物古迹的考察成果中，有一位美国人的贡献却长期不为中国人所知，他就是佛利尔。

佛利尔的清末中国之旅[18]

1856 年 2 月 25 日，佛利尔出生于纽约州的肯斯顿（Kingston）。他的祖先是法兰西胡格诺教徒（Huguenots），因 17 世纪的宗教迫害而逃离法国。佛利尔的小学与初中是在公共学校学习的。但当他 14 岁时，他进入了邻居开办的水泥厂工作。16 岁时，他成为了位于肯斯顿的 John C. Brodhead 总店的一名店员。在同一座办公楼里，有纽约肯斯顿与锡拉库扎（New York, Kingston & Syracuse）铁路的办公室，Col. Frank J. Hecker（1846~1927）是该铁路的主管。Hecker 被年轻的佛利尔的工作能力所吸引，并在 1873 年将佛利尔雇入了自己的公司。佛利尔从此开始了自己真正的铁路事业生涯。几年的铁路工作之后，佛利尔跟随 Hecker 来到底特律，参与了制造火车的半岛火车工厂组织并成为财务助理。1880~1900 年，佛利尔致力于这个火车制造公司的工作，并于 1900 年之后从他活跃的生意场中退休了，时年 44 岁。

在其生命的后 19 年里，佛利尔以极大的兴趣专心

---

[14] 山中定次郎：《天龙山纪行》，《天龙山石佛集》山中商会，1928 年。

[15] Osvald Siren, *Chinese Sculpture: From the Fifth to the Fourteenth Century*, London, 1925.

[16] 小野玄妙、田中俊逸：《天龙山石窟》，东京：金尾文渊堂，1922 年。

[17] 参见王世襄：《记美帝搜刮我国文物的七大中心》，《文物参考资料》1955 年第 7 期，第 45~55 页。

[18] 这部分内容的编写系根据 John A. Pope, "Preface [序言]"，刊于 *The Freer Gallery of Art: China* [佛利尔美术馆：中国]（Tokyo: Kodansha Ltd., 1971），第 9~14 页；查尔斯·兰·弗利尔著、李雯、王伊悠译：《佛光无尽——弗利尔 1910 年龙门纪行》，上海：上海书画出版社，2014 年（因此书引用较多，后面注释便只给出书名、页码）。

Fig. 6. Procession of Emperor Xiaowen
Limestone
Dated 505–523 CE
Northern Wei Dynasty（386–534）
Front（eastern）Wall of the Central Cave of Binyang
Longmen Grottoes, Luoyang of Henan
Fletcher Fund, 1935, 35.146
The Metropolitan Museum of Art, New York City
Photograph courtesy of The Metropolitan Museum of Art
图6：美国纽约大都会艺术博物馆藏龙门石窟宾阳中洞
《孝文帝礼佛图》 北魏

致力于他的艺术品收藏的研究与发展。在19世纪80年代初期，佛利尔开始了他的艺术品收藏。1888年，他开始将自己越来越多的注意力转向了日本艺术，并由此将收藏方向又转向了中国古典艺术（图7）。佛利尔于1895、1907、1909、1910~1911年共四次访问东亚国家。在这些旅行与访问之中，佛利尔对一些公共与私人艺术品收藏进行了研究，与当地学者、收藏家们探讨有关问题，同时购买他感兴趣的艺术品以丰富其收藏。佛利尔的日记与信件展现了他从这些访问中学到的知识，以及他对自己学识的谦虚。就是在他成为了受人赞誉的重要收藏家之后，他仍以谦恭待人。

佛利尔首次访问中国是在1895年，当时他39岁。

Fig. 7. Freer studying a scroll
Photograph
图7：佛利尔在研读卷轴画

实际上，他的首次中国行是前往日本途中在香港三天与上海一周的停留，却对这个他仅为之短短一瞥的国家极为欣赏，并从此开始构筑自己的亚洲艺术收藏。

1907 年，佛利尔在十二年后再次访问中国时，已是闻名遐迩。但他仍以谦逊的态度把他的中国之行当做一次进一步学习中国艺术的机会。与前次相同，这次的中国行也很短暂。他抵达香港时，正值星期日复活节的 3 月 31 日。在那里，他购买了一些中国陶瓷器，然后于 4 月 2 日前往广东去买更多的艺术品。这是他的首次中国内陆之行。与香港的西方风格形成鲜明对比的被古城墙围绕着的广州给他带来了极佳的深刻印象。然后，他再次返回香港，又买了一些陶器和青铜器，再前往上海。在上海逗留的三天时间里，他集中精力购买了一些文物，然后乘船前往日本（图 8）。

两年以后的 1909 年，佛利尔再次来到香港。他住在德国驻港总领事位于山间的别墅里，可以远眺欣赏香港湾的美景。德国总领事也十分喜爱中国古代艺术，给佛利尔介绍认识了许多来自广东与香港的古玩专家、收藏家与古董商人。他们二人常在一起探讨学习。之后，佛利尔前往上海作了短期停留，再前往山东青岛，那里是德国人的一个重要租借地。接着，他经由天津前往北京。在天津访问期间，他参观了满洲贵族、清末政治家、金石学家、收藏家端方（1861~1911）的私人收藏。在佛利尔的眼里，这是他所见过的最好的私人收藏，而端方也是他遇到过的最热情与最有才情的收藏家。

在北京，佛利尔参观了几个最为著名的历史丰碑性的建筑，包括天坛、先农坛、鼓楼等。为了方便处理自己的生意，他在北京内城租了几间房子。喧闹的北京内城极大地吸引着他，令他那时便将其与同为历史文化名城的埃及的开罗与土耳其的君士坦丁堡相比。在北京城外的旅行中，他参观了颐和园、长城、明十三陵。在四个半星期的北京之行里，佛利尔积累了一个大的收藏，包括青铜器、陶瓷器与绘画。在离开北京之前，他把购买的所有中国艺术品打包装了八个货运箱，运往他底特律的家中。他极为自豪地写道，这些购买使他的中国藏品水平超越了他的日本与波斯藏品。他的首次中国

Fig. 8. Charles Lang Freer's visiting Japan, ca. 1895–1911
Photo courtesy Freer Gallery of Art and Arthur M. Sackler Gallery Archives
图 8：佛利尔在日本访问，拍摄于 1895~1911 年间。

首都之行的成功促使他于第二年再次访问北京。

令佛利尔最值得纪念的中国之行，是他于 1910~1911 年的最后一次访问，也是与本书有关的留下了大量历史照片的丰硕成果之旅。在此旅行期间，他整日忙于工作与学习研究。1910 年 9 月 11 日，佛利尔从日本长崎市抵达上海，当天就前往一些地点参观中国陶瓷器与绘画作品。三天后，他乘船前往青岛，并在同月 21 日之前返回北京（图 9）。他有幸参加了正在北京访问的美国战争部长和他的妻子举办的正式晚会，并由此关系得以参观了清廷的紫禁城。他又一次访问了住在天津的

端方，参观了以前没有看到的著名藏品。

佛利尔最后一次中国行的最重要部分是访问中国内地。10 月 19 日，他乘火车前往彰德府（今河南安阳），于第二天到达开封。那里的古城、古寺与宫殿遗址令他着迷。他描述道，开封对他来说，就好比是日本奈良的法隆寺，令他神往。在开封，他参观了卧龙宫、大相国寺、二曾祠、龙亭、祐国寺与铁塔、天清寺与繁塔、禹王台等文物古迹和名胜。10 月 26~27 日，在巩

县的旅行中，他走访了白沙村，参观了著名的巩县大力山石窟寺和部分北宋皇陵。10 月 29 日至 11 月 12 日，他参观考察了河南洛阳伊河两岸的龙门石窟，这是他在中国的最困难与最危险的旅行。那时的龙门东山与西山石窟前是车水马龙的公路，几乎没有一处安全所在，因为山间的洞窟给当地拦路抢劫的土匪们提供了藏身之所（图 10）。中国的官员与朋友们都提醒佛利尔注意旅行安全。

Fig. 10. The Great Rocana Buddha Image Niche
Longmen grottoes, Luoyang, Henan province
Tang dynasty（618–907）
Photograph in early 20th century
图 10：20 世纪初的龙门石窟奉先寺大卢舍那像龛 唐代

Fig. 11. Freer's assistants and soldiers at the entrance of Binyang Caves, Longmen grottoes
Photograph by Zhou Yutai on Nov. 9, 1910
Charles Lang Freer Papers
Freer Gallery of Art and Arthur M. Sackler Gallery Archives
Smithsonian Institution, Washington, D.C.
Gift of the estate of Charles Lang Freer, FSA A.01 12.05.GN. 083
图 11：在龙门石窟宾阳洞前，佛利尔的随从（有南明远、河南府派来制作拓片的宗先生、厨师贾、从北京带来的佣人蔡、当地的一个佣人、名叫石头的劳工）与河南府的四名士兵、寺院的僧人合影留念
周裕泰拍摄于 1910 年 11 月 9 日

　　在前往龙门之前，佛利尔咨询了北京清政府下辖的河南省副总督，后者特意拨给佛利尔考察队六名士兵全程保护。佛利尔的考察队还包括有河南府派来制作拓片的宗先生、厨师贾、从北京带来的佣人蔡、当地的一个佣人、名叫石头的劳工、摄影师周裕泰、向导兼翻译南明远[19]（图11）。南明远也是佛利尔考察团队的主管。当佛利尔达到龙门时，中国政府对这位显要的访问者安全的关心就变得十分明显了。他愉快地发现，不论他到哪里，总是被至少四名士兵贴身保护。不久，洛阳的地方官员命令自己的卫兵去龙门一带巡逻，有时对天鸣枪以吓走那些土匪们。持续不断的枪声缓解了考察队员们对土匪的紧张与恐惧感。佛利尔和他的队员们每天都在龙门石窟工作很长时间，他们在伊水两岸的龙门山崖间拍摄了大量的关于各种洞窟与雕刻的照片，还制作了很多浮雕拓片。这些照片和拓片现保存在佛利尔美术馆档案部，为学习与研究中国佛教雕塑的学者与学生们提供了极为重要的关于那个历史遗迹的原始记录。在龙

---

[19] 南明远为佛利尔日记原文中 Nan Mingyuan 之音译。

门工作结束之后（图 12），河南府尹在其衙门里十分优雅地宴请了佛利尔和他的考察队员们。在洛阳，佛利尔还参观了关林庙，拍摄了一些照片。

回到北京后，他的时间都被购买陶瓷器、青铜器、绘画所占据了。12 月 21 日，佛利尔离开北京前往沈阳，去访问那里的宫廷文物收藏。在这个东北城市相当寒冷的周边地区度过了圣诞节之后，他旅行到了大连与旅顺，然后再乘船于 1911 年 1 月前往上海。在上海，他见到了著名收藏家庞元济（1864~1949）收藏的文物精品，并购买了他的一些艺术品。佛利尔从庞元济手中购买的文物包括传为唐代著名画家阎立本（601~673）《锁谏图》的元明时期摹本，所表现的是十六国前赵国（304~329）廷尉陈元达向皇帝刘聪（310~318 年在位）冒死进谏的情景，画面气氛紧张，人物表情十分传神生动，是佛利尔美术馆收藏的中国人物画中的杰作。

经过长期的旅行与购买文物之后，佛利尔决定给自己放放假，与几位朋友去美丽的杭州来一次愉快轻松的旅行（图13）。2月9日，他们租了两艘形如房子的被命名为"安妮（Annie）"与"洛伊斯（Lois）"的大船，由纤夫拉着，经河道与运河从上海前往杭州。佛利尔的日记与信件中洋溢着他对这个美丽城市的激动心情，以及对西湖与周边环境的欣赏，使他的最长也是最后一次中国之旅达到了高潮。在杭州，他游历了西湖，参观了灵隐寺、飞来峰石窟、雷峰塔、保俶塔、净慈寺、岳王庙、苏小小墓、竹素园等名胜古迹，留下了大量的珍贵历史照片。

1911年2月20日，佛利尔乘火车从杭州返回上海，再从上海乘船前往日本长崎。他对中国文物的研究深度可以被他在中国的旅行日记所证明，大量的内容记录着中国著名的瓷窑及其产品的特征。他还试图学习一些中文口语的基本原理，可见于他的日记中对一些中文基本词语发音的笔记。回到美国之后，费时日久地著录他的藏品以及一系列的疾病阻止他再次前往东亚访问。但四次东亚之行的结果，使他在其余生里描述他的藏品的洞察力与日俱增。

佛利尔不仅将自己毕生收藏的约11000件艺术品捐赠给了由美国联邦政府代管的位于首都华盛顿的史密森博物学院，并提供资金修建收藏、展出他的艺术品的美术馆，还用自己的钱设立了一个基金，以基金的收入

来为美术馆在将来购买更多的东方艺术品，以及资助东方文明研究项目。他还立下了自己的遗嘱，使任何学习东方艺术的学者或学生都可以进入美术馆的库房去研究他的没有在展厅展出的艺术品，给无数学者学生的研究提供了极大的便利。他的捐赠封条上写着他的话："为了人类知识的增强与传播。"我们也由此可以看出佛利尔为东方艺术所做出的杰出贡献，以及他对晚辈学者们所寄予的期望。1919 年 9 月 25 日，佛利尔逝世于纽约。1923 年 5 月 2 日，他建立的美术馆正式对外开放。建立佛利尔美术馆的目的，正如佛利尔自己所言，是为了使他的藏品能够面向美国人民，鼓励与促进对这些东方艺术品出产国家之文明的继续研究。在今天，不论是在何地收藏或研究亚洲艺术，佛利尔美术馆的藏品都被认为是建立公共与个人亚洲艺术品收藏的楷模与评估其藏品质量的极佳的标准。

佛利尔的摄影档案

本书介绍的，是佛利尔最后一次在中国考察所拍摄的照片。佛利尔雇请的摄影师叫周裕泰，在日记中称他为 Utai。周在北京外交使馆区附近的哈德门路开有一家摄影馆。在佛利尔最后一次访问中国的旅行中，周裕泰陪同他在访问开封、巩县、洛阳时拍摄照片，深受佛利尔的信任和夸奖。周裕泰曾在 1907 年为沙畹拍摄《北支那考古图谱》中的照片，因此，能与沙畹雇用同一位摄影师让佛利尔兴奋不已。佛利尔于 1910 年 10 月 24 日在给 Hecker 的信中说："我的摄影师裕泰实在是太能干了，我一直都在夸奖他。今晚为了不再继续夸奖他，我想象：既然沙畹最近出版一书中所有的照片都是他拍的，他会开始向我透露他有一些关于古董的知识，也了解古董来源的情况。虽然这套书还只出版了

两卷，也没有带文字，但已经受到了极大的关注。不知不觉中，我抽到了这么一个大奖，真是太幸运了。"[20]可见，佛利尔不仅依重周的摄影才能，还看重他对文物的知识。11 月 3 日，佛利尔和周裕泰在龙门石窟古阳洞考察并摄影。他在当天的日记中写道："在上午的大部分时间里，裕泰在用他的相机拍照。在这样黑暗的环境中，我希望他的摄影器材能有效工作。要是他的设备能更加强大，我会更高兴。裕泰很耐心，也很友好，在困境中还能有说有笑，他的艺术应该受到嘉奖，因为他是一位真正的艺术家。在美国，谁会拿着相机在这种地方和环境中工作呢？"[21]周裕泰在旅途中为佛利尔拍摄了一百六十多张玻璃底片，清晰度极高。他能够给沙畹和佛利尔拍摄照片，表明他应该是中国早期摄影史上的一位重要人物，可惜我们找不到关于他的更多资料。由于拍摄器材沉重，玻璃底片数量有限，周裕泰拍摄的每一张照片都是经过佛利尔精心规划与选择的。因此，这些照片应该是他们二人合作完成的，即由佛利尔选取拍摄内容、角度等，都是佛利尔认为重要的文物遗存。另外，佛利尔自己也带了一台使用胶片的便携式相机，拍了一些不太专业的风景和人像[22]。当佛利尔访问杭州时，所拍摄的照片是由他聘请的另外两位摄影师完成的，但在内容的选择方面肯定有佛利尔本人的主意。

纵观佛利尔和摄影师们在开封、巩县、洛阳、杭州所拍摄的照片，龙门石窟的内容最多，但多数不具备资料上的独家优势，因为沙畹、关野贞、常盘大定等的著作与他的照片多有重复。但也不能因此说明佛利尔的龙门照片没有任何价值，因为他的拍摄视角仍有些许独到之处，在内容上也有别人不具备者。他的照片最具价值的部分是对开封、杭州两地古迹的拍摄，特别是针对早已完全消失的开封卧龙宫、二曾祠和杭州竹素

---

[20] 《佛光无尽——弗利尔 1910 年龙门纪行》，第 12 页。
[21] 《佛光无尽——弗利尔 1910 年龙门纪行》，第 194 页。
[22] 《佛光无尽——弗利尔 1910 年龙门纪行》，第 13、16 页。

园的照片，为我们保留下了极其珍贵的独家历史资料。另外，开封龙亭、祐国寺和杭州灵隐寺、净慈寺、岳王庙等地古迹虽没有被完全毁坏，但其中的部分建筑或不存在，或已非原貌。因此，佛利尔在这些地点拍摄的照片也具有独特的研究价值。

时光荏苒，如果我们沿着佛利尔的拍摄路线重访这些古迹，会发现它们或面目全非，或局部被改，或早已烟消云散。佛利尔的照片就在恢复这些古迹原状方面提供了历史资料。同时，佛利尔的照片还倾注着他对中国艺术的热爱。在他的眼里，龙门石窟是"伟大的艺术品"[23]。在中国的旅行和与中国人打交道，加深了他对中国的情感，令他感叹道："美国对中国的了解太少了，而我们美国人需要向中国人学习的地方太多了！""和更多的中国人打交道，让我对他们更加尊重，更有信心。有朝一日，他们会恢复数世纪以前的地位，在众多方面引领世界。"[24]因此，发表佛利尔在清末中国的考察摄影记录，能最好地解析这个美国人的中国情怀。2014 年，佛利尔 – 赛克勒美术馆档案部主任霍大

为（David Hogge）等合作出版了《佛光无尽》，首次发表了佛利尔在中国拍摄的 92 幅老照片，主要侧重于龙门石窟，以及佛利尔从 1910 年 10 月 19 日到 11 月 14 日近一个月的中国旅行考察日记的中文翻译[25]。本书则是首次发表佛利尔在开封、巩县、洛阳、杭州、北京等地拍摄的所有 234 幅老照片[26]。为了更好地体现这些老照片的价值，笔者还附了一些相关古迹现代面貌的图片，以资对比。另外，为使读者更好地了解佛利尔照片反映的文物古迹内容，笔者还使用了一些地图，以及反映佛利尔拍摄的部分古迹的平面、立面和剖面的实测图，还有少许其他比较资料。总之，本书发表的佛利尔在清朝末年拍摄的老照片，对研究古代建筑、佛教艺术的学者以及文物爱好者都具有重要的参考价值。

本书不是一部研究专著，更不是对这些老照片所反映古迹的终极研究。本书旨在向大众介绍佛利尔老照片的内容，将这些珍贵的历史资料展现在世人面前，抛砖引玉，以期未来学术同行们的更多关注与深入研究。

---

[23] 见佛利尔给 Hecker 的信，参见霍大为《前言》，《佛光无尽——弗利尔 1910 年龙门纪行》，第 10 页。
[24] 见佛利尔在 1910、1911 年写给 Hecker 的信，参见霍大为《前言》，《佛光无尽——弗利尔 1910 年龙门纪行》，第 17、23 页。
[25] 《佛光无尽——弗利尔 1910 年龙门纪行》。
[26] 佛利尔的这些老照片实际编号共有 236，其中编号第 161、162 的二照片佚失，原内容不知。这两张照片的编号正在洛阳和杭州之间，因此原照片的内容很可能属于这两个地区或之一。

1
Kaifeng
The Capital of Eight Dynasties

一

八朝古都
开封

河南开封，是中国的一座历史文化名城，具有悠久的历史与丰富的文化底蕴。20世纪的考古发现表明，开封的历史可以上溯到新石器时代。在开封的万隆岗遗址、尉氏县县城西南的断头岗都发现有新石器早期裴李岗文化，证明在距今五六千年前开封地区就已经有了人类活动。开封迄今已有4100余年的建都史，素有"八朝古都"之称。夏朝（约公元前2070年～公元前1600年）的第七任国王帝杼（前1953年～前1895年）曾在开封一带建都，史称老丘，是开封建城之始。到了公元前8世纪春秋（前770年～前476/403年）初年，郑庄公（前757年～前701年在位）在今开封城南朱仙镇附近修筑储粮仓城，取"启拓封疆"之意，定名启封。西汉时期，因避汉景帝刘启（前157年～前141年在位）之名讳，将启封更名为"开封"，这便是开封之名的由来。战国时期（前476/403年～前221年）的公元前361年，魏惠王（前369年～前319年在位）迁都大梁，即今开封市西北，使开封地区再一次成为都城。北齐文宣帝天保六年（555）和天保十年（559），在开封修建了著名的建国寺（即今开封大相国寺）和独居寺（今开封铁塔

一带），使佛教文化在该地得以长足地发展。到了北周武帝建德五年（576），改开封为"汴州"，这也是开封称汴之始。隋炀帝（604～618年在位）时期开凿了两千多公里的大运河之后，汴河就成了联通黄河与淮河的主要河道，而位于汴河要冲的开封就成为了隋朝东都洛阳的重要门户。到了唐代（618～907），开封仍然保持着位于水陆交通要冲的大都会的作用。在五代时期，开封的历史地位有了关键性地提高。除了后唐（923～936）之外，后梁（907～923）、后晋（936～947）、后汉（947～951）、后周（951～960）都定都于开封，称之为"东都"或"东京"，成为10世纪中国北方的政治、经济、文化、军事中心。从此，中国的政治中心从西部向东部平原地区转移。

北宋是开封历史上最为辉煌的时期。960年，后周殿前都点检赵匡胤（宋太祖，960～976年在位）在开封城北40里的陈桥驿（今新乡市封丘县）发动兵变，建立了北宋（960～1127）王朝，仍旧定都于开封。北宋共历九帝168年，使首都开封成为政治、经济、文化、宗教中心，同时也是当时世界上著名的大都市，

迎来了"八荒争凑,万国咸通"的繁荣景象[1]。北宋画家张择端(1085~1145)的著名画作《清明上河图》,描绘了清明时节汴梁城内的繁华以及城外汴河两岸的优美自然风光[2]。宋代是中国古代文化发展的最高峰,"四大发明"中的活字印刷术、火药和指南针均出自北宋时期,其中开封的历史作用不容忽视。靖康二年(1127),金国(1115~1234)灭北宋后,开封曾经作为金国的陪都,被称为"南京"。与此同时,宋王朝的政治中心转移到了杭州。

1234年,蒙古元朝(1271~1368)灭金以后,在开封设立河南江北等处行中书省。开封从此不再是中国的首都了,仅作为地方的重要都市。1368年明朝(1368~1644)建立,明太祖朱元璋(1368~1398年在位)洪武元年(1368)改开封为"北京"。洪武十一年(1378),朱元璋罢开封之北京称号,并封其第五子朱橚(1361~1425)为周王,藩地设在开封。明朝的开封府也是河南承宣布政使司的治所,是中原第一都会,其地位仅次于北京和南京。清朝(1644~1911)入主中原后,于1662年重修开封城,并将河南省治、开封府治均设在开封。中华民国建立后,1913年置豫东道,治所在开封县(今开封市)。1914年豫东道改置开封道,属河南省。1929年成立开封市。1954年10月,河南省会由开封迁往郑州,开封改为省直辖市。现开封市辖有杞县、通许、尉氏、开封、兰考等五县。

由于悠久历史文化的积淀,使开封保存着众多的文物古迹。佛利尔游览与拍摄的卧龙宫、龙亭、祐国寺铁塔、繁塔、大相国寺、二曾祠、禹王台等地即为开封具有代表性的历史遗迹。明李濂(1488~1566)《汴京遗迹志》卷十三记载的大梁十迹中有吹台,汴城八景中有铁塔、繁塔、大相国寺[3]。卧龙宫与二曾祠已不复存在,使佛利尔的老照片具有历史资料的珍贵价值。

---

[1] 宋孟元老:《东京梦华录》序,北京:中华书局,2006年。

[2] 该画现藏北京故宫博物院。

[3] 明李濂(1488~1566):《汴京遗迹志》,《景印文渊阁四库全书·史部345·地理类》,台北:商务印书馆发行,1983年,第658页(后引此书,只注书名、页码)。

Crouching Dragon palace
卧龙宫

卧龙宫已不存在了，原来位于开封市市区东南部的卧龙街（图1-1）。这条街道南起小南门，北止自由路，街名来自明代"五龙宫"讹传。明朝万历年间（1573~1620），在该街偏北段路东建有一座元帝庙，主祀"玄天上帝"，也就是"真武大帝"。这里的"元"有"第一"和"最上"的意思。据明末道士伍守阳（1571~1644）撰《天仙正理直论·道原浅说篇》记载："玄帝修于武当山，于舍身崖下舍其凡身，以五龙捧其圣体升于万仞崖上。当知此为超凡入圣一大妙喻也。盖玄，言北方之色……五龙者，工法中之秘机。五龙捧玄帝上升，即是以秘法捧真阳大药上三关转顶之喻。"[4] 很多供奉真武大帝的庙内不仅有真武像，还雕塑五龙相伴。因此，开封的这座真武庙就被人们俗称为"五龙宫"了。

Fig. 1–1. Wolong Palace
Kaifeng, Henan province
Photograph by Freer and Zhou Yutai in 1910
Charles Lang Freer Papers
Freer Gallery of Art and Arthur M. Sackler Gallery Archives
Smithsonian Institution, Washington, D.C.
Gift of the estate of Charles Lang Freer, FSA A.01 12.05.GN. 001
图 1–1：开封卧龙宫山门
佛利尔与周裕泰拍摄于 1910 年

[4] 该书可见《藏外道书》，第 5 册，成都：巴蜀书社，1994 年。

Fig. 1–2. Courtyard of Wolong Palace
Kaifeng, Henan province
Photograph by Freer and Zhou Yutai in 1910
Charles Lang Freer Papers
Freer Gallery of Art and Arthur M. Sackler Gallery Archives
Smithsonian Institution, Washington, D.C.
Gift of the estate of Charles Lang Freer, FSA A.01 12.05.GN. 004
图 1–2：开封卧龙宫庭院
佛利尔与周裕泰拍摄于 1910 年

五龙宫还与宋太祖赵匡胤（960~976）扯上了关系。原庙内的真武像后有一尊赵匡胤的卧像，相传因为赵匡胤曾避难于此，就卧藏在真武像的后面。1910年10月21日，佛利尔访问卧龙宫时，见其中"有一尊真人大小的髹漆卧佛像，肯定是宋代的"[5]。此像应该就是赵匡胤的卧像，是否是宋代的已不可考。中国人常将皇帝比喻为"真龙天子"，这座五龙宫就被民间俗称为"卧龙宫"。但赵匡胤因何故在此避难，史料无载，恐系讹传。开封学者孔宪易（1913~1991）的校注本《如梦录》曾载："东临元帝庙，即五龙宫，元帝背后有宋

艺祖睡像。"[6] 到了清光绪二十四年（1898）黄舒昺等编纂的《新修祥符县志》卷十四仅记载："五龙宫有二，一在县治东，一在县学后，创建年月失考。"说明当时开封已有新旧两处"五龙宫"，因此就有了"新五龙宫""老五龙宫"之说。元帝庙（即老五龙宫）在明代末年毁于大水，清代初年得以重建。道光二十一年（1841），黄河水侵入城，深丈余，房舍尽没。为了加固河防，元帝庙被拆毁，其砖瓦木料被用于加固城墙。大水退去后，元帝庙于咸丰年间（1851~1861）重建，百姓便称其为"卧龙宫"（图 1-2、1-3、1-4）。光绪

---

5 《佛光无尽：弗利尔 1910 年龙门纪行》，第 30 页。
6 孔宪易校注：《如梦录》之《街市纪第六》，郑州：中州古籍出版社，1984 年，第 33 页（下引此书，只标书名、页码）。宋朝人称呼赵匡胤为"艺祖"，源于《尚书》，即把有文德才艺之古帝王称为"艺祖"，此为对开国皇帝的一种美称。

Fig. 1–3. Western Hall of Wolong
Palace
Kaifeng, Henan province
Photograph by Freer and Zhou Yutai
in 1910
Charles Lang Freer Papers
Freer Gallery of Art and Arthur M.
Sackler Gallery Archives
Smithsonian Institution, Washington,
D.C.
Gift of the estate of Charles Lang
Freer, FSA A.01 12.05.GN. 005
图 1–3：开封卧龙宫西侧偏殿
佛利尔与周裕泰拍摄于 1910 年

Fig. 1–4. Eastern Hall of Wolong
Palace
Kaifeng, Henan province
Photograph by Freer and Zhou Yutai
in 1910
Charles Lang Freer Papers
Freer Gallery of Art and Arthur M.
Sackler Gallery Archives
Smithsonian Institution, Washington,
D.C.
Gift of the estate of Charles Lang
Freer, FSA A.01 12.05.GN. 006
图 1–4：开封卧龙宫东侧偏殿
佛利尔与周裕泰拍摄于 1910 年

年间（1875~1908），为区别于"新五龙宫"，便以"老卧龙宫"称卧龙宫。1912 年，该庙所在的街道被正式定名为"老卧龙宫街"。

1927 年，笃信基督教的冯玉祥将军（1882~1948）督豫，为开辟开封小南门，扩展马路，卧龙庙被拆毁，再也没有重建。同时，冯玉祥又为方便市民的习惯称谓，将该街按其音改为"老务农工街"。1945 年以后，这条街道恢复了过去"卧龙街"名称，惜卧龙宫早已不存，原址在今无线电二厂附近。卧龙宫的旧貌，只有去佛利尔在清朝末年拍摄的照片中寻迹了。

Dragon pavilion
龙亭

开封是北宋皇宫所在地，其宫殿建筑早已在北宋末年毁于金兵之手。位于今开封市中心中山路北端的龙亭就坐落在北宋皇宫的遗址上，多属清代建筑。

龙亭所在地有着悠久的历史。早在唐德宗李适（779~805年在位）在位年间，此地就建有永平军节度使的治所，也就是一所藩镇衙署。之后，五代的后梁、后晋、后汉、后周相继在开封建都，将此地的衙署改建为皇宫。北宋时期，开封仍为国都，这里就是包括皇宫在内的皇城大内所在。金灭北宋后，这里的建筑为金代陪都沿用。蒙古元朝灭金后，这个建筑群就成为了河南江北等处行中书省的衙署。元朝末年，红巾军农民起义的韩林儿龙凤政权（1355~1366）也以此地为临时行营。明洪武十一年（1378），朝廷在此地建周王府，作为明太祖朱元璋第五皇子橚的府邸[7]。孔宪易校注本《如梦录》之《周藩纪第三》记载："周府本宋时建都宫阙旧基，坐北朝南，正对南熏门，即宋之正阳门也。北有大门五间三开，即宋之大宋门也。周围萧墙九里十三步，高二丈许。"此书还记载了明代周王府各建筑的详细情况[8]。1642年，周王府毁于黄河大水。清顺治十六年（1659），朝廷在周王府旧址上设立了贡院，作为考试举人的场所。康熙三十一年（1692），在原周王府煤山上修建了一座万寿亭，亭内供奉皇帝万岁牌位。此后每逢节日大典或皇帝诞辰，地方官员都要来此遥拜朝贺。于是，将煤山改称为"龙亭山"，简称"龙亭"。雍正九年（1731），总督田文镜（1662~1733）将贡院迁至上方寺南新址（今河南大学校内）。

保存至今的多数龙亭建筑是清雍正朝（1723~1735）及其以后的作品，功能主要是道教宫观。雍正十二年（1734），在煤山上修建了万寿宫，继续朝贺皇帝的诞辰。据清乾隆四年（1739）鲁曾煜等纂《祥符县志》卷六记载："万寿宫在老府门北，雍正十二年总督王士俊建。王士俊恭建万寿宫碑记云：……人君万寿，易曰天地之大德……而豫省之建万寿宫以为祝厘之地者。"清光绪《新修祥符县志》卷十四又载："明洪武十一年即其（汴故宫）故址建周王府。国朝改为贡院，今恭建万寿宫。"乾隆十五年（1750），弘历下江南，路经开封。河南巡抚鄂容安（1714~1755）为了接驾，将巡抚衙署改建为行宫，把巡抚衙署搬到了按察使司署。同时，按察使司署则搬到大道宫，而大道宫的道士们移至万寿宫继续布道，并把万寿宫改名为万寿观，原来在大道宫供奉的真武铜像也移入了万寿观中。河南布政使马慧裕（1771年进士）于嘉庆五年（1800）对万寿观作了修葺。他在龙亭大殿的64级蹬道下部新筑了一个一丈六尺的台基，上面建真武殿三间，殿内奉祀真武铜像。在午朝门前增建牌坊一座，上书"拱岳带河"。嘉庆十七年（1812），督学姚文田把"拱岳带河"改为"万寿无疆"四字，把龙亭大殿内的"五岳真形"碑移至台下东跨院，而在大殿正中仍然供奉清帝万岁牌位。道光二十五年（1845）二月十九日夜，东北风大作，将龙亭大殿刮倒。之后，祥符县令于台上建一六角山亭。咸丰六年（1856），布政使瑛仍按旧制建成面阔九间的大殿。

清代陆续修建的龙亭建筑群为坐北朝南。最前面是一座"万寿无疆"牌坊，坊前左右立有石狮一对。从牌坊到龙亭大门前是一条长长的通道与玉带桥，两旁水域为杨、潘二湖。大门面阔三间，门后是一座照壁，中间有圆拱形门洞。大门夹壁东、西有两掖门，过掖门有东、西庑各五间。在整个建筑群的正北高处就是龙亭大殿，自殿下地面而上十五级台阶可至真武殿（图1-5），再上四十七级台阶可至高台，台上建有黄琉璃瓦重檐龙亭大殿九间（图1-6）。这个高台原是明代周

---

[7] 明李濂：《汴京遗迹志》，第526页。
[8] 《如梦录》，第6~13页。

图 1–5：开封龙亭通向大殿的台阶
佛利尔与周裕泰拍摄于 1910 年

Fig. 1-9. View from Dragon Pavilion high terrace toward Iron Pagoda of Youguo monastery
Kaifeng, Henan province
Photograph by Freer and Zhou Yutai in 1910
Charles Lang Freer Papers
Freer Gallery of Art and Arthur M. Sackler Gallery Archives
Smithsonian Institution, Washington, D.C.
Gift of the estate of Charles Lang Freer, FSA A.01 12.05.GN. 003
图1-9：从开封龙亭高处的露台远望祐国寺铁塔
佛利尔与周裕泰拍摄于1910年

将"龙亭公园"改为"中山公园"，以纪念孙中山先生（1866~1925）。在大门之内照壁前新建纪念碑一座，以纪念为革命殉难的烈士。龙亭前的真武殿也被毁于民国初年。1929年，在真武殿废址前树立一尊孙中山铜像，还将龙亭大殿改为"中山俱乐部"。1931年以后，在龙亭大殿正中悬挂孙中山遗像，其旁悬挂多幅革命先烈遗像。1938年开封沦陷，日伪政府曾在龙亭建筑群恢复神庙功能。1942年，伪河南教育厅在龙亭设立新民教育馆，将此地改为"新民公园"。抗日战争胜利后，河南省政府主席刘茂恩（1898~1983）将龙亭大殿改为河南忠烈祠，在殿内供奉张自忠（1891~1940）等六十六位抗日将士牌位。原先照壁前的纪念碑已被拆毁。1953年，此处再次被命名为"龙亭公园"。

如今的龙亭已是开封的主要象征。现龙亭公园占地面积约1038亩，其中水域面积（包括杨、潘二湖）有710亩。这个建筑群基本延续着清代万寿宫的布局，并有新的建筑，自南向北由午门（景区南大门）、玉带桥、嵩呼、朝门、照壁、东西朝房、龙亭大殿、宋代蜡像馆、东西垂花门和东西跨院、北宋东京城和皇城模型、北宋皇城拱宸门遗址、"五岳真形"碑方亭、北门、东便门等组成。玉带桥是贯穿潘、杨二湖的一座石拱桥（图1-10）。嵩呼位于午门和朝门之间，系清代开封地方官员至万寿宫遥拜皇帝、三呼万岁之处。东西朝房南北排列，东西对称。照壁正中开有洞门，直通龙亭大殿（图1-11）。

Fig. 1-10. Present-day Pan and Yang lakes and Dragon Pavilion complex
Kaifeng, Henan province
图 1-10：远眺开封潘杨二湖与现存龙亭建筑群

Fig. 1-11. Present-day Dragon Pavilion
complex
Kaifeng, Henan province
图 1-11：俯瞰现存开封龙亭建筑群

Youguo monastery and the Iron pagoda
祐国寺与铁塔

祐国寺位于开封市东北隅，旧址上现仅存一座佛塔。因塔体覆盖着似铁色的红褐色琉璃，故又有"铁塔"之名。它是中国现存最早、最高的一座琉璃砖塔（图1-12）。铁塔在1961年被公布为第一批全国重点文物保护单位。

铁塔的前身是开宝寺木塔。明李濂（1488~1566）《汴京遗迹志》卷十曰："开宝寺，旧名独居寺，在上方寺之西北，齐天保十年（559）创建。唐开元十七年（729），玄宗东封，还至寺，改曰封禅寺。宋太祖开宝三年（970），又改曰开宝寺。重起缭廊朵殿，凡二百八十区。太宗端拱中（988~989）建塔，极其伟丽。

初，释迦舍利塔在杭州，佛书所谓阿育王七宝塔也。及吴越王钱俶归宋，太宗遣供奉官赵镕取，置寺内度龙地瘗之。时木工喻浩有巧思，超绝流辈。遂令造塔，八角十三层，高三百六十尺。其土木之宏壮，金碧之炳耀，自佛法入中国未之有也。真宗大中祥符六年（1013），有金光出相轮。车驾临幸，舍利乃见。因赐名灵感塔。仁宗庆历四年（1044），塔毁于火。其殿宇、廊庑、僧舍俱毁于金兵矣。"[9] 可知最初建造的木塔是为了供奉从杭州迎来的佛舍利，设计者是吴越国名匠喻浩。当时的开宝寺有280区、24院，为开封之巨刹，与大相国寺分辖东京各寺院僧侣，北宋历代皇帝常在此游幸或作佛事。

9 明李濂：《汴京遗迹志》，第616~617页。

关于原开宝寺木塔，前人的记述中有颇多细节。欧阳修（1007~1072）《归田录》曰："开宝寺塔，在京师诸塔中最高，而制度甚精。都料匠喻浩所造也。塔初成，望之不正而势倾西北。人怪而问之。浩曰：京师地平无山，而多西北风，吹之不百年当正也。其用心之精如此。国朝以来，木工一人而已。"杨亿（974~1020）《杨文公谈苑》曰："帝初造塔于开宝寺，得浙东匠人喻浩。浩性绝巧，乃先作塔式以献。每建一级，外设帷帘，但闻椎凿之声。凡一月而一级成。其有梁柱龃龉未安者，浩周旋视之，持巨槌撞击数十，即皆牢整。自云可七百年无倾动。人或问其北面稍高。浩曰：京城多北风，而此数十步乃大河润气津浃，经一百年，则北隅微垫而塔正矣。"僧文莹（？ ~1060？）《玉壶清话》曰："郭忠恕画楼阁重复之状，梓人较之，毫厘无差。太宗闻其名，诏授监丞。时将造开宝寺塔，浙匠喻浩料一十三层。郭以浩所造小样末底一级，折而计之，至上层余一尺五寸，收杀不得。谓浩曰：宜审之。浩因数夕不补寐，以尺较之，果如其言。黎明扣其门，长跪以谢。"[10]

木塔在北宋庆历四年被火焚毁之后，于北宋皇祐元年（1049 年）重建。为避免火灾，按原木塔的式样，材料改用铁色琉璃砖瓦。金代曾经重修开宝寺，改名为"光教寺"，但其规模已不及北宋时。到了元代，该寺改名为"上方寺"。明天顺年间（1457~1464），信徒们再次重建该寺时，依皇室诏令改名为"祐国寺"。清代又改其寺名为"大延寿甘露寺"。清道光二十一年（1841），黄河水围开封城，祐国寺被拆除，用其砖石加固城防，大量的古代碑刻也被抛入水中，仅存铁塔及塔旁的几座大殿。1956 年再次对塔进行修葺，但是塔旁的建筑已不复存在。

关于祐国寺的历史，清鲁曾煜等纂《祥符县志》卷九有不同的记载："祐国寺，在县治东北。晋天福中建于明德坊，名曰等觉禅院。宋乾德二年迁于丰美坊，即今所也。庆历元年，改为上方寺。内有铁色琉璃塔，俗呼为铁塔寺。"清光绪《新修祥符县志》卷十三又曰："天顺间改今额。明末水患，寺废塔存。"该书认为铁塔建于庆历年间。而开宝寺实为另一寺。

关于祐国寺的一些细节，据明末清初佚名文人所著《如梦录》记载："北有铁塔寺，名祐国寺，又名上方寺，俗呼铁塔寺。北齐时创建。"前有山门、左右两角门，东有钟楼，上建崇楼，四角门，内悬铜钟。有正殿五间，中立接引铜佛一尊，约高二丈。后殿五间，正中有坐佛。"两山罗汉殿后，有八角琉璃塔，一十三级，上立铜宝瓶，高丈余。宋时，浙人俞浩与丹青郭忠恕按图同修。层层俱有铁佛、八面围廊，六面棂窗。向南一门，匾曰'天下第一塔'，两边篆字对联。后又有地藏王殿，东有'五柳亭'，林木茂美，即宗正、号竹居所建也。"[11]

佛利尔照片所记录的正是清朝末年祐国寺及铁塔的景况。在佛利尔的照片中，我们可以看到某种木雕法器，用一酒瓶子支撑着，以便拍照（图 1-13）。有几幅照片反映的是罗汉堂中的情况，如汉式的木雕主尊结跏趺坐佛以及像下的受藏传风格影响的"十"字折角形须弥座（图 1-14）。还有罗汉堂中的十八尊木雕彩绘贴

Fig. 1-13. Decorative finial supported by a wine bottle
Youguo monastery
Kaifeng, Henan province
Photograph by Freer and Zhou Yutai in 1910
Charles Lang Freer Papers
Freer Gallery of Art and Arthur M. Sackler Gallery Archives
Smithsonian Institution, Washington, D.C.
Gift of the estate of Charles Lang Freer, FSA A.01 12.05.GN. 007
图 1-13：开封祐国寺用洋酒瓶支起的某法器的顶端木雕龙装饰
佛利尔与周裕泰拍摄于 1910 年

[10] 明李濂：《汴京遗迹志》，第 617 页。
[11] 参见《如梦录》之《街市纪第六》，第 43~44 页。

Fig. 1-15. Part of the Eighteen Wooden Luohan figures at Luohan hall, Youguo monastery
Kaifeng, Henan province
Photograph by Freer and Zhou Yutai in 1910
Charles Lang Freer Papers
Freer Gallery of Art and Arthur M. Sackler Gallery Archives
Smithsonian Institution, Washington, D.C.
Gift of the estate of Charles Lang Freer, FSA A.01 12.05.GN. 008
图 1-15：开封祐国寺罗汉堂中的木雕十八罗汉群像部分
佛利尔与周裕泰拍摄于 1910 年
罗汉身后墙上龛内镶嵌有陶质坐姿佛、菩萨像

Fig. 1-14. Wooden seated Buddha at Luohan hall, Youguo monastery
Kaifeng, Henan province
Photograph by Freer and Zhou Yutai in 1910
Charles Lang Freer Papers
Freer Gallery of Art and Arthur M. Sackler Gallery Archives
Smithsonian Institution, Washington, D.C.
Gift of the estate of Charles Lang Freer, FSA A.01 12.05.GN. 011
图 1-14：开封祐国寺罗汉堂木雕主佛像
佛利尔与周裕泰拍摄于 1910 年

金坐姿罗汉群像，以及位于砖砌壁龛中的深黄和墨绿色琉璃坐佛与菩萨像等（图 1-15、1-16）。所有这些造像均位于砖砌束腰坛床之上，在束腰处刻有花草以及覆莲瓣等装饰（图 1-17）。佛利尔还拍摄了一尊位于正殿内的形体巨大的约 5 米半高的铜铸立佛像，衣服上饰有浅浮雕山水等图案，身下的台基也为青铜铸就[12]，应该就是上述明末著作《如梦录》中提到的接引铜佛像，右手下伸作接引状，表现阿弥陀佛在西方极乐世界接引众生往生，它的大衣表面有浮雕的山水图案。该像前还有一尊形体较小的铁铸立佛像，身上有蓝绿色和白色彩绘（图 1-18）。在这两尊立佛的砖砌台基前面，还有一

---

[12] 《佛光无尽——弗利尔 1910 年龙门纪行》，第 62 页。

Fig. 1-16. Buddha and Part of the Wooden
Eighteen Luohan figures at Luohan hall,
Youguo monastery
Kaifeng, Henan province
Photograph by Freer and Zhou Yutai in 1910
Charles Lang Freer Papers
Freer Gallery of Art and Arthur M. Sackler
Gallery Archives
Smithsonian Institution, Washington, D.C.
Gift of the estate of Charles Lang Freer, FSA A.o
12.05.GN. 014
图 1-16：开封祐国寺罗汉堂中的佛像与木雕
十八罗汉像部分
佛利尔与周裕泰拍摄于 1910 年
罗汉身后墙上龛内镶嵌有陶质坐姿佛、菩萨像

Fig. 1-17. Dais of the Buddha and Luohan
figures at Luohan hall, Youguo monastery
Kaifeng, Henan province
Photograph by Freer and Zhou Yutai in 1910
Charles Lang Freer Papers
Freer Gallery of Art and Arthur M. Sackler
Gallery Archives
Smithsonian Institution, Washington, D.C.
Gift of the estate of Charles Lang Freer, FSA A.o
12.05.GN. 009
图 1-17：开封祐国寺罗汉堂主佛像下的 "十"
字折角须弥座与下部的砖砌束腰坛床
佛利尔与周裕泰拍摄于 1910 年

图 1-18：开封祐国寺大殿内的青铜大立佛像与铁铸小立佛像
佛利尔与周裕泰拍摄于 1910 年

Fig. 1-19. Stone statue of Budai
Maitreya at the main hall, Youguo
monastery
Kaifeng, Henan province
Photograph by Freer and Zhou Yutai
in 1910
Charles Lang Freer Papers
Freer Gallery of Art and Arthur M.
Sackler Gallery Archives
Smithsonian Institution, Washington,
D.C.
Gift of the estate of Charles Lang
Freer, FSA A.01 12.05.GN. 012
图 1-19：开封祐国寺大殿内的石雕布
袋和尚像
佛利尔与周裕泰拍摄于 1910 年

尊比真人稍大一些的石雕布袋和尚坐像（图 1–19）。
一尊青铜文殊菩萨像，坐于由立狮驮着的莲台之上，放
置在院落之中。狮子与莲台为整体铸造，菩萨像则为分
别铸成（图 1–20）。所有上述作品都具有明代风格[13]。

铁塔是一座仿木结构的楼阁式琉璃砖塔。它的平

Fig. 1-20. Bronze image of Manjushri
Bodhisattva, Youguo monastery
Kaifeng, Henan province
Photograph by Freer and Zhou Yutai in 1910
Charles Lang Freer Papers
Freer Gallery of Art and Arthur M. Sackler
Gallery Archives
Smithsonian Institution, Washington, D.C.
Gift of the estate of Charles Lang Freer, FSA A.01
12.05.GN. 010
图 1-20：开封祐国寺院落中的青铜文殊菩萨像
佛利尔与周裕泰拍摄于 1910 年

[13] 《佛光无尽——弗利尔 1910 年龙门纪行》，第 62 页。

面呈八角形，底层每面阔 4 米许，向上逐层递减，共有
十三层，塔身总高 55.88 米。如果加上埋于地平面以下的
塔基座，塔的总高度可达到 60 多米（图 1–21）。塔身
每层都做出了仿木构的门窗、柱子、斗栱、额枋、塔
檐、平座等，由 28 种不同标准的砖制构件拼砌而成（图
1–22、1–23）。琉璃砖面的花纹图案可达 50 余种，其中
有卷云、飞天、云龙、佛、菩萨、天王、金刚力士、

Fig. 1-21. Iron Pagoda of Youguo monastery
Kaifeng, Henan province
Photograph by Freer and Zhou Yutai in 1910
Charles Lang Freer Papers
Freer Gallery of Art and Arthur M. Sackler Gallery Archives
Smithsonian Institution, Washington, D.C.
Gift of the estate of Charles Lang Freer, FSA A.01 12.05.GN. 033
图 1-21：开封祐国寺铁塔
佛利尔与周裕泰拍摄于 1910 年

Fig. 1-22. Monk and detail of the Iron Pagoda of Youguo monastery
Kaifeng, Henan province
Photograph by Freer and Zhou Yutai in 1910
Charles Lang Freer Papers
Freer Gallery of Art and Arthur M. Sackler Gallery Archives
Smithsonian Institution, Washington, D.C.
Gift of the estate of Charles Lang Freer, FSA A.01 12.05.GN. 034
图 1-22：开封祐国寺僧人与铁塔局部
佛利尔与周裕泰拍摄于 1910 年

Fig. 1-23. *Detail of the Iron Pagoda, Youguo monastery*
Kaifeng, Henan province
Photograph by Freer and Zhou Yutai in 1910
Charles Lang Freer Papers
Freer Gallery of Art and Arthur M. Sackler Gallery Archives
Smithsonian Institution, Washington, D.C.
Gift of the estate of Charles Lang Freer, FSA A.01 12.05.GN. 035
图 1-23：开封祐国寺铁塔局部
佛利尔与周裕泰拍摄于 1910 年

Fig. 1-24. *Present-day Iron Pagoda of Youguo*
monastery
Kaifeng, Henan province
图 1-24：开封祐国寺铁塔现状

狮子、莲花以及胡僧等形象。琉璃砖有红、褐、蓝、绿色，通体主色调为红褐色，与铁锈色很相似，如果远望该塔，就如同是一座用铁铸成的宝塔，故有"铁塔"之名。塔内有梯道，可盘旋而上。塔顶安置球形金属塔刹。如今的铁塔周围已开辟为公园（图 1-24）。

Po pagoda of Tianqing monastery
天清寺繁塔

繁塔（繁音 pó）位于开封城外东南郊处的繁台上，禹王台公园的西侧。繁塔原属天清寺，而这个寺址原是一座自然形成的长约百米的宽阔高台，因为附近原来居住有姓繁的居民，故称为繁台。宋孟元老撰《东京梦华录》卷三曰："天清寺在州北清晖桥。"[14]北宋王瓘《北道刊误志》曰："天清寺在繁台下，周显德二年（955）置，在清远坊，六年徙于此。有兴慈塔。"明李濂（1488~1566）《汴京遗迹志》卷十曰："天清寺，在陈州门里繁台上，周世宗显德中创建。世宗初度之日，曰天清节，故名其寺，亦曰天清寺。之内砖塔曰兴慈塔，俗名繁塔。宋太宗太平兴国二年（977）重修，元末兵燹，寺塔俱废。国朝洪武十九年（1386），僧胜安重建。永乐十三年（1415），僧禧道等复建殿宇，塑佛像。"[16]由此可知，该寺院的初建应与庆祝周世宗柴荣（954~959年在位）的生辰"天清节"有关[17]。为了将该寺作为柴荣的功德寺院，便给它取名为"天清寺"。繁塔原名兴慈塔，又名天清寺塔，俗称繁塔。清代金山人钱熙祚（？~1844）对北宋王瓘的《北道刊误志》注解，天清寺的兴慈塔建于北宋开宝年间（968~975），提供了繁塔修建的具体年代[18]。北宋时期是天清寺的极盛期，与大相国寺、开宝寺、太平兴国寺并称为汴梁四大名寺。以繁台命名的"繁台春色"是著名的汴京八景之一。

明代给繁塔带来了厄运。元代末年，天清寺毁于兵火，原有九层的繁塔也因雷击遭到部分损毁。明洪武十六年（1384），僧人胜安在天清寺南前楼废址上兴建佛殿，因寺前有国相门，故给该寺取名"国相寺"。

洪武十九年（1386），信徒们又在天清寺原址上重建新寺，仍叫天清寺。同时，僧人胜安、圆真等在天清寺西北白云阁废址上建新寺，命名为"白云寺"。这样以来，在繁台上南北排列了三座佛寺：国相寺、天清寺、白云寺。至于繁塔形象的改观，据《新修祥符县志》卷十三引常茂徕（1788~1873）《繁塔寺记》载："正殿后为繁塔，即宋之兴慈塔也，太平兴国年建。初本九级，见塔洞内陈洪进修塔记。明太祖以王气太盛，撤去六级。李空同碑谓七级铲去其四。殆失考也。今存者三级，犹高九丈五尺。周遭六面，面各四丈许，共二十四丈。极顶正中作尖峰，高二丈。塔之上下一色，记砖砌就，每砖俱作圆凹月，一砖一佛，跌坐其中。下一级向南洞内有坐佛，东西壁各横陷五六方，每方宽二尺余，高二尺四寸，一刻金刚般若波罗密经，一刻十善业道经要略，俱太平兴国二年乡贡进士赵安仁书。"另有佛经刻于塔内其他地方。但这种削去上部四级的说法没有更多的佐证，也许是明代对残塔重建时的因故无奈之举。明朝末年，黄河水淹开封，繁台上的三寺均被淹毁。

《如梦录》之《关厢记第七》中记载："校场东，是国相寺，俗名繁塔寺。其塔最大，一砖一佛。明初拆毁，止遗三层，内空虚如天井，向南大洞内供佛像。前有大殿、两禅室，僧众居住。"[19]应是明末清初该寺塔的写照。清朝初年，僧人桂山等依靠河南巡抚张自德（1609~1668）的力量，在繁台上重建寺院，沿用国相寺之名，有殿宇数进，有钟鼓二楼，在正殿之后即为繁塔。这次重修，在三层繁塔上部建了一个平台，又在平台上

[14] 宋孟元老撰，伊永文笺注：《东京梦华录笺注》卷三，北京：中华书局，2006年，第309~310页（下引此书，只标书名、页码）。
[15] 王瓘：《北道刊误志》，刊于《丛书集成初编》第3111册，北京：中华书局，1991年，第9页。
[16] 明李濂：《汴京遗迹志》，第618页。
[17] 后周显德元年（954）六月，百官上表请以九月二十四日诞圣日为"天清节"。事见北宋欧阳修（1007~1072）撰《新五代史》卷十二《周本纪第十二》。
[18] 王瓘《北道刊误志》，刊于《丛书集成初编》第3111册，北京：中华书局，1991年，第9页。
[19] 《如梦录》，第74页。

Fig. 1-26. Floor tiles, altar, incense burner, and candlesticks in Po Pagoda
Kaifeng, Henan province
Photograph by Freer and Zhou Yutai in 1910
Charles Lang Freer Papers
Freer Gallery of Art and Arthur M. Sackler Gallery Archives
Smithsonian Institution, Washington, D.C.
Gift of the estate of Charles Lang Freer, FSA A.01 12.05.GN. 029
图 1-26：开封繁塔室内的供桌、香炉、烛台
佛利尔与周裕泰拍摄于 1910 年

Fig. 1-27. Cast iron Luohan statue at Po Pagoda
Kaifeng, Henan province
Photograph by Freer and Zhou Yutai in 1910
Charles Lang Freer Papers
Freer Gallery of Art and Arthur M. Sackler Gallery Archives
Smithsonian Institution, Washington, D.C.
Gift of the estate of Charles Lang Freer, FSA A.01 12.05.GN. 015
图 1-27：开封繁塔上的铁铸罗汉像
佛利尔与周裕泰拍摄于 1910 年

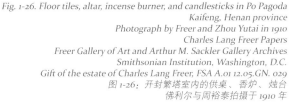

Fig. 1-25. Distant view of Po Pagoda
Kaifeng, Henan province
Photograph by Freer and Zhou Yutai in 1910
Charles Lang Freer Papers
Freer Gallery of Art and Arthur M. Sackler Gallery Archives
Smithsonian Institution, Washington, D.C.
Gift of the estate of Charles Lang Freer, FSA A.01 12.05.GN. 026
图 1-25：开封繁塔
佛利尔与周裕泰拍摄于 1910 年

筑一七级实心小塔，使繁塔成为三层大塔上叠一七级小塔的奇特造型，保存至今（图 1-25）。清道光二十一年（1841），黄河决口，水淹开封，冲毁了繁台上的寺院殿宇，唯塔独存。在佛利尔拍摄的照片中，我们可以看到繁塔供桌、香炉、烛台（图 1-26），以及位于塔上的一尊铁铸小罗汉像（图 1-27）。这些物品如今均已不存。佛利尔说他还去了一座面朝繁塔的小寺庙，而小庙中的僧人掌握着进入繁塔的钥匙。推测这应是繁塔所在的国相寺。

Fig. 1-28. Present-day Po Pagoda
Kaifeng, Henan province
图 1-28：开封繁塔现状

塔高，铁塔高，铁塔只搭繁塔腰"的民谣。唐代及其以前的佛塔多为平面方形的木构塔，入宋以后的佛塔则多为八角形砖塔。繁塔的造型似乎是从方形向八角形平面过渡的中间环节。繁塔现存的三层塔身自下而上逐层收缩，第三层的顶部平整，上建有一座七级小塔，高约 6.5 米。这样，从塔的底部到小塔的尖部总高为 31.67 米。塔身外壁镶嵌有数十种精美的雕砖图像，每块瓷砖表面都表现着佛教造像或造像龛，各像在服装、面部表情等方面各具特色，共计有造像 7000 余尊（图 1-29）。塔基南北面各开有一拱券门，可供人出入，但二门互不相通。从南门入塔，塔身内可见一六角形塔心室，顶部以小砖叠涩砌成藻井，有木梯可上到塔的第三层。从北门入塔，可沿磴道上到第三层。如想登上大塔顶部的平台，须从塔身的外壁磴道盘旋而上。因此，当地人对繁塔有"自内而上，自外而旋，登于其巅"的说法。

繁塔是由当地官员倡导、由民间募资共同修建的。现存繁塔内壁镶嵌的一些石刻中，刻有捐资建塔者姓名和年代，表明繁塔大约筹建于开宝中期，竣工于淳化元年（990）以后，经时 20 多年。其中的一条供养人题记曰："内品监宣化门蒋保荣奉为亡过父母愿离苦生天施此石，太平兴国七年正月五日记之。"另有一则题记曰："弟子平海军节度使特进检校太师陈洪进伏愿：繁台天清寺建立宝塔，特发心奉为皇帝陛下舍银五百两入缘。右谨稽首，刹土如来，恒沙菩萨，窃以繁台真境，大国名蓝，六洞灵仙，曾留圣迹，九层宝塔，近立崇基。洪进顶戴。太平兴国三年三月。"此外，塔内还保存有石刻佛经一百多方，其中以宋代书法家洛阳人赵安仁（957~1018）书写的《金刚般若波罗蜜多心经》《十善业道经要略》《大方广回觉多罗了义经》最为著名。

佛利尔在该庙主殿对铺地砖、供桌、供具拍了照 [20]（图 1-28）。1982 年重修繁塔，整旧如旧，保存清初重修时的原貌。1984 年，考古发掘繁塔地宫，内已空无一物。1988 年，繁塔被国务院公布为第三批全国重点文物保护单位。

繁塔在始建时为九层六面楼阁式塔，总高有 80 多米，比祐国寺铁塔高出 30 多米。是故开封民间有"铁

---

[20] 《佛光无尽——弗利尔 1910 年龙门纪行》，第 46~50 页。

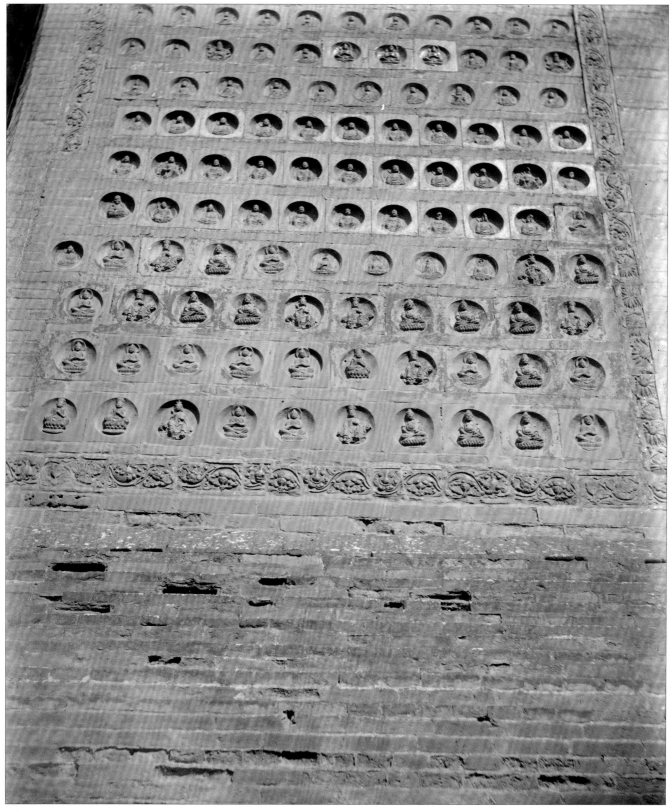

Fig. 1-29. Detail of the ceramic figures on Po Pagoda
Kaifeng, Henan province
Photograph by Freer and Zhou Yutai in 1910
Charles Lang Freer Papers
Freer Gallery of Art and Arthur M. Sackler Gallery Archives
Smithsonian Institution, Washington, D.C.
Gift of the estate of Charles Lang Freer, FSA A.01 12.05.GN. 016
图 1-29：开封繁塔外壁上的部分砖雕造像
佛利尔与周裕泰拍摄于 1910 年

Great Xiangguo monastery
大相国寺

大相国寺位于开封市自由路西段，"汴京八景"中的"相国霜钟"和"资圣熏风"均与该寺有关，足见其在开封的重要性（图1-30）。

大相国寺址相传是战国时期魏公子无忌故宅[21]。该寺原名建国寺，始建于北齐天保六年（555）。宋孟元老撰《东京梦华录》卷三曰："大内前，州桥之东，临汴河大街，曰相国寺。"同书卷所记寺内建筑有大三门、第二、三门、佛殿、两廊、资圣门、后廊等。"寺三门阁上并资圣门，各有金铜铸罗汉五百尊、佛牙等。""三门左右有两饼琉璃塔，寺内有智海、惠林、宝梵、河沙、东西塔院，乃出角院舍，各有住持僧官，每遇斋会，凡饮食茶果、动使、器皿，虽三五百分，莫不咄嗟而辨。大殿两廊，皆国朝名公笔迹，左壁画炽盛光佛降九曜鬼百戏，右壁佛降鬼子母揭盂。殿庭供献乐部马队之类，大殿朵廊皆壁隐隐楼殿人物，莫非精妙。"[22]另外，伊永文在其《东京梦华录笺注》卷二注五引宋白《大相国寺碑铭》曰：

按大相国寺本北齐建国寺也，至唐睿宗改赐今名。……唯相国寺敕建三门，御书赐额……岳立正殿，翼舒长廊。左钟曰楼，右经曰藏。后拔层阁，北通便门。广庭之内，花木罗生。中庑之外，僧居鳞次。大殿晬容，即慧云师所铸弥勒瑞像也。前楼众圣，即颖川郡近迎五百罗汉也。其形势之雄，制度之广，剞劂之妙，丹青之英。星繁高手，云萃名工。[23]

明李濂（1488~1566）《汴京遗迹志》卷十记载：

相国寺，在县治东，本北齐建国寺，天保八年（557）创建。后废。唐为郑审宅园。睿宗景云初，游方僧慧云睹审后园池中有梵宫影，遂慕缘易宅，铸弥勒佛像，高一丈八尺。值睿宗以旧封相王，初即位，因赐额为相国寺。玄宗天宝四载（745），建资圣阁，东塔曰普满，西塔曰广愿。宋真宗咸平四年（1001），增建翼廊、三门、前楼，迎取颖川郡铜罗汉五百尊，置于阁上。神宗元丰中（1078~1085），增建东西两厢，又立八院，东曰宝严、宝梵、宝觉、慧林，西曰定慈、广慈、普慈、智海。金元兵毁。国朝洪武（1368~1398）初重修，改赐额为崇法禅寺，置僧纲寺于内，而并南北大黄、景福三寺入焉。后累经黄河入城，廊庑僧舍多被淤塌。今所存者圣容殿，结构奇绝，盖旧殿也。[24]

同书卷还引陈师道（1053~1101）《后山谈丛》曰："相国寺楼门，唐人所造。"又引沈括《梦溪笔谈》曰："相国寺旧画壁，乃高益之笔，有画众工奏乐一堵。"

综上可知，唐睿宗为纪念自己以相王身份重登极，赐该寺"大相国寺"[25]额。是为大相国寺之名之始。唐昭宗大顺年间（890~891），寺被火焚毁，后又重修。宋太祖建隆三年（962），大相国寺又遭火灾，后又重

---

[21] 《如梦录》之《街市纪第六》，第50页。
[22] 《东京梦华录笺注》卷三，第283、288~289页。
[23] 《东京梦华录笺注》卷二，第87~90页。
[24] 明李濂：《汴京遗迹志》，第613页。
[25] 南宋王栐：《燕翼贻谋录》卷二，上海：上海古籍出版社，2012年，第29页。

建。至道元年（995）开始大规模扩建，于咸平四年（1001）完工。宋太宗在至道二年（996）命重建三门，亲为寺书额曰"大相国寺"。北宋时期的大相国寺实为皇家寺院，甚得皇帝喜爱，是该寺历史上的鼎盛时期，也是当时全国佛教的中心寺院（图1-31）。

北宋郭若虚《图画见闻志》对大相国寺的艺术作品记述较详。该书卷五记载：

《大相国寺碑》，称寺有十绝。其一，大殿内弥勒圣容，唐中宗朝僧惠云于安业寺铸成，光照天地，为一绝；其二，睿宗皇帝亲感梦，于延和元年七月二十七日改故建国寺为大相国寺，睿宗御书牌额，为一绝；其三，匠人王温重装圣容，金粉肉色，并三门下善神一

对，为一绝；其四，佛殿内有吴道子画文殊、维摩像，为一绝；其五，供奉李秀刻佛殿障日九间，为一绝；其六，明皇天宝四载乙酉岁，令匠人边思顺修建排云宝阁，为一绝；其七，阁内西头有陈留郡长史乙速令孤为功德主时，令石抱玉画《护国除灾患变相》，为一绝；其八，西库有明皇先敕车道政往于阗国传北方毗沙门天王样来，至开元十三年封东岳时，令道政于此依样画天王像，为一绝；其九，门下有瑰师画《梵王帝释》及东廊障日内有《法华经二十八品功德变相》，为一绝；其十，西库北壁有僧智俨画《三乘因果入道位次图》，为一绝也。宋次道《东京记》亦载相国寺十绝，乃是后来所见事迹，此不具录。

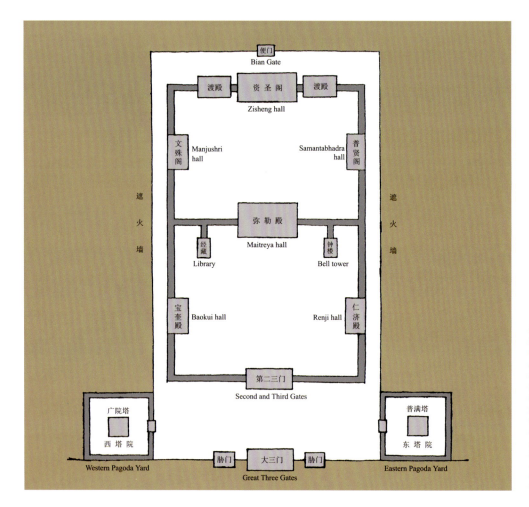

Fig. 1-31. Restorative layout of the main section of the Great Xiangguo monastery in the Northern Song After Xu Pingfang, "Beisong Kaifeng Daxiangguo si pingmian fuyuan tushuo", in Wenwu chubanshe bianjibu, ed., Wenwu yu kaogu lunji, Beijing: Wenwu chubanshe, 1986.
图1-31：北宋开封大相国寺主院平面复原示意图
采自徐苹芳《北宋开封大相国寺平面复原图说》，见文物出版社编辑部编：《文物与考古论集》，文物出版社1986年

《图画见闻志》卷六曰：

治平乙巳岁（1065）雨患，大相国寺以汴河势高，沟渠失治，寺庭四廊，悉遭淹浸，圮塌殆尽。其墙壁皆高文进等画，唯大殿东西走马廊相对门庑，不能为害。东门之南，王道真画《给孤独长者买祇陁太子园因缘》；东门之北，李用及与李象坤合画《牢度叉斗圣变相》；西门之南，王道真画《志公变》《十二面观音像》；西门之北，高文进画《大降魔变相》，今并存之，皆奇迹也。其余四面廊壁皆重修复后，集今时名手李元济等，用内府所藏副本小样，重临仿者，然其间作用，各有新意焉。

《图画见闻志》卷三又曰：

王道真，蜀郡新繁人，工画佛道人物，兼长屋木。太宗朝因高文进荐引，授图画院祇候。尝被旨画相国寺，并玉清昭应宫壁。今相国寺殿东画《给孤独长者买只陀太子园因缘》、并殿西画《志公变》《十二面观音像》，其迹并存。

北宋时期的大相国寺也是全国各地商人在京城的商品集散地之一。据南宋王栐《燕翼诒谋录》卷二记载："东京相国寺，乃瓦市也。僧房散处，而中庭两庑可容万人，凡商旅交易，皆萃其中。四方趋京师以货物求售、转售他物者，必由于此。"[26]北宋孟元老《东京梦华录》卷三也记载："相国寺，每月五次开放，万姓交易。大三门上皆是飞禽猫犬之类，珍禽奇兽，无所不有。第二、三门皆动用什物，庭中设彩幕、露屋、义铺，卖蒲合、簟席、屏帏、洗漱、鞍辔、弓剑、

时果、脯腊之类。近佛殿，孟家道院王道人蜜煎、赵文秀笔及潘谷墨，占定两廊，皆诸寺师姑卖绣作、领抹、花朵、珠翠、头面、生色销金花样幞头、帽子、特髻冠子、绦线之类。殿后资圣门前，皆书籍、玩好、图画，及诸路散任官员土物、香药之类。后廊皆日者、货术、传神之类。"[27]足见北宋时期大相国寺的繁荣景象。

北宋以后，大相国寺在全国的重要地位不复存在，但仍是当地的著名寺院。明洪武二年（1369），皇室曾敕修大相国寺，但不久又遭水患。永乐四年（1406）与成化二十年（1484）也曾修缮该寺，明廷还赐以"崇法寺"额。施耐庵（1296~1372）、罗贯中（1320~1400）所著的小说《水浒传》第六回中记述大相国时提到了寺内的山门高耸，当头敕额字分明，两下金刚形势猛。有五间大殿，四壁僧房，钟楼森立，经阁巍峨。有幡竿高峻，宝塔依稀。木鱼横挂，云板高悬。观音殿接祖师殿，水陆会通罗汉院。或许这就是元末明初大相国寺的样子。明嘉靖十六年（1537）重修资圣阁，嘉靖三十二年（1553）和万历三十五年（1607年）又重修寺宇。到了崇祯十五年（1642），黄河再次泛滥，开封被淹，全寺建筑尽毁。清顺治十八年（1661），重建山门、天王殿、大雄宝殿等，并恢复了相国寺名。康熙十年（1671）重修藏经楼，康熙十六年至二十一年（1677~1682）又增建中殿及左右庑廊。此后，乾隆三十一年（1776）、嘉庆二十四年（1819）、以及道光（1821~1850）、光绪（1875~1908）年间均对殿宇作过一些修整。佛利尔的照片展示了清代重修后的面貌（图1-32、1-33、1-34）。民国初年（1912~1919年），信徒们曾经翻修八角殿，改建了法堂。民国十六年（1927），不信佛的冯玉祥将军把相国寺改为"中山市场"。民国二十二年（1933），河南省政府主席刘峙（1892~1971）将省立民众教育馆迁入相国寺。1949年

[26] 南宋王栐：《燕翼诒谋录》，上海：上海古籍出版社，2012年，第29页。
[27] 《东京梦华录笺注》，第288页。

Fig. 1-32. The front entrance of the Great Xiangguo
monastery
Kaifeng, Henan province
Photograph by Freer and Zhou Yutai in 1910
Charles Lang Freer Papers
Freer Gallery of Art and Arthur M. Sackler Gallery
Archives
Smithsonian Institution, Washington, D.C.
Gift of the estate of Charles Lang Freer, FSA A.01
12.05.GN. 019
图 1-32：开封大相国寺山门内侧
佛利尔与周裕泰拍摄于 1910 年

Fig. 1-34. Great Buddha hall of the Great Xiangguo monastery
Kaifeng, Henan province
Photograph by Freer and Zhou Yutai in 1910
Charles Lang Freer Papers
Freer Gallery of Art and Arthur M. Sackler Gallery Archives
Smithsonian Institution, Washington, D.C.
Gift of the estate of Charles Lang Freer, FSA A.01 12.05.GN. 021
图 1-34：开封大相国寺大雄宝殿
佛利尔与周裕泰拍摄于 1910 年

Fig. 1-33. Luohan hall of the Great Xiangguo
monastery
Kaifeng, Henan province
Photograph by Freer and Zhou Yutai in 1910
Charles Lang Freer Papers
Freer Gallery of Art and Arthur M. Sackler Gallery
Archives
Smithsonian Institution, Washington, D.C.
Gift of the estate of Charles Lang Freer, FSA A.01
12.05.GN. 020
图 1-33：开封大相国寺罗汉堂
佛利尔与周裕泰拍摄于 1910 年

后，相国寺陆续得以重修、恢复，并于 2013 年成为全国重点文物保护单位。

大相国寺的平面为中国传统的中轴线对称布局。在中轴线上，自南向北排列的主要建筑有山门、钟鼓楼、天王殿、大雄宝殿、罗汉殿、藏经楼等，中轴线两旁还建有其他左右对称的殿阁。现存的藏经阁和大雄宝殿均为清朝所建，为重檐歇山式，殿顶覆以黄绿色琉璃瓦，殿与月台周围有白石栏杆。罗汉殿，因其外形又名八角琉璃殿（图 1–35），四周有游廊围绕，殿内供奉木雕四面千手千眼观世音像，高约七米 [28]。现钟楼内保存有清朝铸造的巨钟一口，高约四米，重万余斤，开封八景之一的"相国霜钟"即指该钟。

Fig. 1-35. Present-day Luohan hall of the Great Xiangguo monastery
Kaifeng, Henan province
图 1–35：开封大相国寺罗汉堂现状

[28] 1910 年 10 月 21 日，佛利尔访问大相国寺时见到了这尊千手观音像，他说该像有近四米高，四面各有一尊，四尊十分相似。见《佛光无尽——弗利尔 1910 年龙门纪行》，第 30 页。

Ancestral Shrine of the two Zen brothers
二曾祠

站在龙亭大殿前向南眺望，可见湖对岸的开封市图书馆、开封杂技团等地，那里在明代都属于周王府的范围。晚清黄舒昺等纂《新修祥符县志》卷十二曰："二曾公祠，在刷绒街路北，祀武英殿大学士曾国藩、两江总督曾国荃。国朝光绪十九年奉敕建。"清光绪十九年（1893），管辖河南、山东等地黄河、运河防治工作的河东河道总督许振祎（？～1899）为纪念其乡试恩师曾国藩（1811~1872）在这里建了一座祠堂（图1-36）。因祠内祀武英殿大学士曾国藩及其九弟两江总督曾国荃（1824~1890），故名二曾祠。曾国藩是晚清最有影响力的政治人物之一。因其平定太平天国的文治武功，在他曾经任职的江苏、湖南、湖北、江西等省都建有祠堂纪念，但是同时建祠纪念曾氏兄弟二人的只有开封。建立开封二曾祠的许振祎，字仙屏，江西奉新人，曾经是曾国藩、曾国荃二人的下属。

规模宏大的二曾祠分东西两大院落（图 1-37）。东院分前、中、后三院；西院包括瓣香楼院、环风阁院、西花园。东西两院的亭台楼阁美不胜收，是开封地区的一处著名的园林建筑群。瓣香楼坐北向南，楼上东、西、北三面有宽阔的走廊，粗大的柱子支撑着飞檐，十分壮观。许振袆亲笔题写的瓣香楼联云："功高百辟，心在一丘，侧写前贤，其气象得诸山水以外；暮卷归云，朝临飞鸟，谁来骋坐，可慷慨而无文字之鸣。"环风阁的四周有回廊，其院落向西则是二曾祠最

西边的院落——西花园，种植有奇花异草，杨柳古槐。东院最南边的四道门外可以看到叠波亭。二曾祠的正门在刷绒街，位于东院的中轴线上，有一对石狮安置在门两侧。门前柱联云："弟兄皆许国，出入冠诸公。"大门两侧有排房，东西尽端为挑角亭。进大门是过厅。东院的前院东西两边是对称的南北走向长廊，院子中间有一条鹅卵石铺成的信道，信道两旁种植有石榴、翠柏、花圃等。由于二曾祠位于龙亭潘、杨二湖的南岸，使其建筑群间有不少水域（图 1-38）。因此，在很

Fig. 1-38. Bridge and the Mid-Lake Pavilion at the Ancestral Shrine
of the two Zeng brothers
Kaifeng, Henan province
Photograph by Freer and Zhou Yutai in 1910
Charles Lang Freer Papers
Freer Gallery of Art and Arthur M. Sackler Gallery Archives
Smithsonian Institution, Washington, D.C.
Gift of the estate of Charles Lang Freer, FSA A.01 12.05.GN. 023
图 1-38：开封二曾祠通向湖心的桥与湖心亭
佛利尔与周裕泰拍摄于 1910 年

Fig. 1-37. Detail of the Ancestral Shrine of the two Zeng brothers
Kaifeng, Henan province
Photograph by Freer and Zhou Yutai in 1910
Charles Lang Freer Papers
Freer Gallery of Art and Arthur M. Sackler Gallery Archives
Smithsonian Institution, Washington, D.C.
Gift of the estate of Charles Lang Freer, FSA A.01 12.05.GN. 024
图 1-37：开封二曾祠一角
佛利尔与周裕泰拍摄于 1910 年

多建筑之间以架起的廊桥相通，具有江南水城般的秀丽风景（图1-39、1-40）。

许振祎后改任广东巡抚，于1899年死于任上。经河南籍官员奏请，在二曾祠的东偏院增设祭祀许振祎的附祠，命名为"许公祠"。

1900年，八国联军攻占北京，慈禧太后（1835~1908）离京逃往西安。1901年，慈禧和光绪帝自西安回銮北京，在开封停留了32天，即以二曾祠为行宫，住在瓣香楼。其间，慈禧和光绪曾在环凤阁设宴招待外国使臣。佛利尔的照片正反映了清代末年二曾祠的面貌。

清朝灭亡以后，二曾祠的命运也急转直下。1922年，冯玉祥主豫时，把二曾祠的大门改为西式建筑。

同时，二曾祠原有的祭祀功能也不复存在。1915~1957年，二曾祠是河南省图书馆所在地。1932年，井俊起（1875~1958）任河南省图书馆馆长时，重新绿化该地，瓣香楼北的小湖也重新疏浚。1957年5月，河南省图书馆迁至郑州，二曾祠又被用作开封市图书馆。十年"文革"时期，造反派们在二曾祠拆毁建筑、填平湖泊，使二曾祠包括瓣香楼、环凤阁、西花园等在内的大部分建筑遭到不同程度地破坏。1987年，开封市图书馆填平了后院的小湖，拆掉了已经损毁的古建筑群，在原来小湖及瓣香楼处建起了现在的新楼（图1-41）。因此，现在，我们只能从旧照片上一睹二曾祠昔日的风姿了。

Fig. 1-39. Detail of the Ancestral Shrine of the two Zeng brothers
Kaifeng, Henan province
Photograph by Freer and Zhou Yutai in 1910
Charles Lang Freer Papers
Freer Gallery of Art and Arthur M. Sackler Gallery Archives
Smithsonian Institution, Washington, D.C.
Gift of the estate of Charles Lang Freer, FSA A.01 12.05.GN. 170/174
图1-39：开封二曾祠一角
佛利尔与周裕泰拍摄于1910年

Fig. 1-40. Detail of the Ancestral Shrine of the two Zeng brothers
Kaifeng, Henan province
Photograph by Freer and Zhou Yutai in 1910
Charles Lang Freer Papers
Freer Gallery of Art and Arthur M. Sackler Gallery Archives
Smithsonian Institution, Washington, D.C.
Gift of the estate of Charles Lang Freer, FSA A.01 12.05.GN. 170/174
图 1-40：开封二曾祠一角
佛利尔与周裕泰拍摄于 1910 年

Fig. 1-41. Present-day Kaifeng City Library
Kaifeng, Henan province
图 1-41：开封市图书馆现状

The Platform of Yu the Great
禹王台

禹王台，位于现开封市城区的东南隅禹王台公园内，占地400多亩。北宋王瓘《北道刊误志》曰："吹台，《十道志》：大梁有师旷、仓颉吹台。汉梁孝王增筑曰明台。孝王常案歌吹于此，亦曰吹台。后有繁姓居其侧，亦谓之繁台。梁开平中，尝阅武于此，又曰讲武台。"[29] 清乾隆四年（1739）鲁曾煜等纂《祥符县志》卷四也记述了该台的简史："吹台，在县城东南三里。按九域志，即繁台也。本师旷吹台，汉梁孝王增筑之。一曰平台。后建禹王庙于上。庙后有唐杜甫、李白、高适三贤祠。又附何景明、李梦阳为五贤祠。或云吹台乃梁惠王所筑。"同书卷又曰："梁园，在县城东南三里，一名菟园，一名梁苑。相传为汉梁孝王游宴之地，筑吹台于苑中。或云梁惠王所筑。"

相传在春秋时期，晋国的大音乐家师旷曾在此吹奏乐曲，故后人称此台为"吹台"[30]。西汉初年，汉文帝（前180~前157年在位）封其次子刘武（？~前144年）于大梁，是为梁孝王，后改封淮阳王于睢阳（今河南商丘）。梁孝王喜欢同宾客吟诗、吹弹、游乐，特意增筑吹台，兴建殿宇亭楼，种植名贵花木，使吹台成为一所豪华的园林，称为"梁园"[31]。后因战乱而荒芜。明成化十八年（1482），在禹王台上建碧霞元君祠。正德十二年（1517），又在台上建三贤祠。明李濂（1488~1566）《汴京遗迹志》卷十一曰："三贤祠，在吹台上禹庙之后。旧有三龛，塑碧霞元君像。正德丁丑（1517），巡按御史毛伯温改塑三贤像。"同书卷引毛伯温撰《三贤祠记》曰："三贤祠者，祠唐高、李、杜三贤于吹台之上也。唐史高适、李白、杜甫天宝中聚梁宋间，共饮吹台之上。酒酣，击歌俛仰今古，旁若无人。"[32] 可知三贤祠是为了纪念唐天宝三年（744）李白（701~762）、杜甫（712~770）、高适（704~765）三位诗人在此台相会，饮酒赋诗，留下了《梁园吟》等脍炙人口的名篇。明嘉靖二年（1523），因开封屡遭黄河水患，为怀念大禹治水的功绩，民众在台上修建禹王庙，是故吹台被人们改称为"禹王台"。明李濂《汴京遗迹志》卷八曰："吹台，在城东南三里。相传汉之鼓吹台。一名梁台，一名雪台，俗呼为二姑台。今改为禹王台，祀禹于其上，两庑祀古之善治水者为河患也。"[33] 卷十一又曰："禹庙，在城东南三里许吹台上，旧名二姑台，宋都人建庙以祀二仙姑。弘治中改为碧霞元君祠。好鬼者翕然趋之，观风者毁其像，改祀神禹，称禹庙焉。又增建两庑，祀中古以来治水有功者为河患也。……两庑分祀历代治水有功者共二十九人"。[34] 三贤祠正位于禹王庙大殿的东偏院内。由于明代著名诗人李梦阳（1472~1530）和何景明（1483~1521）在开封活动时间较长，明嘉靖四十一年（1562），巡抚蔡汝楠（1541~1565）在三贤祠增祀李梦阳与何景明，改三贤祠为五贤祠。清道光十年（1830），巡抚杨国祯复修祠堂时，恢复了原来的匾额"三贤祠"。

古吹台在明朝时期有十米高，周长百米。后由于黄河泛滥，泥沙淤积，仅高出地面约七米。台上的禹王庙建筑群多系明清风格（图1-42），大门前

---

[29] 王瓘《北道刊误志》，刊于《丛书集成初编》第3111册，北京：中华书局，1991年，第12页。

[30] 《如梦录》之《关厢记第七》曰："迤东，有古吹台，昔师旷曾在此审音，故名。吹台旧祀碧霞元君，呼为二姑台。后祀禹王，为禹王台。祀碧霞于禹王宫后，正德十一年巡按毛公至，谓祭非其鬼，撤去碧霞元君，改祀唐李白、杜甫、高适，为三贤祠，并自撰碑记其事。台侧，有李空同别墅旧址。每遇清明、端阳，城内王孙公子担榼携酒在此踏青游玩，郊外一景也。"见《如梦录》，第74页。

[31] 明王士性《游梁园》，见《如梦录》，第78页。

[32] 明李濂：《汴京遗迹志》，第624页。

[33] 明李濂：《汴京遗迹志》，第597页。

[34] 明李濂：《汴京遗迹志》，第630页。

Fig. 1-42. The Platform of Yu the Great Kaifeng, Henan province
Photograph by Freer and Zhou Yutai in 1910
Charles Lang Freer Papers
Freer Gallery of Art and Arthur M. Sackler Gallery Archives
Smithsonian Institution, Washington, D.C.
Gift of the estate of Charles Lang Freer, FSA A.01 12.05.GN. 025
图 1-42：开封禹王台外观
佛利尔与周裕泰拍摄于 1910 年

配有二尊青铜或铁铸狮子 [35]（图 1-43、1-44）。1981 年重新修葺，现为河南省重点文物保护单位。禹王台上的现存建筑有牌楼、御书楼、禹王庙、三贤祠、水德祠等。入口处的牌楼上有"古吹台"三大字，系清乾隆二十七年（1762）河南地方官书写（图 1-45、1-46）。牌坊之内是面阔三间的御书楼，是为了供奉康熙皇帝所题的"功存河洛"四字门楣所建。御书楼后为禹王庙，有庭院二进，五间正殿，殿内供奉着禹王塑像，东西两侧镶嵌着禹王"治水图"和"庆功图"大幅砖雕。北壁镶嵌着清光绪年间河南巡抚刘树棠（1894~1898 年任此职）摹刻的"岣嵝碑"。大殿东西各有一小院，东为"三贤祠"，西为"水德祠"。水德祠也建于明代，祭祀历代治水名人，以配享大禹之功德。古吹台还有很多明代至民国年间的碑刻，如三贤祠内明正德年间（1506~1521）的《时雨亭记》《抚安亭记》，碑廊东侧和西侧还有许多记载禹王台历史变迁和到禹王台观瞻的官员文人留下的墨宝碑刻。建筑群周边原有水域，建桥相通，桥上建亭（图 1-47）。

[35] 1910 年 10 月 22 日，佛利尔参观了禹王台，认为门前的两尊狮子是青铜的，高约 1 米，为深棕色和暗红色，有的地方还带绿色的斑点。见《佛光无尽：弗利尔 1910 年龙门纪行》，第 42、46 页。

Fig. 1-43/44. Cast Iron (or bronze) lion of the Platform of Yu the Great
Kaifeng, Henan province
Photograph by Freer and Zhou Yutai in 1910
Charles Lang Freer Papers
Freer Gallery of Art and Arthur M. Sackler Gallery Archives
Smithsonian Institution, Washington, D.C.
Gift of the estate of Charles Lang Freer, FSA A.01 12.05.GN. 028/030
图 1-43、44：开封禹王台的铁（铜）铸狮子
佛利尔与周裕泰拍摄于 1910 年

Fig. 1-45. Gateway in front of the entrance of the Platform of Yu the Great
Kaifeng, Henan province
Photograph
Dated to the period of Republic of China (1911-1949)
图 1-45：开封禹王台入口处的牌楼
拍摄于民国时期

Fig. 1-46. Present-day Archway in front of the entrance of
the Platform of Yu the Great
图 1-46：开封禹王台入口处的牌楼现状

Fig. 1-47. Present-day detail of the Platform of Yu the Great
Kaifeng, Henan province
图 1-47：开封禹王台局部现状

2

Gongxian:
The Lock Key of the Eastern Capital

二

东都锁钥

巩县

河南省巩义市原名巩县，位于郑州和洛阳之间，南依嵩山，北靠黄河。因其地扼九朝古都洛阳，而洛阳在一些朝代又被称为"东都"，是故巩义在历史上有"东都锁钥"之称。巩义在商代称阙巩，西周、春秋时为巩伯国，战国时秦庄襄王元年（前249年）置巩县，以"山河四塞、巩固不拔"得名，历代沿袭此名，治所在今巩义市西北3公里康店镇康店村，属三川郡。巩县在西汉时期属河南郡，东汉时期属河南尹。三国曹魏、晋代均属河南郡。东魏时属成皋郡，北齐时废入成皋县。隋开皇十六年（596）复置巩县，

属洛州，唐、五代时期继承这种行政归属。巩县在宋代属于河南府，成为了北宋皇陵所在地，地位十分重要。在明、清和民国初年，均保持这种行政归属。

中华民国二年（1913），巩县改属豫西道（次年豫西道改称河洛道）。民国十六年（1927），巩县直属河南省，二十一年（1932）改属第十行政督察区。1949年，巩县归属郑州专署，1955年改属开封专署，1958年又划归郑州市管辖。1961年复归开封，1983年再次改属郑州市。1991年撤销巩县，设立巩义市，仍隶属郑州市。

Dalishan grottoes
大力山石窟

大力山石窟位于北魏洛阳故城以东44公里处、巩义市东北9公里大力山下（图2-1）。它开凿于北魏晚期（500~534），坐北向南，现存北魏中型洞窟5所、唐代千佛龛1个、北魏晚期大型摩崖造像3尊（图2-2）、北魏至唐的小型摩崖造像龛328个、碑刻题记256方、佛像7743尊。

Fig. 2-1. Distant view of Dalishan grottoes
Gongyi, Henan province
Photograph by Freer and Zhou Yutai in 1910
Charles Lang Freer Papers
Freer Gallery of Art and Arthur M. Sackler Gallery Archives
Smithsonian Institution, Washington, D.C.
Gift of the estate of Charles Lang Freer, FSA A.01 12.05.GN. 042
图 2-1：巩义大力山石窟外观
佛利尔与周裕泰拍摄于 1910 年

Fig. 2-2. Cliff images carved on the exterior wall of Dalishan grottoes
Gongyi, Henan province
Photograph by Freer and Zhou Yutai in 1910
Charles Lang Freer Papers
Freer Gallery of Art and Arthur M. Sackler Gallery Archives
Smithsonian Institution, Washington, D.C.
Gift of the estate of Charles Lang Freer, FSA A.01 12.05.GN. 043
图 2-2：巩义大力山石窟外壁雕刻
佛利尔与周裕泰拍摄于 1910 年

第 1、3、4 窟为中心塔柱式（图 2-3、2-4），第 5 窟是开着三所大龛的佛殿窟，第 2 窟也为中心柱式，但没有完成。大力山第 1、4 窟年代与龙门普泰洞、魏字洞接近，即完工于正光元年（520）胡太后被幽之前。

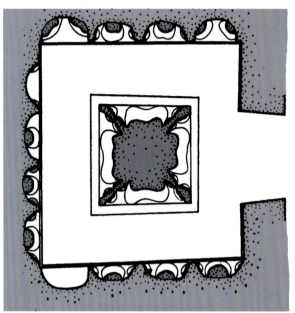

Fig. 2-3. Layout and cross section of Cave 1
Dalishan grottoes, Gongyi, Henan province
Early sixth century
Northern Wei dynasty (386-534)
After Zhongguo shiku-Gongxian shikusi, p. 238.
图 2-3：巩义大力山石窟第 1 窟平剖面图
北魏（6 世纪初）
采自《中国石窟·巩县石窟寺》第 238 页

Fig. 2-4. Front of the Central Pillar of Cave 1
Dalishan grottoes, Gongyi, Henan province
Early sixth century
Northern Wei dynasty (386-534)
From Zhongguo shiku diaosu quanji 6-Beifang liusheng, plate 3.
图 2-4：巩义大力山石窟第 1 窟中心柱前壁部分
北魏（6 世纪初）
采自《中国石窟雕塑全集 6·北方六省》图版 3

第 4 窟部分壁面雕造草率，或与此事变有关。第 5、3 窟稍晚，时间约当龙门北魏孝昌三年（527）完工的皇甫公窟迄北魏末年的路洞之间，两窟的部分壁面未完工，第 2 窟甚至仅凿出窟形即辍工，可能都与孝昌（525~528）以后政局多变有关[1]。大力山中心柱窟窟内中部都凿有一个通顶大方柱，柱的四周表面开龛造像（图 2-5），窟内四壁也造出了佛龛，信徒们可以环绕方柱作礼拜，实际上就是北魏洛阳永宁寺塔下第一层的模拟结构[2]。这种中心柱窟还出现在了时代相近的河南渑池鸿庆寺第 1 窟[3]。我们如果再向前追溯，就会发现

[1] 宿白：《洛阳地区北朝石窟的初步考察》，刊于龙门文物保管所等编：《中国石窟·龙门石窟》第 1 卷，文物出版社、平凡社，1991 年，第 231 页（下引此书，皆只出书名、页码）。

[2] 最早持这种观点的是宿白先生，参见其论文：《洛阳地区北朝石窟的初步考察》，刊于《中国石窟·龙门石窟》第 1 卷，第 237 页。

[3] 李文生：《渑池鸿庆寺石窟》，刊于《中国石窟·龙门石窟》第 1 卷，第 254~264 页。

Fig. 2-5. Southern face of the Central
Pillar of Cave 3
Dalishan grottoes, Gongyi, Henan
province
Early sixth century
Northern Wei dynasty (386-534)
Photograph by Freer and Zhou Yutai
in 1910
Charles Lang Freer Papers
Freer Gallery of Art and Arthur M.
Sackler Gallery Archives
Smithsonian Institution,
Washington, D.C.
Gift of the estate of Charles Lang
Freer, FSA A.01 12.05.GN. 041
图 2-5：巩义大力山石窟第 3 窟中心
柱南壁
北魏（6 世纪初）
佛利尔与周裕泰拍摄于 1910 年

在北凉时期的甘肃张掖金塔寺、武威天梯山、酒泉文殊山、北魏中期的山西大同云冈石窟、北魏晚期的敦煌莫高窟中，类似的中心柱式石窟也应该是对同时代的木塔第一层建制的模仿。巩县大力山这种不见于龙门的中心柱窟同样反映着北魏晚期洛阳一带的佛教艺术样式。

大力山明显继承了云冈第二期中心柱窟样式，在局部与装饰上又有来自洛阳龙门的因素，但其雕刻排列更加整齐有序。第 1 窟内部四壁内容都是分成上下四层来布置

（图 2-6）：在四壁的上部边缘雕刻着莲花化生童子与庐帐间隔排列，下边是一条垂帐纹，共同组成了一层帐形的装饰带。第三层除前壁外，其余三壁各开并列的四大佛龛（图 2-7）。最下一层刻神兽、神王、伎乐等。第 3 窟内的四个壁面分上、中、下三层来布置：上层刻作垂帐纹装饰带；中层面积最为宽广，中心开一个尖拱大龛，其余壁面刻满了排列整齐的千佛（图 2-8）；下层刻神兽与伎乐人物。第 4 窟的四壁面都是以上、下两层龛为主，上层四龛是方形的垂帐纹龛，下层四龛是盝顶形的天幕龛，在壁基的位置刻着神王等形象。结合这几所石窟的平顶表面都刻着排列整齐的方格状平棋（这是直接取材于木构佛殿内部的顶棚装饰）的情况，

Fig. 2-6. Drawing on the eastern wall of Cave 1
Dalishan grottoes, Gongyi, Henan province Early sixth century
Northern Wei dynasty (386-534)
After Zhongguo shiku-Gongxian shikusi, p. 243.
图 2-6：巩义大力山石窟第 1 窟东壁立面图
北魏（6 世纪初）
采自《中国石窟·巩县石窟寺》第 243 页

Fig. 2-7. Eastern wall of Cave 1
Dalishan grottoes, Gongyi, Henan province
Early sixth century
Northern Wei dynasty (386-534)
Photograph by Freer and Zhou Yutai in 1910
Charles Lang Freer Papers
Freer Gallery of Art and Arthur M. Sackler Gallery Archives
Smithsonian Institution, Washington, D.C.
Gift of the estate of Charles Lang Freer, FSA A.01 12.05.GN. 036
图 2-7：巩义大力山石窟第 1 窟东壁
北魏（6 世纪初）
佛利尔与周裕泰拍摄于 1910 年

置身于这些石窟之中，就仿佛进入一个挂满帷幔的古塔里面，美观又庄重的雕刻装饰使塔内的空间充满了肃穆的宗教气氛。

大力山石窟中的北魏晚期佛像，都身穿褒衣博带式大衣，施无畏印，大衣的下摆垂覆于须弥座的前方，反复褶叠，一般有四层之多，雕刻手法更具有衣裙的质感。第 1、4 窟的坐佛为长面圆润、细颈、削肩，嘴小唇薄，沉静微笑，亲切感人，体形给人以消瘦、柔弱的感觉，大衣之外有覆肩衣（图 2-4），与南京栖霞山第 13 窟正壁释迦多宝像的作法相同 [4]。第 3 窟的坐佛身躯稍觉短粗肥胖，圆脸清秀，没有覆肩衣。第 4 窟中心柱西龛的释迦多宝对坐之姿，与龙门皇甫公窟北壁龛的

---

[4] 林蔚：《栖霞山千佛崖第 13 窟的新发现》，《文物》1996 年第 4 期，第 32~36、84、99 页。

Fig. 2-8. Eastern wall of Cave 3
Dalishan grottoes, Gongyi, Henan province Early sixth century
Northern Wei dynasty (386-534)
Photograph by Freer and Zhou Yutai in 1910
Charles Lang Freer Papers
Freer Gallery of Art and Arthur M. Sackler Gallery Archives
Smithsonian Institution, Washington, D.C.
Gift of the estate of Charles Lang Freer, FSA A.01 12.05.GN. 038
图 2-8：巩义大力山石窟第 3 窟东壁
北魏（6 世纪初）
佛利尔与周裕泰拍摄于 1910 年

Fig. 2-9. Southern and eastern walls of Cave 4
Gongyi, Henan province
Early sixth century
Northern Wei dynasty (386-534)
Photograph by Freer and Zhou Yutai in 1910
Charles Lang Freer Papers
Freer Gallery of Art and Arthur M. Sackler Gallery Archives
Smithsonian Institution, Washington, D.C.
Gift of the estate of Charles Lang Freer, FSA A.01 12.05.GN. 039
图 2-9：巩义大力山石窟第 4 窟南壁与东壁
北魏（6 世纪初）
佛利尔与周裕泰拍摄于 1910 年

可识前面一座牌坊题字为"旌表已故监生崔鸿翼妻刘氏贞□□□"。崔氏为该村的大姓，自起明朝初年，白沙也是目前河洛地区崔氏聚族而居的最大村庄。在白沙村北现存有崔氏祠堂，建于清康熙五十四年（1715）。

Fig. 2-12. Two memorial archways of Baisha village
Gongyi, Henan province
Photograph by Freer and Zhou Yutai in 1910
Charles Lang Freer Papers
Freer Gallery of Art and Arthur M. Sackler Gallery Archives
Smithsonian Institution, Washington, D.C.
Gift of the estate of Charles Lang Freer, FSA A.01 12.05.GN. 037
图 2-12：巩义白沙村二石牌坊
佛利尔与周裕泰拍摄于 1910 年

Northern Song eight imperial mausoleums
北宋八陵

北宋皇陵地处巩义市，南有嵩山，北有黄河，依山傍水，是典型的古代风水宝地，也是中原地区规模最大的皇陵群，东西长约 13、南北宽约 12 公里，占地面积约 156 平方公里，共有 300 余座陵墓，700 多件石刻。北宋九位皇帝中除徽宗（1100~1126 年在位）、钦宗（1126~1127 年在位）被金人掳去之外，其余七帝均埋葬在巩义，再加上宋太祖赵匡胤（960~976 年在位）的父亲赵弘殷（899~956）的陵墓，共有八陵，被称为"七帝八陵"（图 2-13）。北宋八座陵园周围还有相关的寺院、庙宇、行宫、陪葬墓等。八陵分别位于四个陵区。西村陵区年代最早，位于西村乡北的常封村和滹沱村之间，包括宣祖赵弘殷的永安陵、太祖赵匡胤的永昌陵、太宗赵光义的永熙陵。蔡庄陵区年代次之，位于蔡庄北，有真宗赵恒的永定陵。孝义陵区位于县城西南侧，包括仁宗赵祯的永昭陵、英宗赵曙的永厚

陵。八陵陵区位于八陵村南，包括神宗赵顼的永裕陵、哲宗赵煦的永泰陵（图 2-14）。在八陵周围还分布有皇后陵 22 座，亲王、公主、皇子皇孙、诸王夫人墓 144 座，名将勋臣墓 9 座，帝系宗亲墓近千座。

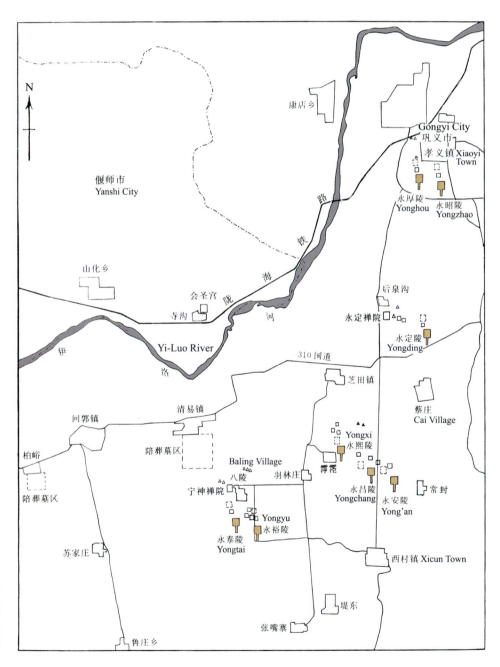

Fig. 2-13. Layout of the Northern Song imperial mausoleums Gongyi, Henan province Northern Song dynasty (960-1127) From Beisong huangling, p. 9
图 2-13：巩义北宋皇陵陵墓分布图 采自《北宋皇陵》第 9 页

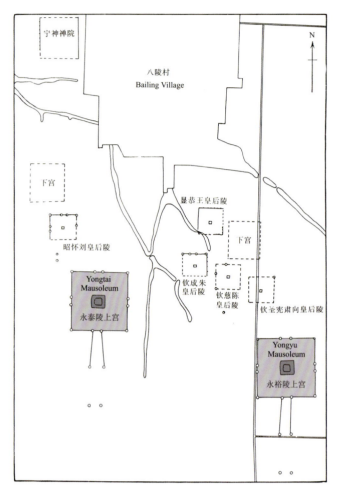

Fig. 2-14. Layout of the mausoleums in Baling cemetery
Gongyi, Henan province
Northern Song dynasty (960-1127)
From Beisong huangling, p. 18
图 2-14：巩义北宋皇陵八陵陵区陵墓分布图
采自《北宋皇陵》第 18 页

　　巩义北宋皇陵始于永安陵。公元 964 年，赵匡胤命有司将埋葬在东京汴梁东南的父母遗骨迁葬到巩县西南，是为北宋皇陵营建之始。南宋初年，金国在中原扶植的"大齐"皇帝刘豫（1073~1146）曾对北宋皇陵进行大规模盗掘，陵墓建筑被彻底毁坏。到了元朝，北宋皇陵区已变为废墟。明朝初年，为纪念宋代帝室，明太祖朱元璋（1368~1398 年在位）曾命工对巩县宋陵加以修葺，禁止人们在陵区樵采。到了清朝，朝廷也对宋陵进行保护，曾分民户看管陵区，并减免其赋税、劳役。1982 年，宋陵被公布为第二批全国重点文物保护单位。

　　北宋诸帝陵园建制统一，平面布局基本相同。八陵均坐北向南，在整个兆域（茔域）内除了帝陵的上宫和下宫外，还有陪葬的皇后陵及宗室子孙、朝廷重臣墓。上宫是帝陵主体，有陵墙，平面呈方形，周长近千米，四面正中辟有神门，四隅有角阙。上宫正中为底边周长 200 余米的覆斗形陵台，台下为地宫。南神门内和陵台前各有两身宫人，上宫四神门外各置一对石狮。南神门外是神道，两侧排列石兽、石柱及石雕的将军、大臣等像。这些石刻一般有 24 对，由南向北依次为华表（望柱）1 对、象 1 对、驯象人 1 对、瑞禽石屏 1 对、角端 1 对、马 2 对、控马官 4 对、虎 2 对、羊 2 对、客使 3 对、武将 2 对、文臣 2 对、武士 1 对、上马石 1 对。神道的最南端有一对乳台，再南为一对鹊台，是进入中宫的最南入口。下宫在上宫的西北部，地面建筑已荡然无存。下宫是日常为去世的皇帝奉飨的地方，也是管理陵园的官吏或宦官、宫女日常生活的地方，设有厨房、贮藏等场所。官员朝拜陵墓时，在上宫行祭之后，还要到下宫去拜谒先帝圣容画像。下宫的南神门外也置一对石狮。自仁宗永昭陵以下，又在下宫南神门外加置一对上马石。这样，帝陵石雕总数最多可达 64 件。皇后陵和陪葬墓都位于帝陵上宫的西北部，皇后陵的陵园布局和建筑与帝陵相似，但形制较小，石刻配置较少。各祔葬陵墓依其级别有设置数目不等石雕，其中后陵 30 件，除四神门各有 2 件门狮外，在乳台以北的神道两侧还依次排列有望柱 2、马 2、控马官 4、羊 4、武官 2、文官 2、宫人 2。亲王公主墓则有石刻 18 件，大臣墓 6~8 件。

　　由于遗迹保存的局限，最能体现宋陵艺术成就的是神道两旁的石刻造像。根据河南省文物考古研究所的调查统计，北宋帝陵现存石像生 395 件，另有上马石 12 件，其中残缺不全者 33 件。后陵现存石像生 336 件，残者 51 件。陪葬墓尚存石像生 69 件，残缺不全者 19 件[8]。总体来看，这些石刻造型浑厚，但也有局部的细节表现。狮子豪迈，石虎威严，石羊柔顺，这些动物都

---

[8]　河南省文物考古研究所：《北宋皇陵》，郑州：中州古籍出版社，1997 年，第 21 页。该书还统计在帝陵区收集到墓志 75 方，墓记碑 41 通，所有石刻共计 928 件。

具有守护皇陵的职能。石象身披锦幪，背驮莲花座，长鼻委地。驯象人则有卷曲长发，饰有耳环、臂钏、手镯，应是来自南亚的人物形象。番使的形象也是来自异域，他们手捧宝瓶、珊瑚、莲花盘、犀角、玉函等物，象征着各域外的少数民族政权向大宋朝贡的情景。宫人像具有宫廷太监的服装与体态特征，一般手执体现其身份的球仗和拂尘等物。武将高大威武，或拄剑肃立，或手执斧钺；文臣则执笏侍立。他们都应该是北宋人物的真实写照，但表现的是庄严、肃穆的气氛。华表是中国古代立于宫殿、陵墓前的石柱，既有道路标志的作用，又有为过路行人留言以表示王者纳谏的作用，是皇家寓所、陵寝的标志。宋陵华表一般有方形莲花座，柱身为六棱或八棱形，柱顶有合瓣莲花。帝陵华表柱身表面刻有缠枝牡丹与云龙纹，而后陵华表柱身表面则刻有翔凤纹，象征着帝、后的身份。

Yongan mausoleum
永安陵

永安陵是北宋帝陵中的首陵，位于常封村西 500 米处，地面尚存有陵台、部分陵墙遗迹。陵主赵弘殷是宋太祖赵匡胤生父，原为后唐飞捷指挥使，宋初被谥号"宣祖"。据元脱脱（1314~1355）等撰《宋史》卷 122《凶礼一》记载："安陵在京城东南隅。乾德（963~968）初，改卜河南府巩县西南四十里訾乡邓封村。以司徒范质为改卜安陵使，学士窦仪礼仪使，中丞刘温叟仪仗使，枢密直学士薛居正卤簿使。太宗时尹开封，为桥道顿递使。质寻免相，以太宗兼辖五使事，修奉新陵。皇堂（棺木停放的地宫）下深五十七尺，高三十九尺。陵台三层，正方，下层每面长九十尺。南神门至乳台、乳台至鹊台皆九十五步。乳台高二十五尺，鹊台增四尺。神墙高九尺五寸，环四百六十步，各置神门、角阙。"可知永安陵最初的位置在北宋东京城东南，北宋乾德初年迁至河南府巩县。在北宋帝陵中，永安陵的规模最小，其陵台大约仅高 7 米许，每边长度在 20 米左右。

永安陵也是北宋唯一一座帝后合葬陵，埋葬着赵弘殷和他的妻子（即宋太祖和宋太宗的生母昭献杜太后，死于北宋建隆二年，961）。在永安陵西北部，有两座皇后陵遗迹，分别为宋太祖的孝惠贺皇后（925~958）陵和宋太宗的淑德尹皇后陵。其中，孝惠皇后陵仅存低矮的陵台，淑德皇后陵有存陵台和南门神道望柱一根。

永安陵在历史上曾经遭遇过多次盗掘破坏，仅史料明确记载的就有两次，一是伪齐四京留守孟邦雄盗掘永安陵。《宋史》卷 475《叛臣上》记载："许清臣毁景灵宫，孟邦雄发永安陵。"另一条记载在南宋绍兴年间，南宋使臣在谒陵后向南宋朝廷的报告中说永安陵的陵台因为盗掘而被损坏。现永安陵上宫仅存陵台及神道石像生 4 件，由南向北依次为控马官 1、石虎 2、石羊 1。

Yongchang mausoleum
永昌陵

因为埋着的是北宋开国皇帝赵匡胤，永昌陵就成了北宋皇陵中实际上的首陵。赵匡胤祖籍河北涿郡，后唐天成二年（927）生于洛阳夹马营。后周显德七年（960），他策划陈桥驿兵变，取后周而代之，建立了北宋王朝。开宝七年（974），他消灭南唐国，基本统一南北。开宝九年（976），暴毙于东京万岁殿，享年五十岁。太平兴国二年（977）四月，葬于巩县永昌陵。永昌陵也是北宋王朝唯一一座由皇帝亲自选定的陵墓。北宋野史文莹和尚撰《玉壶清话》卷七曰：

> 太祖生于西京夹马营，至九年（976）西幸，还其庐驻跸，以鞭指其巷曰："朕忆昔得一石马，儿为戏，群儿屡窃之，朕埋于此，不知在否？"劚之，果得。然太祖受其山川形胜，乐其风土，有迁都之意。李怀忠为云骑指挥使，谏曰："京师正得皇居之中，黄、汴环流，漕运储廪，可仰亿万，不烦飞挽。况国帑重兵，宗庙禁掖，若泰山之安，根本不可轻动也。"遂寝议。拜安陵，奠哭为别，曰："此生不得再朝于此也。"即更衣，取弧矢，登阙台，望西北鸣弦发矢以定之，矢委处，谓左右曰："即此乃朕之皇堂也。"以向得石马埋于中。又曰："朕自为陵名曰永昌。"是岁果晏驾。

永昌陵位于西村陵区，现存遗迹有四神门及部分残墙、陵台、角阙、乳台、鹊台等，现存石雕像45件。宫城南门外的神道石刻共存36件，从南向北有望柱2、象2、驯象人1、羊首瑞禽石屏（其他陵的均为马首）2、角端2、马4（图2-15）、控马官5、虎4、羊4、客使2、武官2、文官4、武士2。还有宫人1件，立于陵台前西列。门狮8件，在四神门外各列一对。这些都是北宋早期陵墓石刻的代表作。还有陪葬后陵两座，即宋太祖孝章宋皇后（952~995）陵和宋真宗章怀潘皇后（968~989）陵。

Fig. 2-15. Stone horse at the Spiritual Path of Yongchang mausoleum Gongyi, Henan province
Northern Song dynasty (960-1127)
图 2-15：巩义北宋永昌陵神道石马

Yongxi mausoleum
永熙陵

宋太宗赵光义的永熙陵位于永昌陵西北两公里左右的濮沱村。赵光义于后晋天福四年（939）生于洛阳，建隆二年（961）起任开封尹、同平章事等。太平兴国元年（976）登极，四年（979）灭北汉，完成了全国的统一。他曾统军与辽国作战，但以失败告终。至道三年（997），死于汴梁皇宫万岁殿，同年十月葬于巩县永熙陵。《宋史》卷122《凶礼一》记载："（永熙陵）皇堂深百尺，方广八十尺，陵台方二百五十尺。"陵区现存有上宫之陵台、鹊台、乳台、神墙、角阙等建筑遗址，还有下宫的一些遗迹，规模都超越前代，是北宋皇陵中规模最大的，从鹊台到上宫北神门全长约600米。永熙陵上宫现有60件石刻，在神道两侧自南向北有望柱2、象2、驯象人2、瑞禽石屏2、角端2、马4、控马官8、虎4、羊4、客使6、武官4、文官4、武士2。其中客使深目高鼻、头戴毡帽、手捧宝瓶。石羊昂首静卧，形象绝佳。还有宫人4件，分立于南神门内和陵台前。上马石2件，位于南神门外近门处。门狮8件，分别位于四神门外。

太宗的葬礼极其隆重。据《宋史》卷122《凶礼一》记载："大驾卤簿，用玉辂一、革车五外，凡用九千四百六十八人。有司定散发之礼，皇帝、皇后、诸王、公主、县主、诸王夫人、六宫内人并左被发，皇太后全被发。帝服布斜巾、四脚、大袖、裙、裤、帽、竹杖、腰绖、首绖，直领布襕衫、白绫襯服。诸王皇亲以下如之，加布头冠、绢襯服。皇太后、皇后、内外命妇布裙、襕衫、帔、帕头、首绖、绢襯服。宫人无帔。文武二品以上布斜巾、四脚、头冠、大袖、襕衫、裙、裤、腰绖、竹杖、绢襯服。自余百官并布幞头、襕衫、腰绖。两省五品、御史台尚书省四品、诸司三品以上，见任前任防御、团练、刺史、内客省、阁门、入内都知、押班等，布头冠、幞头、大袖、襕衫、裙、裤、腰绖。诸军、庶民白衫纸帽，妇人素缦不花钗，三日哭而止。山陵前，朔望不视事。（至道三年）六月，诏翰林写先帝常服及绛纱袍、通天冠御容二，奉帐坐，列于大升舆之前，仍以太宗玩好、弓剑、笔砚、琴棋之属，蒙组绣置舆中，陈于仗内。十月三日，灵驾发引，其凶仗法物擎舁牵驾兵士力士，凡用万二千一百九十三人。挽郎服白练宽衫、练裙，勒帛绢帻。余并如昌陵制。十一月二日，有司奉神主至太庙，近臣题谥号，祔于第六室，以懿德皇后符氏升配。置卫十五百人于陵所，作殿以安御容，朝暮上食，四时致祭焉。"

赵光义有三位皇后，早年的尹皇后、符皇后（941~975）死后都祔葬在永安陵区，第三位皇后李氏葬在永熙陵西北约二华里处，现仍存。在这个陵区陪葬的还有赵光义的妃子李贤妃（943~977）。李贤妃是真定（今河北正定）人，生有赵光义的长子元佐、次子赵恒（即后来的宋真宗）。天圣五年（1027）十二月，赵元佐去世，享年六十二岁，追封其为齐王，谥号恭宪，陪葬永熙陵。根据1984~1985年的考古发掘，李贤妃墓室墙壁上绘满了殿宇、楼台、飞天、花草等题材壁画，墓室顶部还绘有日、月、星辰和银河图，是研究宋代绘画、建筑、风俗以及天文的珍贵资料。她的墓室早年被盗，在发现的少量随葬品中，有哀册以及精美的越窑秘色瓷器、定窑细瓷器器皿，有李贤妃的白玉哀册和谥册残片，残存的铭文有："凤驭以何之，呜呼哀哉""四月戊申朔""永熙陵"等字样。

Yongding mausoleum
永定陵

宋真宗（赵恒，997~1022 年在位）永定陵位于巩义市西村陵区，倚靠卧龙冈，祔葬后陵三座和功臣墓。宋真宗是太宗第三子，在位 25 年，终年 55 岁。《宋史》卷 122《凶礼一》记载："山陵按行使蓝继宗言：'据司天监定永安县东北六里曰卧龙冈，堪充山陵。'诏雷允恭覆按以闻。皇堂之制，深八十一尺，方百四十尺。制陵名曰永定。"永定陵在真宗去世的 1022 年 4 月 1 日正式动工修建。现存地面上的建筑遗址仍可见鹊台、乳台、宫城及陵台遗迹（图 2-16、2-17）。上宫现存石雕像 58 件，与永熙陵相比，仅缺上马石 2 方。陵前道神上的文臣、武臣、客使、仪仗马和控马官、角端、石羊、石虎、石象和驯象人等石刻在北宋诸陵中保存最为完好。

永定陵整个兆域内有三位皇后祔葬，包括章献明肃皇后刘氏（968~1033）、章惠皇后杨氏（984~1036）、章懿皇后李氏（987~1032）。刘后是四川华阳（今成都市）人，才略过人，博闻强记，常给真宗中肯的建议，因而十分受宠，还代赵恒批阅奏章。1022 年赵恒死，继位的赵祯（仁宗）才 13 岁，由刘后临朝称制。刘后死于 1033 年，终年 65 岁，谥号章献明肃皇太后，葬在永定陵西北约两华里处的今后泉沟村南面。杨氏是四川郫县（今成都市郫都区）人，原为真宗淑妃。她死于 1039 年，终年 53 岁，谥号章惠皇后，葬于刘后陵西约 30 米处。在杨妃陵北有一宋代石碑，记述了杨后陵修建情形：使用工役 11000 多人，费时两个多月，花费人工 5 万多个。陵上建筑鳞次栉比，陵下墓室宽阔豪华，墓顶彩绘着天象星座，墓内陈设着美玉、珠宝。灵台（坟丘）呈覆斗状分三层筑成，层层满植常绿的松柏。这是宋陵中仅存的一块宋代碑刻，是研究宋陵修建的第一手资料。李氏是杭州人，原为刘皇后侍女，后成为真宗才人，生有真宗最小的儿子赵祯，即后来的宋仁宗。刘皇后则无子，强行将赵祯据为己子，交由杨妃抚育。赵祯继位后，刘太后大权在握，李氏虽被封为宸妃，不仅无法与亲子相认，还被派去巩县守护其夫的永定陵。1032 年，李氏在凄凉悲苦中逝世，终年 46 岁，葬于东京西北郊的洪福寺。刘太后死后，赵祯方得知亲生母亲真相，给李宸妃上谥号"章懿皇后"，以皇后礼迁葬于永定陵北约 200 米处。传统戏曲"狸猫换太子"就是根据这段事实演义而成的。

在永定陵区内还有宋代名臣寇准（961~1023）、包拯（999~1062）等的陪葬墓。寇准墓在永定陵西北 6 公里的寇家湾村东岭上（今孝义镇黑石关村），此墓原在村西伊洛河畔大路旁，过往官员经此都得下轿、下马，向寇莱公致礼。清康熙年间其墓迁到东岭。十年"文革"中，冠准墓被夷平，现仅存墓前石刻数件。包拯墓在永定陵北面后泉沟村西北一公里的土岭上，墓前有清人立的《宋丞相孝肃包公之墓》碑一通。在包拯的故乡合肥也有一座包拯墓。

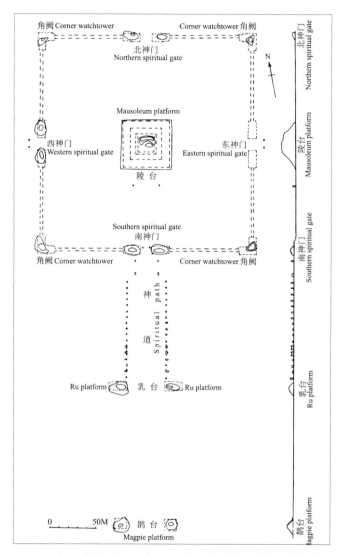

Fig. 2-16. Drawing on the restoration of the Upper Palace of Yongding
mausoleum
Gongyi, Henan province
Northern Song dynasty (960-1127)
From Beisong huangling, p. 301
图 2-16：巩义北宋永定陵上宫建筑台基复原图
采自《北宋皇陵》第 301 页

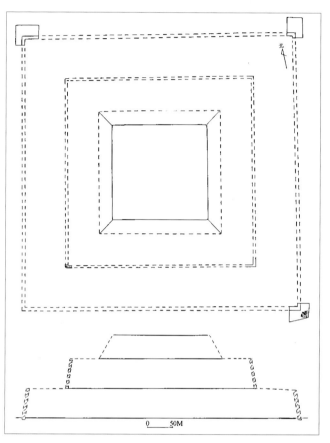

Fig. 2-17. Drawing on the layout and cross section of the Mausoleum
Platform of the Upper Palace of Yongding mausoleum
Gongyi, Henan province
Northern Song dynasty (960-1127)
From Beisong huangling, p. 300
图 2-17：巩义北宋永定陵陵台平、剖面图
采自《北宋皇陵》第 300 页

Yongzhao mausoleum
永昭陵

永昭陵是宋仁宗赵帧的陵寝，占地 500 余亩，位于孝义陵区，祔葬有后陵一座（图 2-18）。宋仁宗初名受益，是宋真宗赵恒的第六子，即民俗演义《狸猫换太子》中的太子。他生于大中祥符三年（1010），1018 年被立为皇太子，赐名赵祯。1022 年即帝位，1063 年病死于开封，享年 53 岁。同年 10 月，葬于巩县永昭陵。《宋史》卷 122《凶礼一》记载："嘉祐八年（1063）三月晦日，仁宗崩，英宗立。丧服制度及修奉永昭陵，并用定陵故事，发诸路卒四万六千七百人治之。宣庆使石全彬提举制梓宫，画样以进，命务坚完，毋过华饰。三司请内藏钱百五十万贯、紬绢二百五十万匹、银五十万两，助山陵及赏赉。"整个陵园傍山依水，有上宫、下宫等建筑遗址，保存相对完好。上宫的中心是陵台，周围以墙环绕，四墙中部置东西南北四座神门。南神门外是神道，两侧布置有左右对称的文臣武将、客使等石像生（图 2-19、2-20、2-21）。永昭陵上宫现存石雕

Fig. 2-18. Yongzhao mausoleum
Gongyi, Henan province
Northern Song dynasty (960-1127)
From Beisong huangling, color plate 1
图 2-18：巩义北宋永昭陵陵区全景
1996 年航拍
采自《北宋皇陵》彩版一

像 60 件，有望柱 2、象 2、驯象人 2（图 2-22）、瑞禽石屏 2（图 2-23）、角端 2、马 4、控马官 8（图 2-24）、虎 4、羊 4、客使 6（图 2-25）、武官 4、文官 4、武士 2、宫人 4（图 2-26、2-27）、上马石 2、门狮 8 等。其中的瑞禽石屏和角端是宋代陵墓雕刻中的杰作。神道的南部是上宫的第二道大门乳台，再南则是第一道大门鹊台。上宫西北是仁宗曹皇后（1016~1079）之陵，其规格和

永昭陵相似，但规模略小。

为配合北宋皇陵抢救保护工程，考古学者先后对永昭陵的鹊台、乳台、南神门门阙和东南角阙诸建筑基址进行了发掘清理，可知两鹊台为黄土夯筑而成，表面用青砖包砌。其中西鹊台保存较好，底部平面呈长方形。乳台也以夯土筑成，外表包砖，底部平面呈双重"凸"字形。

Fig. 2-20. Part of the western row of the stone figures at the Spiritual Path of
Yongzhao mausoleum
Gongyi, Henan province
Northern Song dynasty (960–1127)
Photograph by Freer and Zhou Yutai in 1910
Charles Lang Freer Papers
Freer Gallery of Art and Arthur M. Sackler Gallery Archives
Smithsonian Institution, Washington, D.C.
Gift of the estate of Charles Lang Freer, FSA A.01 12.05.GN. 045
图 2-20：巩义北宋永昭陵神道西列之一
佛利尔与周裕泰拍摄于 1910 年

Fig. 2-21. Part of the western row of the stone figures at the Spiritual Path of
Yongzhao mausoleum
Gongyi, Henan province
Northern Song dynasty (960-1127)
Photograph by Freer and Zhou Yutai in 1910
Charles Lang Freer Papers
Freer Gallery of Art and Arthur M. Sackler Gallery Archives
Smithsonian Institution, Washington, D.C.
Gift of the estate of Charles Lang Freer, FSA A.01 12.05.GN. 048
图 2-21：巩义北宋永昭陵神道西列之一
佛利尔与周裕泰拍摄于 1910 年

Fig. 2-22. Elephant and groom on the western row of the
Spiritual Path of Yongzhao mausoleum
Gongyi, Henan province
Northern Song dynasty (960-1127)
图 2-22：巩义北宋永昭陵神道西列象与驯象人

Fig. 2-23. Stone screen of auspicious birds on the western row of the Spiritual
Path of Yongzhao mausoleum
Gongyi, Henan province
Northern Song dynasty (960-1127)
Photograph by Freer and Zhou Yutai in 1910
Charles Lang Freer Papers
Freer Gallery of Art and Arthur M. Sackler Gallery Archives
Smithsonian Institution, Washington, D.C.
Gift of the estate of Charles Lang Freer, FSA A.01 12.05.GN. 049
图 2-23：巩义北宋永昭陵西列瑞禽石屏
佛利尔与周裕泰拍摄于 1910 年

Fig. 2-25. Foreign emissary on the western row of the
Spiritual Path of Yongzhao mausoleum
Gongyi, Henan province
Northern Song dynasty (960-1127)
Photograph by Freer and Zhou Yutai in 1910
Charles Lang Freer Papers
Freer Gallery of Art and Arthur M. Sackler Gallery
Archives
Smithsonian Institution, Washington, D.C.
Gift of the estate of Charles Lang Freer, FSA A.01 12.05.
GN. 055
图 2-25：巩义北宋永昭陵神道西列客使
佛利尔与周裕泰拍摄于 1910 年

Fig. 2-24. Horses and grooms on the eastern row
of the Spiritual Path of Yongzhao mausoleum
Gongyi, Henan province
Northern Song dynasty (960-1127)
图 2-24：巩义北宋永昭陵神道东列马与控马官

Fig. 2-26. A pair of stone eunuch figures in front of the Mausoleum Platform of Yongzhao mausoleum
Gongyi, Henan province
Northern Song dynasty (960-1127)
Photograph by Freer and Zhou Yutai in 1910
Charles Lang Freer Papers
Freer Gallery of Art and Arthur M. Sackler Gallery Archives
Smithsonian Institution, Washington, D.C.
Gift of the estate of Charles Lang Freer, FSA A.01 12.05.
GN. 046
图 2-26：巩义北宋永昭陵陵台前宫人
佛利尔与周裕泰拍摄于 1910 年

Fig. 2-27. Drawing on the western stone eunuch figure in front of the Mausoleum Platform of Yongzhao mausoleum
Gongyi, Henan province
Northern Song dynasty (960-1127)
After Beisong huangling, p. 154.
图 2-27：巩义北宋永昭陵陵台前西列宫人实测图
采自《北宋皇陵》第 154 页

Yonghou mausoleum
永厚陵

永厚陵是宋英宗赵曙（1032~1067）的陵寝，位于孝义陵区，在青龙山下，其西为白虎涧，祔葬后陵一座。治平四年（1067），宋英宗因病驾崩于开封皇宫福宁殿，享年36岁。同年八月二十七日，葬英宗于永厚陵。赵曙原名宗实，后改名赵曙，是宋太宗的曾孙，濮王赵允让之子。因仁宗无子，英宗幼年被接入皇宫抚养，赐名宗实，于嘉祐七年（1062）被立为皇太子。嘉祐八年（1063），英宗登极，在位仅4年。永厚陵遗迹现存有鹊台、乳台、神道石刻、陵台、四角阙、四神门等遗址（图2-28）。陵台残高15米，底呈正方形，每边长55米。永厚石雕像现存56件，缺驯象人1、客使1、上马石2，原始配置应同于永熙、永昭、永定陵（图2-29）。神道两侧的石刻有角端、文臣、武官

（图2-30）、客使、瑞禽石屏（图2-31）、石羊、石虎等对称排列。其中的望柱为八棱形，每面都有精雕细琢的云龙纹，为宋陵中的石雕佳品（图2-32、2-33）。另外，在该陵下宫遗址中尚存有石狮一对。

在永厚陵北部不远处是陪葬的宣仁圣烈高皇后（1032~1093）陵。在她的孙子哲宗在位时，她曾垂帘听政，改元元祐，对王安石（1021~1086）的变法派大加迫害，重用保守派司马光（1019~1086）、苏轼（1037~1101）、文彦博（1006~1097）等人。高皇后陵神道石刻保存状态较好（图2-34）。在永厚陵的西北方还有3座陪葬墓，墓主分别是英宗的两个儿子赵灏、赵頵，以及孙子赵俊，此三墓都经过了考古发掘，原地表石刻已被移往他处。

Fig. 2-28. The Spiritual Path with stone carved figures and the Mausoleum Platform of Yonghou mausoleum
Gongyi, Henan province
Northern Song dynasty (960-1127)
Photograph by Freer and Zhou Yutai in 1910
Charles Lang Freer Papers
Freer Gallery of Art and Arthur M. Sackler Gallery Archives
Smithsonian Institution, Washington, D.C.
Gift of the estate of Charles Lang Freer, FSA A.01 12.05.GN. 047
图2-28：巩义北宋永厚陵神道石雕及陵台
佛利尔与周裕泰拍摄于1910年

Fig. 2-29. Stone carved figures on the western row of the Spiritual Path of
Yonghou mausoleum
Gongyi, Henan province
Northern Song dynasty (960-1127)
Photograph by Freer and Zhou Yutai in 1910
Charles Lang Freer Papers
Freer Gallery of Art and Arthur M. Sackler Gallery Archives
Smithsonian Institution, Washington, D.C.
Gift of the estate of Charles Lang Freer, FSA A.01 12.05.GN. 044
图 2-29：巩义北宋永厚陵神道西列石雕
佛利尔与周裕泰拍摄于 1910 年

Fig. 2-30. A stone carved military officer figure on the western row of the
Spiritual Path of Yonghou mausoleum
Gongyi, Henan province
Northern Song dynasty (960-1127)
Photograph by Freer and Zhou Yutai in 1910
Charles Lang Freer Papers
Freer Gallery of Art and Arthur M. Sackler Gallery Archives
Smithsonian Institution, Washington, D.C.
Gift of the estate of Charles Lang Freer, FSA A.01 12.05.GN. 054
图 2-30：巩义北宋永厚陵西列武官
佛利尔与周裕泰拍摄于 1910 年

Fig. 2-31. The stone carved screen of auspicious birds on the western row of the
Spiritual Path of Yonghou mausoleum
Gongyi, Henan province
Northern Song dynasty (960-1127)
Photograph by Freer and Zhou Yutai in 1910
Charles Lang Freer Papers
Freer Gallery of Art and Arthur M. Sackler Gallery Archives
Smithsonian Institution, Washington, D.C.
Gift of the estate of Charles Lang Freer, FSA A.01 12.05.GN. 050
图 2-31：巩义北宋永厚陵西列瑞禽石屏
佛利尔与周裕泰拍摄于 1910 年

Fig. 2-32. The stone ornamental column on the western row of
the Spiritual Path of Yonghou mausoleum
Gongyi, Henan province
Northern Song dynasty (960-1127)
Photograph by Freer and Zhou Yutai in 1910
Charles Lang Freer Papers
Freer Gallery of Art and Arthur M. Sackler Gallery Archives
Smithsonian Institution, Washington, D.C.
Gift of the estate of Charles Lang Freer, FSA A.01 12.05.GN. 052
图 2-32：巩义北宋永厚陵西列望柱
佛利尔与周裕泰拍摄于 1910 年

Fig. 2-33. Detail of the stone ornamental column on the western
row of the Spiritual Path of Yonghou mausoleum
Gongyi, Henan province
Northern Song dynasty (960-1127)
Photograph by Freer and Zhou Yutai in 1910
Charles Lang Freer Papers
Freer Gallery of Art and Arthur M. Sackler Gallery Archives
Smithsonian Institution, Washington, D.C.
Gift of the estate of Charles Lang Freer, FSA A.01 12.05.GN. 051
图 2-33：巩义北宋永厚陵西列望柱局部
佛利尔与周裕泰拍摄于 1910 年

Fig. 2-34. Stone horse and groom of the mausoleum of Empress Gao at
Yonghou mausoleum
Gongyi, Henan province
Northern Song dynasty (960-1127)
图 2-34：巩义北宋永厚陵宣仁圣烈高皇后陵马与控马官

Yongyu mausoleum
永裕陵

永裕陵是宋神宗赵顼（1067~1085年在位）的陵寝，位于回郭镇八陵村，原有祔葬后妃陵六座，现仅存四座。宋神宗即位不久，重用王安石推行新法，改革政治。他本人也常常表示出要富国强兵的决心，常在朝堂上与大臣们"论兵"，并激励将帅与辽国作战，收复失地。在他发起的元丰四年（1081）、五年（1082）两次对西夏战役失败后，神宗从此郁郁寡欢，并惊悸患病。元丰七年（1085），在开封皇宫福宁殿晏驾，葬于巩县永裕陵。永裕陵的陵台呈覆斗形，底边略为正方形，每边长60米左右，陵台高约18米。该陵台原有上下两层台阶，底层原用砖石围砌，陵台上层密植松柏等常青树。陵区还有鹊台、乳台、宫城等遗址。上宫现存石雕像52件，缺少神道西列驯象人、角端、控马官和虎各1件，以及4件宫人。另外，还有11件人物雕像无头。其原始雕刻的配置应同于上述永熙诸陵。

附葬在这一陵区的还有不少皇后、亲王、公主、大臣墓。宋神宗的向皇后（1046~1101）死时56岁，谥号钦圣皇后，葬于永裕陵西北。朱氏（1052~1102）是宋神宗妃、宋哲宗生母，死时51岁，谥号钦成，陪葬永裕陵。陈氏（1058~1089）是宋神宗美人、宋徽宗生母。神宗去世后，陈美人守护神宗的永裕陵，因思念神宗而悲伤过度去世，享年仅32岁。徽宗登极后，尊其为皇太后，谥号钦慈皇后，陪葬永裕陵。徽宗的王皇后（1084~1108）是钦宗生母，死时年仅25岁，葬于裕陵东北。这些陵墓遗迹仍可识别，陵前神道上的石像生也都保存较好（图2-35）。

宋代无名氏所作的《永裕陵歌》曰：

升龙德，当位富春秋。受天球，膺骏命，玉帛走诸侯。宝阁珠楼临上苑，百卉弄春柔。隐约瀛洲，旦旦想宸游。那知羽驾 忽难留。八马入丹邱，哀仗出神州。笳声凝咽，旌旗去悠悠。碧山头。真人地，龟洛奥，凤台幽。绕伊流，嵩峰冈势结蛟虬。皇堂一闭咸颜杳，寒雾带天愁。守陵嫔御，想像奉龙輴。牙盘赭案肃神休。何日觐云裘，红泪滴衣裯。那堪风点缀，柏城秋。[9]

Fig. 2-35. Stone horse, grooms and tigers on the eastern row of the Spiritual Path of the mausoleum of Empress Wang at Yongyu mausoleum
Gongyi, Henan province
Northern Song dynasty (960-1127)
图 2-35：巩义北宋永裕陵王皇后陵神道东列马、控马官、虎雕像

---

9 《宋史》卷一百四十《乐志》。

Yongtai mausoleum
永泰陵

永泰陵是宋哲宗赵煦（1085~1100）的陵寝，位于芝田乡八陵村南，祔葬有刘后陵。赵煦幼年登极，由其祖母高太后（即宣仁圣烈高皇后）垂帘处理政事近9年。1093年，高太后病死，哲宗始亲政。元符三年（1100），赵煦病故，于同年八月下葬永泰陵。永泰陵上宫保存较好，建筑布局同上述诸帝陵，鹊台、乳台、门阙、陵台、角阙等南面建筑基址皆存。该陵现存石雕像56件，缺少驯象人1、宫人3，其原始配置应同于永熙等帝陵。永泰陵神道现存的石雕像有望柱、瑞禽石屏、角端、马与控马官、虎、羊、客使、武官、文官、武士（图2-36）、上马石等，在南神门内东列有宫人1件，四神门外各有石狮1对。下宫位于上宫的西北部，地表已无迹可寻，

在永泰陵上宫的西北部有昭怀刘皇后陵。刘清菁（1078？~1113）是哲宗的第二任皇后，生得聪明伶俐、姿色美艳，并且多才多艺。哲宗死后，徽宗尊其为太后。政和三年（1113），刘太后自缢而死，谥号昭怀。刘后陵尚存一段神墙，高达4米，是宋陵地面唯一保存的神墙遗迹。还有石雕像15件，包括马、控马官、虎、羊、文官、门狮等。

Fig. 2-36. The stone carved military general on the eastern row of the Spiritual Path of Yongtai mausoleum
Gongyi, Henan province
Northern Song dynasty (960-1127)
图2-36：巩义北宋永泰陵神道东列武士

三
天下之中
洛阳

洛阳位于河南省西部、黄河中下游，因地处洛河之阳而得名，自古就有"天下之中""十省通衢"之誉。洛阳是中华民族文明的主要发源地之一，有着 5000 多年文明史、4000 多年的建城史和 1500 多年的建都史。洛阳还因牡丹而闻名于世，被誉为"千年帝都，牡丹花城"。截至 2015 年，洛阳地区的重要古文化遗址有沿洛河两岸的夏都二里头遗址、偃师商城遗址、西周成周城遗址、东周王城遗址、汉魏洛阳城遗址、隋唐洛阳城遗址等。洛阳还是中国佛教的首传与起源之地，白马寺即为中国佛教第一寺。位于洛阳南郊伊水两岸的龙门石窟则是中国现存三大石窟寺艺术之一，2000 年被联合国教科文组织列为世界文化遗产。

在距今八九千年前至四五千年前的新石器时代，黄河中下游两岸及伊、洛、瀍、涧等河流的台地上就分布着许多氏族部落。考古工作者曾在洛阳一带发现的孙旗屯遗址、王湾遗址、矬李遗址等近 200 处聚落遗址，便是当时人们居住、生活的地方。禹划九州岛，河洛属古豫州地。此后，洛阳成为了中国历史上第一个朝代——夏朝的政治中心区域，夏代国王太康、仲康、帝桀皆以斟鄩（今偃师二里头）为都。公元前

1600 年，商朝建立，其第一代国王商汤建都西亳，即位于二里头遗址东北约 6 千米处。商汤之后的数代帝王均以此为都，前后累计 200 余年。偃师商城（一至三期）的年代范围约为公元前 1600 至公元前 1260 年。公元前 1046 年，西周取代商朝，为有效控制原商朝中心地区，周公在洛水北岸修建了王城和成周城，曾迁殷顽民于成周，并以成周八师监督之。周平王元年（前 770），周平王迁都洛邑，是为东周之始。因此，在春秋、战国时期，周王既然是名义上的天子，洛阳也就是名义上的中国首都。

在战国时期的秦庄襄王元年（前 249），秦国消灭了东周，在洛阳置三川郡，郡治就设在成周城。公元前 206 年，西楚霸王项羽（前 232~前 202）封申阳为河南王，建都洛阳。公元前 205 年，申阳投降汉王刘邦（前 256~前 195），洛阳成为汉之河南郡。公元前 202 年，刘邦击败项羽，正式称帝，建立汉朝。汉武帝（前 141~前 87 年在位）设置十三州部刺史，河南郡属司隶。西汉末年，王莽（前 46~23）篡政建立新朝，改洛阳为宜阳。新莽末年，绿林军之更始帝刘玄（？~25）也曾在洛阳建国。

东汉建武元年（25），汉光武帝刘秀（25~57年在位）定都洛阳，改洛阳为雒阳，使洛阳再一次成为中国首都。黄初元年（220），魏文帝曹丕（220~226年在位）篡汉，仍定都洛阳，并改雒阳为洛阳。泰始元年（265），司马氏的西晋又篡魏，也以洛阳为首都。后晋室南迁，在建康（今南京）建立东晋政权，称故都洛阳为中京，一直沿用到南朝的刘宋时期。北魏太和十八年（494），孝文帝（471~499年在位）迁都洛阳。至此，东汉、曹魏、西晋、北魏在洛阳建都的时间共计330余年，是洛阳作为中国都城的第二个时期。577年，北周灭北齐之后，升洛阳为东京。

隋唐五代是洛阳作为中国都城的第三个发展时期。隋开皇元年（581），隋文帝杨坚（581~604年在位）在洛阳置东京尚书省。大业元年（605），隋炀帝（604~618年在位）迁都洛阳，在东周王城以东、汉魏故城以西18里处营建新的洛阳城。隋末王世充（591~621）曾占据洛阳为其国都。唐高宗显庆二年（657年），洛阳升格为唐王朝的东都，高宗（649~683年在位）与皇后武则天（624~705）曾长期居住在洛阳。光宅元年（684），武则天改东都为神都，对都城进行扩建。武则天于690年称帝后，改国号为"周"，定都洛阳，使洛阳一度成为全国的政治中心。唐玄宗天宝年间（742~756），改东都为东京。在8世纪中叶的"安史之乱"中，叛将安禄山（703~757）曾在洛阳立国。907年，唐朝灭亡，中原地区相继出现了后梁（907~923）、后唐（923~937）、后晋（936~947）、

后汉（947~951）、后周（951~960）五个短命王朝，史称五代。其中，后梁、后唐、后晋均以洛阳为都，而后汉、后周则以洛阳为陪都。因此，这一时期的洛阳仍是中国北方地区的政治、经济、文化中心。

入宋以后，洛阳不再是全国首都了，但仍是中原地区的重要城市。在北宋时期，朝廷以洛阳为西京，置河南府，设立"国子监"于洛阳，名臣和文人学士多喜欢在此居住，如北宋初年的宰相赵普（922~992）、吕蒙正（944~1011），曾任枢密使的富弼（1004~1083），出将入相的文彦博（1006~1097），以及文学家、史学家、政治活动家欧阳修（1007~1072）等。理学家程颢（1032~1085）、程颐（1033~1107）兄弟，易学家、思想家、诗人邵雍（1011~1077）等均在洛阳著书讲学。司马光（1019~1086）就是在洛阳完成了史学巨著《资治通鉴》。1127年，金灭北宋，定洛阳为中京。由于洛阳旧城在当时已被毁弃，金国便在隋唐洛阳城的东北角另筑新城，周围不足9里，就是今日洛阳老城的前身。自元代起，洛阳不再称"京"，改为河南府治。明代的洛阳是伊王和福王的封地。1911年中华民国成立后，废河南府，设河洛道。1920年，直系军阀吴佩孚（1874~1939）在洛阳设置两湖巡阅使公署和陆军第三师司令部。1923年，洛阳成为河南省会。抗日战争期间，国民政府第一战区长官司令部曾驻洛阳。1939年秋，洛阳再次成为河南省会。1948年以后，洛阳不再为河南省会。

Guan Yu's shrine
关林

圣人墓曰"林"，或以林喻君子。位于洛阳的关林相传为埋葬东汉末年名将关羽（？～220）首级之地，前为祠庙，后为墓冢，位于洛龙区关林镇。关林的北部就是隋唐洛阳故城，南面即为龙门石窟，为海内外三大关帝庙之一。2006年，关林被公布为第六批全国重点文物保护单位。

219年冬，东吴孙权（182～252）偷袭荆州，迫使关羽败走麦城。220年，关羽从麦城突围，被吴军活捉处死。同年，孙权害怕蜀汉之主刘备（161～223）起兵报复，将关羽首级送给在洛阳的魏王曹操（155～220）。曹操敬慕关羽，追赠关羽为荆王，刻沉香木为其躯体，以王侯之礼葬于洛阳城南十五里，并建庙祭祀。此后，历代帝王以关羽为忠义的化身而加以供奉礼拜，并在各地建庙祭祀，使关羽由一名武将变成了一位神明。明万历二十年（1592），在汉代关庙的原址上扩建为

关林庙，占地200余亩，有院落四进。万历四十二年（1613），朝廷敕封关羽为"三界伏魔大帝神威远镇天尊关圣帝君"。清朝顺治九年（1652），又敕封关羽为"忠义神武关圣大帝"。康熙五年（1666），敕封洛阳关帝陵为"忠义神武关圣大帝林"。是为关帝陵称"林"之始，成为与山东曲阜"孔林"并肩而立的两大圣人陵墓。清乾隆年间（1736～1795）曾加以扩建，但现存建筑主要为明代风格。明清两代，关林是皇帝遣官致祭、地方官吏和百姓朝拜关公的场所。

关林占地约百亩，有殿宇廊庑150余间，古碑刻70余方，石坊4座，大小狮子110多个，古柏800余株。关林的建筑规格是按照宫殿形式修建的。关林的主要建筑建于明万历二十年（1592），有舞楼、照壁（图3-1、3-2、3-3）、大门、仪门、石狮御道、拜殿、大殿、平安殿、二殿、三殿、石牌坊、林碑亭、关羽墓

Fig. 3-2. Back of the screen wall of Guan Yu's shrine
Luoyang, Henan province
Photograph by Freer and Zhou Yutai in 1910
Charles Lang Freer Papers
Freer Gallery of Art and Arthur M. Sackler Gallery Archives
Smithsonian Institution, Washington, D.C.
Gift of the estate of Charles Lang Freer, FSA A.01 12.05.GN. 059
图 3-2：洛阳关林照壁内部
佛利尔与周裕泰拍摄于 1910 年

Fig. 3-3. Detail of the brick wall of a wooden building at Guan Yu's shrine
Luoyang, Henan province
Photograph by Freer and Zhou Yutai in 1910
Charles Lang Freer Papers
Freer Gallery of Art and Arthur M. Sackler Gallery Archives
Smithsonian Institution, Washington, D.C.
Gift of the estate of Charles Lang Freer, FSA A.01 12.05.GN. 060
图 3-3：洛阳关林建筑砖墙局部
佛利尔与周裕泰拍摄于 1910 年

Fig. 3-7. West side of the Worship Hall of Guan Yu's shrine
Luoyang, Henan province
Photograph by Freer and Zhou Yutai in 1910
Charles Lang Freer Papers
Freer Gallery of Art and Arthur M. Sackler Gallery Archives
Smithsonian Institution, Washington, D.C.
Gift of the estate of Charles Lang Freer, FSA A.01 12.05.GN. 056
图 3-7：洛阳关林拜殿西侧
佛利尔与周裕泰拍摄于 1910 年

Fig. 3-6. Ornamental column and the Imperial Path to the Great Hall of
Guan Yu's shrine
Luoyang, Henan province
Photograph by Freer and Zhou Yutai in 1910
Charles Lang Freer Papers
Freer Gallery of Art and Arthur M. Sackler Gallery Archives
Smithsonian Institution, Washington, D.C.
Gift of the estate of Charles Lang Freer, FSA A.01 12.05.GN. 057
图 3-6：洛阳关林通往拜殿与正殿的石狮御道与道旁石刻华表
佛利尔与周裕泰拍摄于 1910 年

像，故又称春秋殿或寝殿，现存建筑建于清嘉庆二十二年（1817）。三殿之后、关冢之前，立有一座八角奉敕碑亭，建于清乾隆三十年（1765），亭内立有龟趺座石碑，碑首雕龙，立于康熙五年（1666）。但碑阳屡遭重磨重刻，现题为"忠义神武灵佑仁勇威显关圣大帝林"，说明此碑文应是不早于道光八年（1828）磨石重刻的碑文，因为道光八年才给关羽加了谥封"威显"。碑阴刻有康熙五年董笃行（1646年进士）撰写的关羽生平事迹及封号、建庙等情况。在碑亭前还立有一石门，门额处题"中央宛在"。石门前还有一石牌坊，有三门道，正门额处题"汉寿亭侯墓"五字（图3-8）。这些文物反映了历代帝王对关羽的尊奉和对关林的崇祀，同时也说明了洛阳关林在海内外数千座关帝庙中的崇高地位。碑亭之后是关冢，是相传埋葬关羽首级之处，冢高17米，占地面积达2600平方米。冢正面南墙上有康熙四十六年（1707）所建石墓门，门额题"钟灵处"，墓门两侧对联曰"神游上苑乘仙鹤，骨在天中隐睡龙"，题款是"弟子吴徽"。

Fig. 3-8. Present-day memorial archway, stone gate, pavilion of imperial monument, and the tomb of Guan Yu's head
图 3-8：洛阳关林关冢前的石牌坊与碑亭现状

Longmen Grottoes
龙门石窟

龙门石窟，位于河南省洛阳市南 13 公里的伊水两岸。此地在春秋战国时期被称作"伊阙""阙塞"，它是一个形象化的称谓，因为有伊水北流，两岸山崖高高耸立，就像天然的门阙一样（图 3-9）。据《左传·昭公二十六年》记载："晋如踪、赵鞅帅师纳王，使女宽守阙塞。"杜预（222~285）《春秋左氏经传集解》曰："阙塞，洛阳西南伊阙口也。"这种名称一直被沿用至南北朝末期。而"龙门"称谓的最早出现，大概开始于隋炀帝（604~618 年在位）时期。唐代李吉甫（758~814）成书于元和八年（813）《元和郡县图志》

Fig. 3-9. Longmen Gorge
Photograph by Freer and Zhou Yutai in 1910
Charles Lang Freer Papers
Freer Gallery of Art and Arthur M. Sackler Gallery Archives
Smithsonian Institution, Washington, D.C.
Gift of the estate of Charles Lang Freer, FSA A.01 12.05.GN. 074
图 3-9：洛阳龙门口（伊阙）
佛利尔与周裕泰拍摄于 1910 年

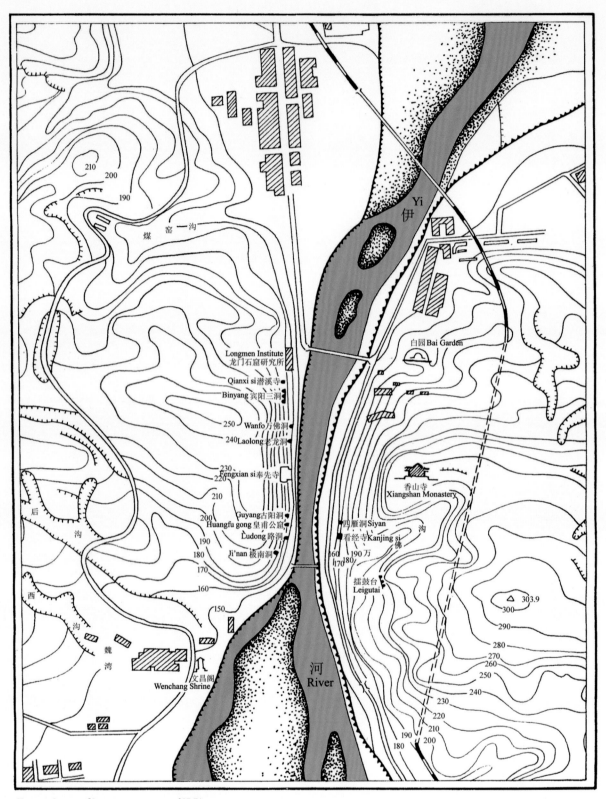

煤窑一沟

210 200
190

Yi
伊

Longmen Institute
龙门石窟研究所
Qianxi si潜溪寺
Binyang宾阳三洞

白圆 Bai Garden

250 Wanfo万佛洞
240Laolong老龙洞

230
220
210
Fengxian si奉先寺

香山寺
Xiangshan Monastery

后

沟

西
沟

200 Guyang古阳洞
Huangfu gong皇甫公窟
190 Ludong 路洞
180
Ji'nan 极南洞
170
160
150

魏湾

文昌阁
Wenchang Shrine

四雁洞Siyan
看经寺Kanjing si佛

160 190万
170 80

摇鼓台
Leigutai

河
River

沟

△ 303.9
300

290
280
270
260
250
240
230
220
210 200
190
180

Fig. 3-10. Layout of Longmen grottoes and Yi River
Luoyang, Henan province
By Chang Qing
图 3-10：洛阳龙门石窟所在位置地形图
常青绘

卷五"河南府"条云:"初,炀帝尝登邙山,观伊阙,顾曰:'此非龙门耶?自古何因不建都于此?'仆射苏威(542~623)对曰:'自古非不知,以俟陛下。'帝大悦,遂议都焉。"从隋唐之东都洛阳城的营建来看,洛阳宫之端门,和外郭城的定鼎门,正对着伊阙。而封建帝王们又常自比为"龙",因而就将这正对着皇宫的天然门户改称为"龙门"了。不过,旧的名称,有时仍被后代引用。

太和十八年(494),北魏孝文帝元宏(471~499年在位)为了更有效地控制北方地区,缓和鲜卑族与汉族之间的矛盾,把首都从平城(今山西省大同市)迁到了洛阳,同时继续实施一系列的汉化改革。孝文帝和他的文武大臣们很崇信佛教,他们首先选择了龙门山作为新的造像开窟地点。从此以后,历经西魏、北齐、隋、唐、宋等朝代的不断开凿,共造就了两千多所洞窟与佛龛,现编2345个窟龛号[1],大大小小的佛教人物雕像共有十万多尊[2],还有两千八百多块古代的碑刻作品[3]。

龙门石窟中的北魏窟龛造像约占总数的三分之一,多集中开凿于北魏迁洛以后的孝文、宣武、孝明帝期间,与这段时期中国北方的相对稳定和统治阶级对佛教的提倡密切相关。北魏晚期阶段内开凿的石窟主要位于西山崖面的北段与中段(图3-12、3-13、3-14),主要有:古阳洞、宾阳三洞、莲花洞、火烧洞、皇甫公窟(孝昌三年,527)、药方洞、魏字洞、唐字洞、赵客师洞、普泰洞、慈香窟(神龟三年,520)、路洞等。龙门北魏时期的洞窟形制,前段主要是继承云冈石窟中昙曜五窟的马蹄形平面、穹隆顶的草庐形式,如古阳洞、宾阳洞、莲花洞、火烧洞等。后段则是一种近似于方形平面,穹隆顶(雕出大莲花)、后壁凿高坛,坛上置主像,在左右壁开凿大龛的形式,如普泰洞、魏字洞、皇甫公窟等。后一种似乎已成为龙门石窟北魏末期的标型窟形。

北魏以后的东、西魏与北齐、隋时期,龙门石窟的佛事活动处于低谷,仅北齐年间在药方洞内有较大规模的补雕,其余遗存仅为小龛而已。唐武德(618~626)、贞观(627~649)年间,在魏王李泰(620~653)等皇室显贵与官员的资助下,北魏晚期开凿的宾阳南洞得以续凿完成。

在唐高宗执政期间(649~683),唐代佛教进入了极盛期,也迎来了洛阳佛教的极盛期与龙门石窟自北魏晚期开凿以来的第二个高峰期。高宗时期的李唐皇室很重视对佛教的整顿与利用,使佛教愈加从属于政治,并与中国儒家思想相结合。657年,高宗首次到洛阳,十月,诏改"洛阳宫为东都,洛州官吏员品并如雍州"(《资治通鉴》卷二百《唐纪》十六),使洛阳在政治上日渐显现其重要地位。自显庆(656~661)以后的二十六年间,高宗曾九次来往于东西两京,寓居洛阳十一年三个月。684年,武则天执政,改东都为"神都"。实际上洛阳已成为全国的政治中心,同时也是佛教中心。武则天共寓居洛阳49年,其间,朝廷特重佛法,很多佛教大师活动于洛阳,一时洛阳佛法之盛为全国之冠,也在全国范围内掀起了自北魏以来的建寺、立塔、造像的新高潮[4]。从龙门唐代石窟保存下来的众多有关皇帝、皇后、太子、亲王、公主以及朝廷显贵的碑刻题记来看,龙门已成为唐王朝皇家开窟造像的中心区域。705年,唐中宗复位,去周复唐,"复神都为东都"[5],于是,唐朝的政治中心西返长安。从此,龙门开窟造像活动渐趋衰落,但仍然保存了不少中宗(684、705~710年在位)、睿宗(684~690、710~712年在位)朝及其以后的窟龛造像,基本遵循武周时期的规制。

在龙门石窟,唐代开凿的洞窟主要集中在西山中段与北段,即自北部的潜溪寺洞到中部的奉先寺大卢

[1] 龙门石窟研究所、中央美术学院美术史系编:《龙门石窟窟龛编号图册》,北京:人民美术出版社,1994年。
[2] 根据中国大百科全书总编辑委员会:《中国大百科全书·考古学》,北京:中国大百科全书出版社,1986年。
[3] 龙门石窟保存的造像题记之丰富为中国石窟之最。参见刘景龙、李玉昆:《龙门石窟碑刻题记汇录》,北京:中国大百科全书出版社,1998年(下引此书,只标书名、页码)。
[4] 有关武则天时期大力扶植佛教,并利用佛教直接为政治服务的史实,参见张乃翥:《从龙门造像史迹看武则天与唐代佛教之关系》,《世界宗教研究》1989年第1期。
[5] 北宋司马光等撰:《资治通鉴》卷208《唐纪》卷二四。

Fig. 3-11. Layout of the main caves at the Western
Mountain of Longmen
Luoyang, Henan province
By Chang Qing
图 3-11：洛阳龙门石窟西山主要洞窟连续平面图
常青绘

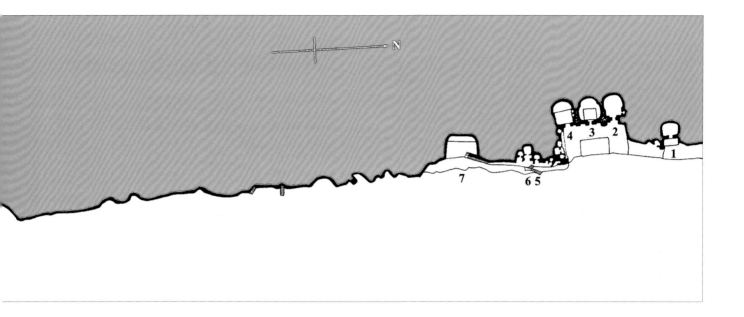

1. Qianxi si cave 潜溪寺洞；

2. Northern Cave of Binyang 宾阳北洞；

3. Central Cave of Binyang 宾阳中洞；

4. Southern Cave of Binyang 宾阳南洞；

5. Liang Wenxiong cave 梁文雄洞；

6. Jingshan si cave 敬善寺洞；

7. Cliff Three Buddha Niche 摩崖三佛龛；

8. Double Caves 双窑；

9. Cai Daniang cave 蔡大娘洞；

10. Qingming si cave 清明寺洞；

11. Bianzhou cave 汴州洞；

12. Cixiang cave 慈香窑；

13. Laolong cave 老龙洞；

14. Lotus Cave 莲花洞；

15. Second cave at the north of Maitreya cave 弥勒北二洞；

16. First cave at the north of Maitreya cave 弥勒北一洞；

17. Putai cave 普泰洞；

18. Zhao Keshi cave 赵客师洞；

19. Po cave 破窑；

20. Weizi cave 魏字洞；

21. Tangzi cave 唐字洞；

22. The Great Rocana Buddha Image Niche 奉先寺；

23. Fengnan cave 奉南洞；

24. Yaofang cave 药方洞；

25. Guyang cave 古阳洞；

26. Huoshao cave 火烧洞；

27. Duke Huangfu cave 皇甫公窟；

28. Bazuosi cave 八作司洞；

29. Lu Cave 路洞；

30. Pure Land Hall of Color Silk Guild of Northern Market 北市彩帛行净土堂；

31. Longhua si cave 龙华寺洞；

32. Ji' nan cave 极南洞；

33. Five Buddha cave 五佛洞

Fig. 3-12. From Qianxi si cave to the Three Caves of Binyang at the Western Mountain of Longmen
Luoyang, Henan province
Photograph by Freer and Zhou Yutai in 1910
Charles Lang Freer Papers
Freer Gallery of Art and Arthur M. Sackler Gallery Archives
Smithsonian Institution, Washington, D.C.
Gift of the estate of Charles Lang Freer, FSA A.01 12.05.GN. 072
图 3-12：洛阳龙门西山潜溪寺至宾阳洞区
佛利尔与周裕泰拍摄于 1910 年

Fig. 3-13. From Qianxi si cave to the cliff Three Buddha niche at the Western Mountain of Longmen
Luoyang, Henan province
Photograph by Freer and Zhou Yutai in 1910
Charles Lang Freer Papers
Freer Gallery of Art and Arthur M. Sackler Gallery Archives
Smithsonian Institution, Washington, D.C.
Gift of the estate of Charles Lang Freer, FSA A.01 12.05.GN. 076
图 3-13：洛阳龙门西山潜溪寺至摩崖三佛龛区
佛利尔与周裕泰拍摄于 1910 年

Fig. 3-14. From the Double Caves to the Lotus Cave at the Western Mountain of Longmen
Luoyang, Henan province
Photograph by Freer and Zhou Yutai in 1910
Charles Lang Freer Papers
Freer Gallery of Art and Arthur M. Sackler Gallery Archives
Smithsonian Institution, Washington, D.C.
Gift of the estate of Charles Lang Freer, FSA A.01 12.05.GN. 071
图 3-14：洛阳龙门西山双窑至莲花洞区
佛利尔与周裕泰拍摄于 1910 年

舍那像龛之间的山崖间（图 3-15）。还有西山南段直至极南洞一带（图 3-16）、东山的擂鼓台与万佛沟 区（图 3-17、3-18、3-19）。龙门现存约有三分之二的洞窟与造像属于高宗与武周时期，有潜溪寺洞、敬

Fig. 3-15. From Putai cave to Huoshao cave at the Western Mountain of Longmen (with the Great Rocana Buddha Image Niche at the center)
Luoyang, Henan province
Photograph by Freer and Zhou Yutai in 1910
Charles Lang Freer Papers
Freer Gallery of Art and Arthur M. Sackler Gallery Archives
Smithsonian Institution, Washington, D.C.
Gift of the estate of Charles Lang Freer, FSA A.01 12.05.GN. 119
图 3-15：洛阳龙门西山普泰洞至火烧洞区（以奉先寺为中心）
佛利尔与周裕泰拍摄于 1910 年

Fig. 3-16. From Guyang cave to Ji' nan cave and south end of the Western Mountain of Longmen
Luoyang, Henan province
Photograph by Freer and Zhou Yutai in 1910
Charles Lang Freer Papers
Freer Gallery of Art and Arthur M. Sackler Gallery Archives
Smithsonian Institution, Washington, D.C.
Gift of the estate of Charles Lang Freer, FSA A.01 12.05.GN. 073
图 3-16：洛阳龙门西山古阳洞至极南洞区
佛利尔与周裕泰拍摄于 1910 年

Fig. 3-17. The Eastern Mountain of Longmen
Luoyang, Henan province
Photograph by Freer and Zhou Yutai in 1910
Charles Lang Freer Papers
Freer Gallery of Art and Arthur M. Sackler Gallery Archives
Smithsonian Institution, Washington, D.C.
Gift of the estate of Charles Lang Freer, FSA A.01 12.05.GN. 063
图 3-17：洛阳龙门东山远景
佛利尔与周裕泰拍摄于 1910 年

Fig. 3-18. The Eastern Mountain of Longmen
Photograph by Freer and Zhou Yutai in 1910
Charles Lang Freer Papers
Freer Gallery of Art and Arthur M. Sackler Gallery Archives
Smithsonian Institution, Washington, D.C.
Gift of the estate of Charles Lang Freer, FSA A.01 12.05.GN. 154
图 3-18：洛阳龙门东山二莲花洞至擂鼓台区
佛利尔与周裕泰拍摄于 1910 年

善寺洞、双窟、万佛洞、清明寺洞、惠简洞、奉先寺大卢舍那像龛、龙华寺洞、八作司洞、北市丝行像龛、北市彩帛行净土堂、极南洞、五佛洞、擂鼓台三洞、高平郡王洞、看经寺洞、二莲花南北洞、四雁洞等，都是这个时期开凿的大、中型洞窟，还有密教题材内容的西山多臂观音小窟、万佛沟的千手观音洞、千手千眼观音龛等。这些洞窟的形制以正壁设坛列像龛与三壁环坛列像龛为主。这一期有纪年的大中型窟龛有咸亨四年（673）完工的惠简洞、上元二年（675）完工的奉先寺大卢舍那像龛、永隆元年（680）完工的万佛洞等。还有利用北魏晚期开凿的洞窟而续凿的宾阳南洞、宾阳北洞、赵客师洞、唐字洞等，以及利用自然溶洞雕凿龛像的破窟与老龙洞等。

唐玄宗时期的"开元盛世"（713~741），政局稳定，经济发展，文化繁荣。在此期间，李隆基在十年中先后五次巡居洛阳，处理政务，于是东都洛阳的地位又有回升。刊刻于开元十年（722）的奉先寺《大卢舍那像龛记》载有"实赖我皇，图兹丽质；相好稀有，鸿颜无匹"句。再结合开元十年正月到十一年正月玄宗在洛阳行幸的史实（《新唐书·玄宗本纪》），推想约在开元十年，曾按玄宗的意图庄严了大卢舍那像龛。奉先寺大龛北壁外侧还有《大唐内侍省功德之碑》（开元十八年二月，730），述及内供奉高力士（690~762）等一百六名官吏为玄宗皇帝造"西方无量寿佛一铺，一十九事"。碑旁有《虢国公杨思勖造像记》（开元十三年至廿八年间，725~740）、《唐赠陇西郡牛氏像龛碑》（约在开元八年以前，720）[7]，表明开元年间，玄宗及显贵们曾在奉先寺大造功德。在奉先寺一铺九像

间存有许多造像龛，龛内佛像一至五尊不等，共雕立佛像四十九身，应是依玄宗皇帝敕愿所造，约雕于开元十年至二十九年间（722~741）。

但自玄宗执政以后，龙门石窟急剧衰落。开元以后，除了在奉先寺壁间雕刻众立佛像外，龙门不再有大规模造像工程了，仅存极少量的窟龛，如杨思勖洞、开元二十一年（733）第1950窟、天宝十年（751）第1940窟、党晔洞（第2125窟）、万佛沟口的户部侍郎卢征在贞元七年（791年）造的"救苦观世音菩萨石像"龛（第2169号）等。龙门石窟没有发现五代纪年佛像。北宋纪年像龛仅见四处，以奉先寺下方北宋开宝元年（968）双龛（第1220窟）为代表。另外，擂鼓台南洞外还有河中常景等于元丰二年（1079）造的阿弥陀像一铺。宋以后龙门不再有佛像雕刻。虽在旧金石录中载有金代明昌三年（1190）杨言造像记[7]，但我们在调查中还没有发现。

由于历史的原因，龙门石窟展现在人们面前的多是无头的造像，就连几厘米的小佛像头部也不能幸免。郭玉堂（1888~1957）《洛阳古物记》（手抄稿本）曰："洛阳传曰，初生宋赵太祖（927~976），天红三日，今曰火烧街。当时人曰龙门石佛成精，去打石佛，残去多数。"元人萨都剌（约1272~1355）《龙门记》云："诸石像旧有破衅及为人所击，或碎首或捐躯，其鼻耳其手足或缺焉，或半缺全缺，金碧装饰悉剥落，鲜有完者。"可见在龙门一带很早就有因某种迷信思想而毁坏造像的传统。特别是到了20世纪30年代，西方文物盗窃分子与中国文物奸商相勾结，对龙门进行了有目的地盗凿，使龙门造像毁坏多处，包括精美的宾阳中洞《帝

6　阎文儒：《龙门奉先寺三造像碑铭考释》，《中原文物》1985年特刊。
7　参见［日］水野清一、长广敏雄《龍門石窟の研究》中的《龍門石刻録目録》，东京：同朋舍，昭和五十五年（1980）覆刻版。

后礼佛图》[8]。佛利尔的照片，为我们保存了许多在这场盗凿之前的珍贵历史原貌。1950 年以后，龙门杜绝了破坏现象，即使在十年"文革"期间，经过文物工作者

们的共同努力，龙门石窟也没有再遭到人为地破坏（图 3-20）。

Fig. 3-20. The main cliff area of the Western Mountain of Longmen Luoyang, Henan province
图 3-20：洛阳龙门西山主要崖面现状

[8] 参见龙门石窟研究所：《龙门流散雕像集》，上海：上海人民美术出版社，1993 年。

Guyang cave
古阳洞

位于龙门西山中段偏南处的古阳洞，是龙门石窟时代最早的洞窟。它原来是一所天然的溶洞，后来经过人为地修凿和不断完善，最终成为了一所宽 6.9 米、深 13.6 米、高 11.1 米的长马蹄形平面的大型洞窟（图 3-21）。古阳洞的开凿大约在北魏迁都洛阳以前的太和十七年（493）。窟内最早的一批石雕作品是位于正壁的三大像与南壁、北壁上层的八大龛，都是在北魏迁都洛阳前后的几年时间里，即太和末至景明初，由洛阳一带的地方官吏和拥护孝文帝迁都壮举的文臣武将、皇亲国戚出资陆续雕刻出来的（图 3-22、3-23）。它们如同前来朝贺的群臣，环列在正壁三尊大像的两旁。这种将主像雕于正壁、在两侧壁分层刻龛的作法，可见于云冈二期开凿的第 7、8 窟。但与云冈不同的是，云冈第 7、8 窟的主像位于正壁的上下两层龛中，而古阳洞的正壁主像仅有一铺，这似乎又有来自云冈一期窟内大像的影响。总之，古阳洞的内部布局明显有来自旧都平城的因素。

古阳洞正壁的坐佛与二胁侍菩萨立像，有可能是由孝文帝本人倡导雕造完成的（图 3-24）。这尊主佛像 6.12 米高，下坐方形台座，身穿褒衣博带式大衣，双手叠放腹前施禅定印，面相长圆而清秀，体形消瘦，颇具飘逸的风度。这尊佛像属典型的"秀骨清像"式，与云冈二期褒衣博带装佛有一些区别，其中可能有直接来自南朝影响的因素。正壁主尊约雕凿于太和末至景明年间（494~504）[9]，换言之，该像即可视为风行于龙门石窟的众多汉族士大夫风格佛像的最早范例。同其他地区的北魏晚期佛像对比，笔者发现古阳洞主佛形象比较特别。古阳洞北壁杨大眼（？~518）造像记中记载：他出征归来时，"中经石窟，览先皇之明踪，睹盛

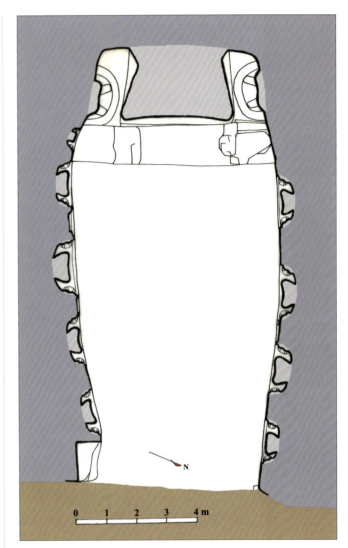

Fig. 3-21. Layout of Guyang cave
Longmen grottoes, Luoyang, Henan province
By Chang Qing
图 3-21：洛阳龙门古阳洞平面图
常青绘

Fig. 3-22. Northern Wall of Guyang Cave
Longmen Grottoes in Luoyang, Henan
province
From Liu Jinglong, Guyang dong (Beijing: Kexue chubanshe, 2001), plate 197.
图 3-22：洛阳龙门古阳洞北壁现状
采自刘景龙《古阳洞》图版 197

[9] 温玉成：《龙门北朝小龛的类型、分期与洞窟排年》，刊于《中国石窟·龙门石窟》第 1 卷，第 212 页。

Fig. 3-23. Southern Wall of Guyang Cave
Longmen Grottoes in Luoyang, Henan province
From Zhongguo shiku-Longmen shiku, vol.1, Beijing: Wenwu
chubanshe, 1991, plate 139.
图3-23：洛阳龙门古阳洞南壁现状
采自《中国石窟 - 龙门石窟》第 1 卷，图版 139

圣之丽迹"。足以证明古阳洞的主像与孝文帝本人有直
接关系，推测这尊主佛像很可能就是孝文帝元宏的化身
佛像。主佛两侧的胁侍菩萨像，通高在 3.9 米左右，它
们头戴宝冠，面相长圆秀丽，在祖裸的上身表面装饰着
项圈、璎珞、臂钏、手镯等，下身的长裙衣褶稠密重
迭，腹部前挺，长长的帔帛自双肩处垂下，在腹前交叉
穿环，再绕双臂分垂于身体两侧，很具有南朝菩萨像的
风采（图 3-25、3-26）。

Fig. 3-24. Main Buddha Triad of Guyang cave
Seated Buddha, H: 6.12 meters
Limestone with pigment
Dated ca. 493-499
Northern Wei Dynasty (386-534)
Longmen Grottoes, Luoyang of Henan
From Liu Jinglong, Guyang dong (Beijing:
Kexue chubanshe, 2001), plate 5.
图3-24：洛阳龙门古阳洞正壁主佛与二胁侍
立菩萨像现状
北魏（6 世纪初）
采自刘景龙《古阳洞》图版 5

与主尊大佛的服装形成鲜明对比的是，南北两壁上层八大龛的主佛，除北壁东起第四龛主佛着与洞窟主尊类似的褒衣博带大衣外，都是身着袒裸右肩式袈裟的禅定坐佛像，很有些云冈一期佛像的味道，但在身躯的强健方面则不如后者（图3-27、3-28、3-29、3-30、3-31、3-32）。

Fig. 3-27. Some Buddhist imagery niches on the southern wall of Guyang cave
Longmen grottoes, Luoyang, Henan province
Early sixth century
Northern Wei Dynasty (386-534)
Photograph by Freer and Zhou Yutai in 1910
Charles Lang Freer Papers
Freer Gallery of Art and Arthur M. Sackler Gallery Archives
Smithsonian Institution, Washington, D.C.
Gift of the estate of Charles Lang Freer, FSA A.01 12.05.GN.137
图 3-27：洛阳龙门古阳洞南壁上层第 S106、S66、中层 S130、S71 龛及周围小龛
北魏（6 世纪初）
佛利尔与周裕泰拍摄于 1910 年

Fig. 3-28. Some Buddhist imagery niches on the southern wall of Guyang cave
Longmen grottoes, Luoyang, Henan province
Early sixth century
Northern Wei Dynasty (386-534)
Photograph by Freer and Zhou Yutai in 1910
Charles Lang Freer Papers
Freer Gallery of Art and Arthur M. Sackler Gallery Archives
Smithsonian Institution, Washington, D.C.
Gift of the estate of Charles Lang Freer, FSA A.01 12.05.GN.138
图 3-28：洛阳龙门古阳洞南壁上层第 S111、S106、S66 龛、中层第 S136、S130、S71 龛及周围小龛
北魏（6 世纪初）
佛利尔与周裕泰拍摄于 1910 年

Fig. 3-29. Imagery niches on the west of southern wall of Guyang cave
Longmen grottoes, Luoyang, Henan province
Early sixth century
Northern Wei Dynasty (386-534)
Photograph by Freer and Zhou Yutai in 1910
Charles Lang Freer Papers
Freer Gallery of Art and Arthur M. Sackler Gallery Archives
Smithsonian Institution, Washington, D.C.
Gift of the estate of Charles Lang Freer, FSA A.01 12.05.GN. 140

图 3-29：洛阳龙门古阳洞正壁右胁侍菩萨、狮子，南壁上层第 S189、S111、S109 龛，中层 S206、S140、S136 龛，及周围小龛
北魏（6 世纪初）
佛利尔与周裕泰拍摄于 1910 年

Fig. 3-30. Imagery niches on the west of northern wall of Guyang
cave
Longmen grottoes, Luoyang, Henan province
Early sixth century
Northern Wei Dynasty (386-534)
Photograph by Freer and Zhou Yutai in 1910
Charles Lang Freer Papers
Freer Gallery of Art and Arthur M. Sackler Gallery Archives
Smithsonian Institution, Washington, D.C.
Gift of the estate of Charles Lang Freer, FSA A.01 12.05.GN. 141

图 3-30：洛阳龙门古阳洞正壁左胁侍狮子，北面上层第 N108、
N134、N140 龛，中层 N152、N178、N184、N185 龛，及周围小龛
北魏（6 世纪初）
佛利尔与周裕泰拍摄于 1910 年

Fig. 3-31. Some imagery niches on the northern wall of Guyang cave
Longmen grottoes, Luoyang, Henan province
Early sixth century
Northern Wei Dynasty (386-534)
Photograph by Freer and Zhou Yutai in 1910
Charles Lang Freer Papers
Freer Gallery of Art and Arthur M. Sackler Gallery Archives
Smithsonian Institution, Washington, D.C.
Gift of the estate of Charles Lang Freer, FSA A.01 12.05.GN. 143

图 3-31：洛阳龙门古阳洞北壁上层第 N234、N228 龛，中层第 N258、N246 龛，及周围壁龛
北魏（6 世纪初）
佛利尔与周裕泰拍摄于 1910 年

Fig. 3-32. Some imagery niches on the northern wall of Guyang
cave
Longmen grottoes, Luoyang, Henan province
Early sixth century
Northern Wei Dynasty (386-534)
Photograph by Freer and Zhou Yutai in 1910
Charles Lang Freer Papers
Freer Gallery of Art and Arthur M. Sackler Gallery Archives
Smithsonian Institution, Washington, D.C.
Gift of the estate of Charles Lang Freer, FSA A.01 12.05.GN. 145

图 3-32：洛阳龙门古阳洞北壁上层第 N234、N228 龛，中层第
N258 龛，及周围壁龛
北魏（6 世纪初）
佛利尔与周裕泰拍摄于 1910 年

北壁东起第三龛——杨大眼龛的主尊还存有半个头部，可见其长圆清秀的面相特征。八大龛主佛的两侧均各有一尊立菩萨像，都有修长的体形，长帔帛在腹前交叉，则是新型汉式菩萨造型。因此，这七龛主佛除承继云冈旧式风格之外，同时又深受南朝造像风范的影响。南北壁上层的八大龛还带有极为华丽的装饰：它们都有尖拱形龛楣，北壁魏灵藏龛与比丘慧成龛龛楣表面刻一排化生童子手牵花缆；北壁杨大眼龛与比丘慧成龛龛侧立柱的下面有四臂力士托扛；龛内主佛台座前部一般雕刻一排供养人，比丘慧成龛的供养人身穿鲜卑族胡服，而南壁比丘法生龛的供养人则构成了纯粹南朝士大夫风格的男女礼佛行列，都是身穿汉式的服装，深具清秀潇洒的风貌。八大龛内壁都有华丽的装饰，以杨大眼龛为例，在主佛身后舟形火焰身光的表面，从内向外浮雕有身着褒衣博带装的坐佛与立菩萨像，一周小坐佛像，一周当空飘舞的飞天，最外是一周重叠繁密的火焰纹。二胁侍菩萨像的上方、身光上部的左右两侧，各浮雕五身闻法比丘像，都是半身，分二至三层重叠排列，大都面向主佛，个别的作回首询问之姿，组合搭配得十分自然生动（图3-33）。

古阳洞第一批造像雕成不久，许多皇室宗亲、达官显贵们又纷纷在古阳洞穹隆顶的表面雕造佛龛。最后实在没有地方可利用了，就把洞窟地面向下深掘，又开出了古阳洞南北壁面上的中层八大龛和下层几所大龛。今天我们看到的古阳洞正壁三尊大像，位置明显过高了，给人以很不协调的感觉，就是这种历史原因造成的。在古阳洞扩展时期凿成的这些佛龛当中，有很多雕的是交脚坐姿的弥勒菩萨像（图3-34、3-35、3-36、3-37、3-38、3-39、3-40）。位于穹隆顶上的一般为圆拱形的浮雕浅

龛，在南北侧壁向下深掘而形成的中层和下层大龛，则力求与上层八大龛看齐，龛内主像也以交脚弥勒菩萨为主，如太和十九年（495）完成的长乐王丘穆陵亮夫人尉迟造的弥勒像龛。这些位于穹隆顶及中、下层的主尊弥勒菩萨像均呈交脚坐姿，头戴宝冠，上身袒裸，除了项圈、臂钏、手镯、帔帛等装饰外，还有斜披络腋；下身着长裙。这种菩萨装是南朝汉式造像的影响所致。弥勒腿部两侧各有一只蹲狮，头部扭向主尊一侧。弥勒身旁还有二身胁侍立菩萨。主尊身后舟形大身光的表面装饰着莲瓣、小坐佛像、飞天、火焰等，呈周匝环绕状；圆拱形龛的上方一周刻着化生童子手牵花缆，两侧下部各有一身飞天与供养人像。在两壁上方，类似这样众多的弥勒像龛都是龛尖朝向穹隆形窟顶，大有众星捧月之势，构成了一个华丽的佛国世界。有的龛内主像为坐佛，佛像均身着褒衣博带式大衣，也是传自南朝的汉民族造像样式在北魏晚期洛阳的再现（图3-41、3-42）。

北魏迁都洛阳以后，与南朝的交往更加密切了，其间自然会有更多的南朝佛教艺术品流入北方，也会有南北方佛教艺术家之间的往来，这些都会进一步促进北魏晚期的佛教雕刻艺术接近南朝的汉化样式。从龙门古阳洞中，我们既可以看到取自大同云冈一、二期样式的遗风，又能明显地体会出南朝士大夫气质。风行后世的北魏晚期龙门雕刻样式，也正是从古阳洞起步的。此外，古阳洞的龛像旁边铭刻着诸如"皇道赫宁""皇道更隆""皇化层性，大魏弥历，引秩千基，福钟万代""帝祚永隆"以及"为皇帝造石像"的祝愿语，则是对云冈一、二期洞窟所表现的将礼佛与拜天子相结合的思想的继承，也将这些上层佛教信徒的崇佛心情同皇家的命运密切地联系在一起[10]。

---

[10] 关于古阳洞更多信息，参见温玉成：《古阳洞研究》，刊龙门石窟研究所编：《龙门石窟研究论文选》，上海人民美术出版社，1993年，第143~212页。苏玲怡：《龙门古阳洞研究》，台湾大学艺术史研究所硕士论文，2004年。刘景龙：《古阳洞》，文物出版社，2001年。

*Fig. 3-33. Detail of the Niche of Buddha Triad on the northern wall
of Guyang cave
Limestone
Dated ca. 495-503
Northern Wei Dynasty (386-534)
Commissioned by the general Yang Dayan
Longmen grottoes, Luoyang of Henan
From Liu Jinglong, Guyang dong (Beijing: Kexue chubanshe,
2001), plate 91.*

图3-33：洛阳龙门古阳洞北壁上层杨大眼龛局部
北魏（5世纪末至6世纪初）
采自刘景龙《古阳洞》图版91

Fig. 3-34. Some imagery niches on the southern wall of
Guyang cave
Longmen grottoes, Luoyang, Henan province
Early sixth century
Northern Wei Dynasty (386-534)
Photograph by Freer and Zhou Yutai in 1910
Charles Lang Freer Papers
Freer Gallery of Art and Arthur M. Sackler Gallery Archives
Smithsonian Institution, Washington, D.C.
Gift of the estate of Charles Lang Freer, FSA A.01 12.05.GN. 132

图 3-34：洛阳龙门古阳洞南壁中层第 S71 龛及周围小龛
北魏（6 世纪初）
佛利尔与周裕泰拍摄于 1910 年

Fig. 3-35. Some imagery niches on the southern wall of Guyang
cave
Longmen grottoes, Luoyang, Henan province
Early sixth century
Northern Wei Dynasty (386-534)
Photograph by Freer and Zhou Yutai in 1910
Charles Lang Freer Papers
Freer Gallery of Art and Arthur M. Sackler Gallery Archives
Smithsonian Institution, Washington, D.C.
Gift of the estate of Charles Lang Freer, FSA A.01 12.05.GN. 133

图 3-35：洛阳龙门古阳洞南壁中层第 S136、S130、
S126 龛及周围小龛
北魏（6 世纪初）
佛利尔与周裕泰拍摄于 1910 年

Fig. 3-36. *Some imagery niches on the northern wall of Guyang cave*
Longmen grottoes, Luoyang, Henan province
Early sixth century
Northern Wei Dynasty (386-534)
Photograph by Freer and Zhou Yutai in 1910
Charles Lang Freer Papers
Freer Gallery of Art and Arthur M. Sackler Gallery Archives
Smithsonian Institution, Washington, D.C.
Gift of the estate of Charles Lang Freer, FSA A.01 12.05.GN. 134

图 3-36：洛阳龙门古阳洞北壁中层第 N184、N185 龛及周围小龛
北魏（6 世纪初）
佛利尔与周裕泰拍摄于 1910 年

Fig. 3-37. Some imagery niches on the northern wall of
Guyang cave
Longmen grottoes, Luoyang, Henan province
Early sixth century
Northern Wei Dynasty (386-534)
Photograph by Freer and Zhou Yutai in 1910
Charles Lang Freer Papers
Freer Gallery of Art and Arthur M. Sackler Gallery Archives
Smithsonian Institution, Washington, D.C.
Gift of the estate of Charles Lang Freer, FSA A.01 12.05.GN. 135

图 3-37：洛阳龙门古阳洞北壁中层第 N258 龛及周围小龛
北魏（6 世纪初）
佛利尔与周裕泰拍摄于 1910 年

Fig. 3-38. Some imagery niches on the northern wall of Guyang cave
Longmen grottoes, Luoyang, Henan province
Early sixth century
Northern Wei Dynasty (386-534)
Photograph by Freer and Zhou Yutai in 1910
Charles Lang Freer Papers
Freer Gallery of Art and Arthur M. Sackler Gallery Archives
Smithsonian Institution, Washington, D.C.
Gift of the estate of Charles Lang Freer, FSA A.01 12.05.GN. 136

图 3-38：洛阳龙门古阳洞北壁中层第 N178 龛及其周围小龛
北魏（6 世纪初）
佛利尔与周裕泰拍摄于 1910 年

Fig. 3-39. Some imagery niches on the southern wall of
Guyang cave
Longmen grottoes, Luoyang, Henan province
Early sixth century
Northern Wei Dynasty (386-534)
Photograph by Freer and Zhou Yutai in 1910
Charles Lang Freer Papers
Freer Gallery of Art and Arthur M. Sackler Gallery Archives
Smithsonian Institution, Washington, D.C.
Gift of the estate of Charles Lang Freer, FSA A.01 12.05.GN. 142

图 3-39：洛阳龙门古阳洞南壁中层第 S140、S136 龛及周围壁龛
北魏（6 世纪初）
佛利尔与周裕泰拍摄于 1910 年

Fig. 3-40. Some imagery niches on the northern wall of
Guyang cave
Longmen grottoes, Luoyang, Henan province
Early sixth century
Northern Wei Dynasty (386-534)
Photograph by Freer and Zhou Yutai in 1910
Charles Lang Freer Papers
Freer Gallery of Art and Arthur M. Sackler Gallery Archives
Smithsonian Institution, Washington, D.C.
Gift of the estate of Charles Lang Freer, FSA A.01 12.05.GN. 146

图 3-40：洛阳龙门古阳洞北壁中层第 N317 龛及周围壁龛
北魏（6 世纪初）
佛利尔与周裕泰拍摄于 1910 年

Fig. 3-41. Some imagery niches on the southern wall of Guyang
cave
Longmen grottoes, Luoyang, Henan province
Early sixth century
Northern Wei Dynasty (386-534)
Photograph by Freer and Zhou Yutai in 1910
Charles Lang Freer Papers
Freer Gallery of Art and Arthur M. Sackler Gallery Archives
Smithsonian Institution, Washington, D.C.
Gift of the estate of Charles Lang Freer, FSA A.01 12.05.GN. 144

图 3-41：洛阳龙门古阳洞南壁中层第
S136、S130、S126 龛及周围壁龛
北魏（6 世纪初）
佛利尔与周裕泰拍摄于 1910 年

佛利尔的照片还为我们复原一些从古阳洞内流散的造像提供了历史数据。由于历史原因，古阳洞内的许多造像头部已佚（图 3-22、3-23）。但在佛利尔的照片中，我们可以看到它们的原貌。许多流失造像的头部现藏于海外博物馆，或为私人收藏者所拥有。佛利尔的照片就为我们查对部分造像头部的原始出处提供了依据。例如，佛利尔美术馆收藏了一件弥勒菩萨像头部（图 3-43）。据图 3-39 可知，该头像原属于古阳洞南壁的 S140 龛，而现存该龛内的主尊交脚弥勒菩萨像的头部已缺失（图 3-44）。由此可知这批老照片的珍贵之处。

Fig. 3-43. Head of Bodhisattva Maitreya (Future Buddha)
From niche no. S140 on the southern wall of Guyang cave
Limestone with traces of pigment
H x W x D (overall): 47.6 x 19.3 x 23.3 cm (18 3/4 x 7 5/8 x 9 3/16 in)
Longmen grottoes, Luoyang, Henan Province
Dated ca. 500-510
Northern Wei dynasty (386 - 534),
Gift of Charles Lang Freer, F1913.71
图 3-43：洛阳龙门石窟古阳洞南壁 S140 龛内弥勒菩萨头像
北魏（6 世纪初）
佛利尔美术馆藏，F1913.71

Fig. 3-42. The left seated Buddha of niche no. S130 on the southern wall of Guyang cave
Longmen grottoes, Luoyang, Henan province
Early sixth century
Northern Wei Dynasty (386-534)
Photograph by Freer and Zhou Yutai in 1910
Charles Lang Freer Papers
Freer Gallery of Art and Arthur M. Sackler Gallery Archives
Smithsonian Institution, Washington, D.C.
Gift of the estate of Charles Lang Freer, FSA A.01 12.05.GN. 144
图 3-42：洛阳龙门古阳洞南壁中层第 S130 龛释迦多宝龛之右侧坐佛像
北魏（6 世纪初）
佛利尔与周裕泰拍摄于 1910 年

Fig. 3-44. Part of Fig. 3-39, and present-day niche no. S140, with
Maitreya assembly
Southern wall of Guyang cave
Limestone
Longmen Grottoes, Luoyang, Henan province
Dated ca. 500-510
Northern Wei Dynasty (386-534)
Right: Gift of the estate of Charles Lang Freer, FSA A.01 12.05.GN. 142
Left: From Liu Jinglong, Guyang dong, plate 276

图 3-44：洛阳龙门石窟古阳洞南壁 S140 龛今昔对比
北魏（6 世纪初）
右：佛利尔与周裕泰拍摄于 1910 年
左：采自刘景龙《古阳洞》图版 276

Maitreya niche
弥勒龛

　　此龛位于魏字洞外，高逾 2 米。龛内主像为交脚坐姿的弥勒菩萨像，头戴高冠，面部已残，身披帔帛交叉，身躯消瘦，是典型的北魏晚期菩萨像风格（图 3-45、3-46）。其身下两侧各有一蹲狮，头部扭向主尊，这种配置也习见于古阳洞同期同类造像。弥勒两侧各雕一身立菩萨像，表面细部多残。主尊弥勒像头后有圆形头光，内雕三匝纹样：最内为一周莲瓣，中为九身小坐佛像，外匝为一周飞天像，原应为七身。头光外围是舟形的火焰背光，在上方火焰与头光之间有一月形幅面，内刻波状花草纹样，间以舞动的飞天。在背光的外围则刻以当空飞舞的伎乐天人，身穿菩萨装，也是位于波状缠枝纹之间。从现存情况看，它们所持的乐器有笛、琵琶、腰鼓等。在这组伎乐天的上方存有一组五身结跏趺坐之姿的人物，双手持着相互交叉的华绳或璎珞。这些人物身着菩萨装，头后有圆形头光，身披帔帛。

　　交脚菩萨像是龙门石窟北魏晚期十分流行的造像题材，以表现现居于兜率天宫的这位未来佛。该龛的构图与造像组合也习见于古阳洞中，但以此龛的尺寸之大，则在龙门窟龛中罕有。此龛代表着龙门北魏年代最早的一批造像龛的形制之一，也是唯一一一所雕于窟外崖面的此类造像龛。

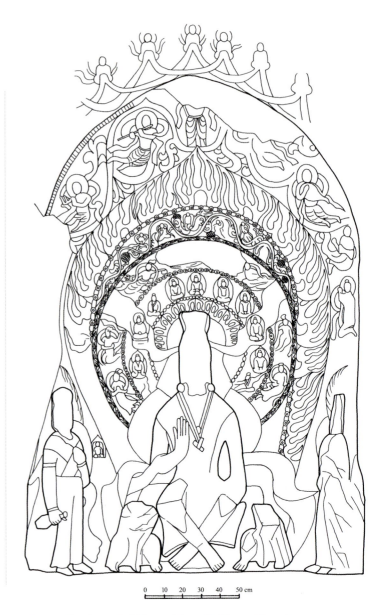

0　10　20　30　40　50 cm

Fig. 3-45. Drawing on the Maitreya niche on the Western Mountain
Longmen grottoes, Luoyang, Henan province
Northern Wei dynasty (386 - 534), dated ca. 500-534
By Chang Qing
图 3-45：洛阳龙门摩崖弥勒像龛实测图
北魏（6 世纪初）
常青绘

Fig. 3-46. Maitreya niche on the Western Mountain
Longmen grottoes, Luoyang, Henan province
Early sixth century
Northern Wei Dynasty (386-534)
Photograph by Freer and Zhou Yutai in 1910
Charles Lang Freer Papers
Freer Gallery of Art and Arthur M. Sackler Gallery Archives
Smithsonian Institution, Washington, D.C.
Gift of the estate of Charles Lang Freer, FSA A.01 12.05.GN. 075
图 3-46：洛阳龙门摩崖弥勒像龛
北魏（6 世纪初）
佛利尔与周裕泰拍摄于 1910 年

Central Cave of Binyang
宾阳中洞

据魏收（507~572）《魏书·释老志》记载："景明（500~503）初，世宗诏大长秋卿白整，准代京灵岩寺石窟（即云冈石窟），于洛南伊阙山为高祖（孝文帝）、文昭皇太后营石窟二所。……永平（508~512）中，中尹刘腾（463~523）奏为世宗复造石窟一，凡为三所。"这三所石窟即为著名的宾阳三洞（图3-47、3-48）[11]。在523年六月以前，这项规模巨大的石窟工程已用去了802366个工日。在这左右毗邻的三所大型石窟之中，中洞和南洞的关系更密切一些，中间设立了一通巨型石碑，应是宣武帝为他的父母亲作功德而开凿的双窟，整体设计模仿云冈二期双窟的形式（图3-49）。北洞则是刘腾建议为宣武帝本人所造的功德窟。由于历史原因，实际完工的仅为中洞，约完工于延昌末到熙平初年（515~517）[12]。由于是直接为皇帝作功德，又由政府官吏出面督造，因此其级别之高属龙门北魏石窟之最。

宾阳中洞是一所大型佛殿窟，是提供给僧侣们讲经说法用的（图3-50、3-51）。门券两侧壁分别刻出了三头四臂的大梵天和一头四臂的帝释天像，门外南北两侧各雕一身力士像（图3-52）。窟室内部平面呈马蹄形，宽11.4、深9.85、高9.5米，上有穹隆状的窟顶。在正、左、右三壁前凿有低矮的倒"凹"字形基坛，坛上正壁雕通高10米左右的大坐佛像，旁边侍立二弟子、二菩萨像（图3-53）。宾阳中洞南北侧壁分别雕高大的立佛像和两身胁侍菩萨立像（图3-54、3-55）。

如果用云冈一期三佛窟对比，宾阳中洞造像的主要题材无疑是三世佛，不难看出对云冈的继承性。在窟内环三壁设立倒"凹"字形基坛、在坛上造像的设计，南京栖霞山第13窟为现今所见的最早之例，开凿于南齐永明年间（483~493）[13]。所以，这种布局方式很有可能传自南朝。在北方，这种三壁设坛窟最早见于孝文帝迁洛以后开凿的云冈三期石窟中[14]。但能将此类窟形发扬光大的应是宾阳中洞，是由它的级别与地位决定的。在北魏以后，这类洞窟将成为中国内地石窟的一种重要类型，应与北魏洛阳传统密切相关[15]。

宾阳中洞主佛结跏趺坐，头顶饰波状发纹，面相长圆略长，体形消瘦，身着褒衣博带式大衣，具有较密集的阶梯式衣纹，在总体形象上更接近南朝的新型佛像样式。特别是垂覆于台座前的大衣下摆由云冈的单层变为三层，更加忠实地再现了南朝佛像风格，更具有士大夫所崇尚的潇洒飘逸风姿。南北两壁的立佛像体形宽大，身躯显短，应是出于形体高大的特殊设计，其总体效果不难看出与云冈第11窟西壁、13窟南壁的七立佛像，以及第6窟中心柱上层四面龛立佛像的相似性（图3-56），只是面部表情慈善和悦，风度潇洒，更具超凡脱俗的出世风貌。

在宾阳中洞主尊两侧加入弟子立像，意味着将弟子作为主要胁侍像从此定型化了[16]。宾阳中洞主尊坐佛与侧壁立佛两侧的立菩萨像，均头戴高冠，面相方圆清

[11] 刘汝醴：《关于龙门三窟》，《文物》1959年第12期，第17~18页。
[12] 温玉成：《龙门北朝小龛的类型、分期与洞窟排年》，刊于《中国石窟·龙门石窟》第1卷，第216页。
[13] 林蔚：《栖霞山千佛崖第13窟的新发现》，《文物》1996年第4期，第32~36页。
[14] 参见宿白：《平城实力的集聚和"云冈模式"的形成与发展》，刊于宿白：《中国石窟寺研究》，文物出版社，1996年，第138、143页。
[15] 关于三壁设坛窟，宿白认为："在洛阳龙门这种窟形来源、发展俱不清楚，远离龙门的新安西沃第1窟似乎才提供了它的发展趋向。"参见宿白：《平城实力的集聚和"云冈模式"的形成与发展》，第143页。笔者以为，宾阳中洞被忽视，可能是因为该洞三壁所设之倒"凹"字形坛较低矮而不易察觉的原故。
[16] 张宝玺：《龙门北魏石窟二弟子造像的定型化》，刊于龙门石窟研究所编：《龙门石窟一千五百周年国际学术讨论会论文集》，文物出版社，1996年5月。

Fig. 3-47. Buildings and courtyard outside the Binyang caves
Longmen grottoes, Luoyang, Henan province
Photograph by Freer and Zhou Yutai in 1910
Charles Lang Freer Papers
Freer Gallery of Art and Arthur M. Sackler Gallery Archives
Smithsonian Institution, Washington, D.C.
Gift of the estate of Charles Lang Freer, FSA A.01 12.05.GN. 089

图 3-47: 洛阳龙门宾阳三洞外的建筑
佛利尔与周裕泰拍摄于 1910 年

Fig. 3-48. Façade of the three caves of Binyang Caves
Longmen grottoes, Luoyang, Henan province
Photograph by Freer and Zhou Yutai in 1910
Charles Lang Freer Papers
Freer Gallery of Art and Arthur M. Sackler Gallery Archives
Smithsonian Institution, Washington, D.C.
Gift of the estate of Charles Lang Freer, FSA A.01 12.05.GN. 078

图 3-48：洛阳龙门宾阳三洞外观
佛利尔与周裕泰拍摄于 1910 年

N

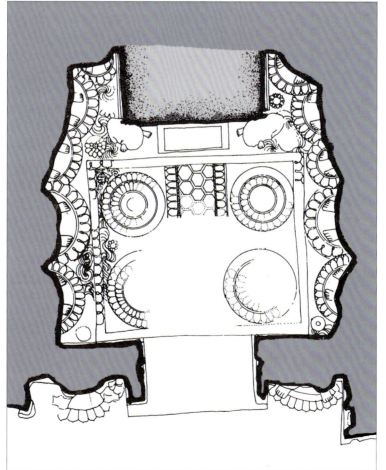

Fig. 3-49. Layout of the three
caves of Binyang
Longmen grottoes, Luoyang,
Henan province
By Chang Qing
图 3-49：洛阳龙门宾阳三洞
平面图
常青绘

Fig. 3-51. Layout of the
central cave of Binyang
Longmen grottoes, Luoyang,
Henan province
By Chang Qing
图 3-51：洛阳龙门宾阳中洞
平面图
常青绘

Fig. 3-52. Façade of the Central Cave of Binyang
Limestone
Dated 505-523
Northern Wei Dynasty (386-534)
Longmen Grottoes, Luoyang, Henan province
From Liu Jinglong, Binyang dong (Beijing: Kexue
chubanshen, 2010), plate 3.
图 3-52：洛阳龙门宾阳中洞外观
北魏（6 世纪初）
采自刘景龙《宾阳洞》图版 3

Fig. 3-50. Façade of the central cave of Binyang and its south
Longmen grottoes, Luoyang, Henan province
Photograph by Freer and Zhou Yutai in 1910
Charles Lang Freer Papers
Freer Gallery of Art and Arthur M. Sackler Gallery Archives
Smithsonian Institution, Washington, D.C.
Gift of the estate of Charles Lang Freer, FSA A.01 12.05.GN. 095
图 3-50：洛阳龙门宾阳中洞外南部
佛利尔与周裕泰拍摄于 1910 年

Fig. 3-53. Main Buddha of the central cave of Binyang
Longmen grottoes, Luoyang, Henan province
Dated 505-523
Northern Wei Dynasty (386-534)
Photograph by Freer and Zhou Yutai in 1910
Charles Lang Freer Papers
Freer Gallery of Art and Arthur M. Sackler Gallery Archives
Smithsonian Institution, Washington, D.C.
Gift of the estate of Charles Lang Freer, FSA A.01 12.05.GN. 092

图 3-53：洛阳龙门宾阳中洞主佛
北魏（6 世纪初）
佛利尔与周裕泰拍摄于 1910 年

Fig. 3-54. Buddha and Bodhisattvas on the southern wall of the
central cave of Binyang
Longmen grottoes, Luoyang, Henan province
Dated 505-523
Northern Wei Dynasty (386-534)
Photograph by Freer and Zhou Yutai in 1910
Charles Lang Freer Papers
Freer Gallery of Art and Arthur M. Sackler Gallery Archives
Smithsonian Institution, Washington, D.C.
Gift of the estate of Charles Lang Freer, FSA A.01 12.05.GN. 091

图 3-54：洛阳龙门宾阳中洞南壁立佛与立菩萨像
北魏（6 世纪初）
佛利尔与周裕泰拍摄于 1910 年

Fig. 3-55. *Buddha and Bodhisattvas on the northern wall of the
central cave of Binyang*
Longmen grottoes, Luoyang, Henan province
Dated 505-523
Northern Wei Dynasty (386-534)
Photograph by Freer and Zhou Yutai in 1910
Charles Lang Freer Papers
Freer Gallery of Art and Arthur M. Sackler Gallery Archives
Smithsonian Institution, Washington, D.C.
Gift of the estate of Charles Lang Freer, FSA A.01 12.05.GN. 094

图 3-55：洛阳龙门宾阳中洞北壁立佛与立菩萨像
北魏（6 世纪初）
佛利尔与周裕泰拍摄于 1910 年

Fig. 3-56. Standing Buddha and his attendants in the southern
niche of the upper story of the central pillar in cave 6
Second half of the fifth century
Northern Wei dynasty (386-534)
Yungang grottoes, Datong, Shanxi province
From Yungang shiku wenwu baoguansuo, ed., Zhongguo shiku-
Yungang Shiku, vol. 1, fig.115.

图 3-56：山西大同云冈石窟第 6 窟中心柱上层南侧佛龛
北魏（5 世纪晚期）
采自云冈石窟文物保管所：
《中国石窟 - 云冈石窟》第 1 卷，图版 115

秀，带有慈祥的笑意，身材修长消瘦，不显示窈窕的身段，在袒裸的上身表面所装饰的物品更显华丽，下身的长裙颇具飘动的写实感，长披帛在双膝部位交叉环绕。主尊坐佛的胁侍立菩萨像在帔帛之上还加饰着长璎珞。这些立菩萨像在双肩部位加圆饼形饰物，以及上卷的并排三朵云状饰物，则是云冈二期所不见的。在胁侍弟子与菩萨之间雕出了上下二身供养菩萨像，蹲跪着双手合十；在胁侍菩萨的头顶又雕出三排供养菩萨像，也均双手合十，姿态十分优美。它们象征着前来闻法的众菩萨像。

在烘托洞窟宗教气氛的装饰雕刻方面，宾阳中洞的设计也相当成功。在穹隆形的窟顶中心浮雕着一朵巨大的莲花，有八身伎乐天与供养天人环绕着莲花正在散花奏乐（图3-57）；飞天的外围是宝盖边饰，由双层覆莲瓣、单层垂角装饰、垂带、帷幔组成，下垂到了洞窟侧壁的上缘，将窟顶妆扮成一个华丽典雅的大华盖。在地面上也有浮雕装饰：窟室地面正中刻踏道，自窟门处伸向主尊宝座下部；踏道的南北两侧对称浮雕着两朵圆形大莲花，莲花之间还刻着水波纹、小莲花以及忍冬纹等装饰，在主尊宝座前地面上刻着水鸟和在水中嬉戏

的童子；位于侧壁的大立像脚下踩的大莲花也好像是漂浮在水面上一样（图3-49）。这种空间的设计，就将窟内表现成了一个完整立体的净土世界。

宾阳中洞东壁窟门两侧布置了精美绝伦的浮雕作品（图3-58）。自上而下，第一层是根据《维摩诘所说经》雕刻的维摩诘和文殊菩萨对坐问法图，这里的维摩诘完全是一副汉族士大夫崇尚的博学善辩的隐逸者形象。第二层是两幅巨大的佛本生故事浮雕，分别表现萨埵那太子舍身饲虎和须达拏太子布施济众的情节，画面中人大于山的设计，完全符合六朝传统的山水画表现手法。第三层以写实的手法刻出了当时真实的人物精神风貌：北侧刻的是孝文帝身穿汉族皇帝的服装，带领众侍从恭敬礼佛的场面（图3-59），南侧刻的是文昭皇后与众侍从礼佛行进的队伍（图3-60），两列队伍缓缓地向窟门方向行进着。这两幅中国礼佛图杰作，可惜已在20世纪30年代被盗往美国，现藏纽约大都会艺术博物馆与堪萨斯城纳尔逊艺术博物馆[17]。第一、二层的佛经故事浮雕也已残缺不全了。第四层雕刻着十身佛教中的护法神王像（图3-60），是中国石窟中现存年代最早的神王雕刻，对后期神王像的雕造具有指导意义[18]。

[17] 参见东山健吾：《流散于欧美、日本的龙门石窟雕像》，刊于《中国石窟·龙门石窟》第2卷。
[18] 常青：《北朝石窟神王雕刻述略》，《考古》1994年第12期，第1127~1141页。

Fig. 3-57. Ceiling of the central cave of Binyang
Limestone with pigment
Dated 505-523
Northern Wei Dynasty (386-534)
Longmen grottoes, Luoyang, Henan province
From Liu Jinglong, Binyang dong (Beijing: Kexue chubanshen,
2010), plate 69.
图3-57：洛阳龙门宾阳中洞窟顶莲花与飞天伎乐浮雕
北魏（6世纪初）
采自刘景龙《宾阳洞》图版69

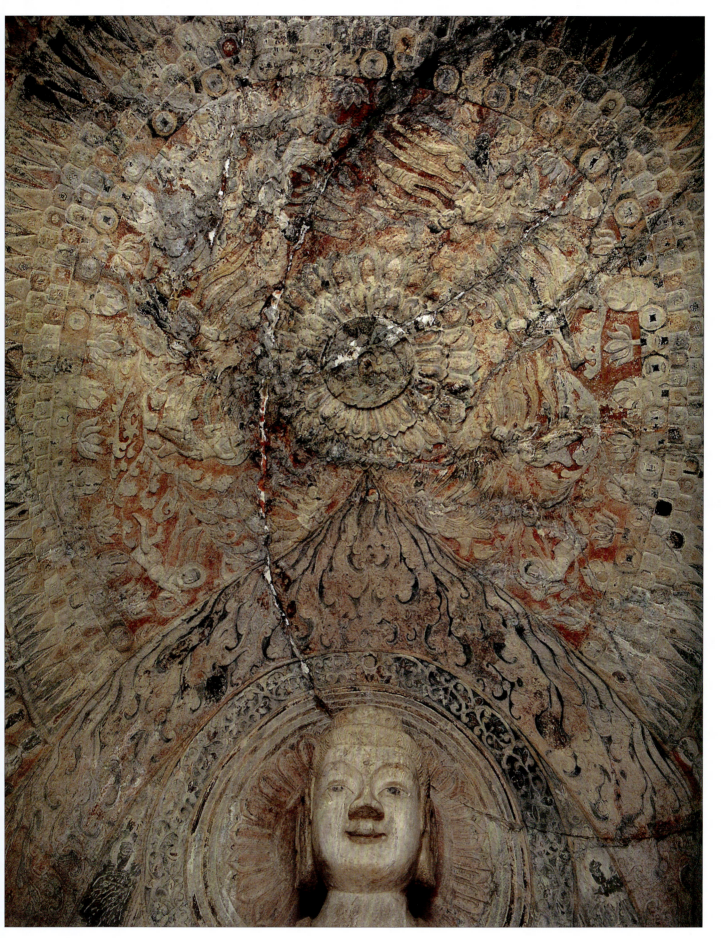

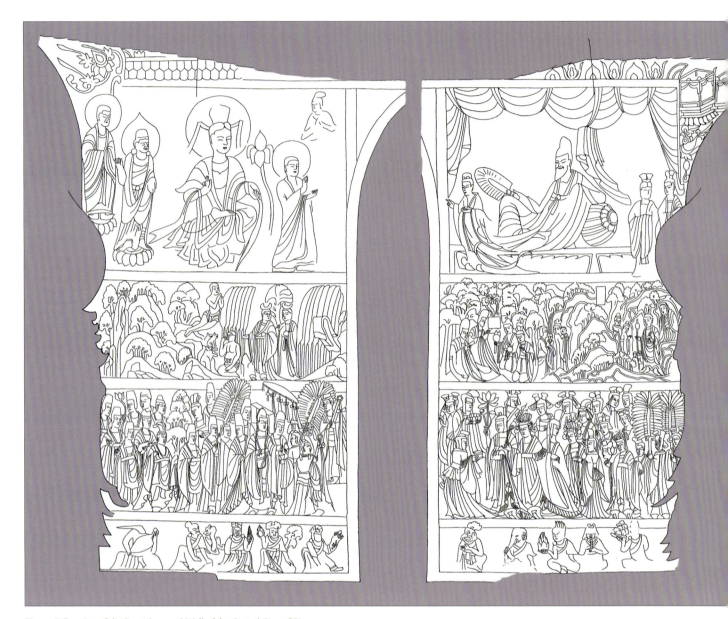

Fig. 3-58. Drawing of the Front (eastern) Wall of the Central Cave of Binyang
Longmen Grottoes, Luoyang of Henan
Dated 505-523
Northern Wei Dynasty (386-534)
From Mizuno Seiichi and Nagahiro Toshio, Ryūmon sekkutsu no kenkyū
(Tōkyō: Zayuhō Kankōkai, 1941), figs. 18 and 19.
图 3-58：洛阳龙门宾阳中洞前壁浮雕内容分布图
北魏（6 世纪初）
采自水野清一、长广敏雄《龙门石窟の研究》图版 18、19

Fig. 3-60. Empress' procession and Spiritual Kings on the southern
side of the eastern wall of the central cave of Binyang
Longmen grottoes, Luoyang, Henan province
Dated 505-523
Northern Wei Dynasty (386-534)
Photograph by Freer and Zhou Yutai in 1910
Charles Lang Freer Papers
Freer Gallery of Art and Arthur M. Sackler Gallery Archives
Smithsonian Institution, Washington, D.C.
Gift of the estate of Charles Lang Freer, FSA A.01 12.05.GN. 093
图 3-60：洛阳龙门宾阳中洞东壁南侧皇后礼佛图与诸神王像
北魏（6 世纪初）
佛利尔与周裕泰拍摄于 1910 年

Lotus cave
莲花洞

莲花洞是一所中大型洞窟。与古阳洞相似，它的平面也呈长马蹄形，高 5.9 米、宽 6.22 米、深 9.78 米（图 3-61）。从西壁与北壁保留的自然浸蚀面来看，莲花洞原先应该是一所天然的溶洞，后被重新修凿而成为佛窟。在洞口门楣处有浅浮雕火焰形尖拱装饰，窟楣的拱梁处刻成龙身状，中部还刻有束莲装饰。在门楣的中央刻一兽面铺首（图 3-62）。窟门外北侧因岩石多被浸蚀而无法做细致雕凿，所以只在南侧雕刻了一身力士，头部已残，左手展掌于胸前，右手残，原似执一金刚杵，整体造型类似于宾阳中洞外的力士像，具有鲜明的北魏晚期特征。

莲花洞的正壁没有设置宝坛，主尊佛像与二胁侍菩萨像直接站立在地面的覆莲台之上（图 3-63）。正壁中间雕 5.1 米高的释迦牟尼立像，可作为北魏晚期龙门佛像样式成熟的标志。该立佛面相长圆清秀，神态慈祥和悦，有着细颈、削肩、平胸、鼓腹的体形特征，显得娇柔无力；身着褒衣博带式大衣，大衣刻划流畅写实，风度潇洒，具有士大夫的思辩风神，已完全摆脱了云冈二期那种注重表现形体宽大的作风（图 3-64）。为了反衬出释迦的伟岸，在这尊立像的身后刻出了舟形大背光，下端与佛的双足平齐。两层火焰纹装饰带似熊熊烈焰直升窟顶莲花边缘。立像头后还刻出了圆形头光，内作两层莲花瓣，外绕以六道同心圆的光环，更增加了释迦的超凡神秘感。立佛的两侧各有一身浮雕弟子和近圆雕胁侍立菩萨像。其中的左弟子迦叶像为极度夸张的胡人形象，将迦叶饱经人间沧桑的神态刻画得淋漓尽致，是龙门北魏弟子像中的杰作（图 3-65）。迦叶的头部现藏于法国巴黎吉美博物馆，是人们公认的龙门北魏最佳的迦叶雕像。阿难的体形较丰满一些，一手持莲蕾供养，展示出一位涉世未深的少年僧人形象（图 3-66）。二立菩萨右手握一朵莲蕾斜举胸前，头戴宝冠，身披长长的帔帛与璎珞，有略显消瘦的身躯与微鼓起的腹部，

给人以肌肤温软的生动感觉。其中的右胁侍菩萨头部现藏日本大阪市立美术馆。正壁的一铺主像如今已是残损不全（图 3-67），而佛利尔的旧照片为我们提供了珍贵的原始资料。

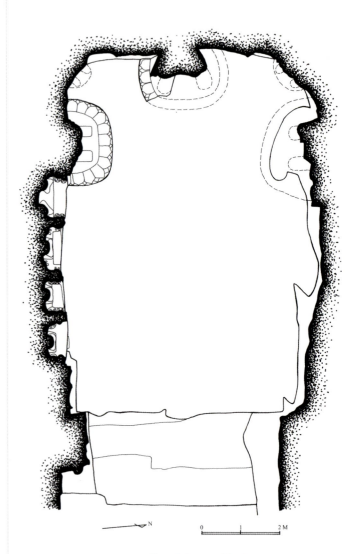

Fig. 3-61. Layout of the Lotus cave
Longmen grottoes, Luoyang, Henan province
By Chang Qing
图 3-61：洛阳龙门莲花洞平面图
常青绘

莲花洞得名于窟顶精美的大莲花雕刻（图 3-63）。这朵盛开的莲花直径 3.60 米、厚 0.35 米，分有三个高低层次：最凸起的一层是莲蓬，中间刻着子房，周围环刻着联珠纹。第二层是向四周展开的三层莲瓣。第三层是为了突出莲花主题而特意雕刻的由多方连续忍冬纹饰组成的圆盘，进行烘托和映衬。在这朵异常突出的莲花周围有六身飞天环绕翱翔，在汉风清秀潇洒的形体之下体现出雕刻刀法的力度。各飞天形体清秀洒脱，轻盈自如，手中捧着水瓶、果盘、莲蕾等物，以奉向释迦。各飞天衣袂飘动，裙带当风，与盛开的莲花动静相生，使宝莲藻井生机益然，情味隽永。

在门洞内南壁下部刻有一通大碑，高 1.68 米、宽 0.80 米，下有方形碑座。惜碑文已全部被磨掉，上面刻出了北齐及唐代雕刻的若干小龛。这应该是莲花洞原来的造窟记事碑。莲花洞内补凿的纪年小龛很多，最早的一处为北魏正光二年（521）。但该洞的正壁大像与窟顶的莲花飞天显然是如期完成了。从南壁下层四龛排列齐整的情况看，应该有过一定的规划。通过分析与比较这些主要造像的风格，笔者大致推断莲花洞的主要工程应完工于北魏宣武帝永平、延昌年间（510~513）。[19]

在莲花洞正壁与窟顶完工以后，接着凿就了南壁诸大龛（图 3-68）。最下层的四大龛排列齐整，大小相当，四龛的龛楣都是呈尖拱火焰形，龛梁刻作龙身状，两个角各刻一反顾的龙首，尖拱龛楣外侧于方形边框内刻出帷帐装饰（图 3-69）。在龛外两侧的屋形檐下各刻一身立姿力士像，以守护佛法（图 3-70）。龛下都有一

记事碑，惜文字多已不存。在四龛的尖拱龛楣表面与龛楣、帷帐间极小的空间范围内，分别雕刻出了细密的飞天伎乐、维摩诘与文殊菩萨对坐问法，以及复杂而生动的火焰纹装饰（图 3-71）。龛内主像除西起第一龛为释迦与多宝对坐说法像外（图 3-70），其余三龛都是以释迦牟尼佛居中而坐、两旁各有二弟子与二菩萨胁侍，像下有倒"凹"字形的基坛（图 3-71）。佛像都身穿中国化的褒衣博带式大衣，身躯已略显丰满。西起第二龛下还保存有一排十二身男女供养人像，均以剔地薄雕的手法刻就，其中的七身头戴笼冠、身穿褒衣博带装的男子颇具南朝士大夫们所崇尚的潇洒风度。南壁中上层也密布大小佛龛，都是北魏晚期具有代表性的龛形和造像，年代稍晚于下层四大龛。

西壁与北壁也有许多小龛。在西壁的浮雕阿难与迦叶上方多被北魏末年补刻的小佛龛与小千佛所占据。这些小龛以尖拱形为主，有的在龛额处装饰帷帐。在阿难的头部左侧与迦叶的头部右侧还各有一所屋形龛，相互对称。北壁没有统一布局规划，只是利用了原溶洞内较为平整的壁面雕刻了密如蜂窝状的小龛，绝大部分是北魏末年的作品（图 3-72）。这些小龛也是以尖拱形外饰帷帐者居多，兼有少数的盝顶龛与帐形龛。北壁仍保持着许多岩体自然的浸蚀面。北魏灭亡以后，莲花洞内仍有利用剩余空间补凿小龛的活动，最具有代表性的有南壁北齐天保八年（557）比丘宝演造的无量寿佛像龛及释迦像龛。

[19] 参见宿白：《洛阳地区北朝石窟的初步考察》，刊于《中国石窟·龙门石窟》第 1 卷，第 226 页。

Fig. 3-62. Lianhuadong, entrance
Longmen grottoes, Luoyang, Henan province
Photograph by Freer and Zhou Yutai in 1910
Charles Lang Freer Papers
Freer Gallery of Art and Arthur M. Sackler Gallery Archives
Smithsonian Institution, Washington, D.C.
Gift of the estate of Charles Lang Freer, FSA A.01 12.05.GN. 112

图 3-62：洛阳龙门莲花洞入口
佛利尔与周裕泰拍摄于 1910 年

Fig. 3-63. The rear wall and the ceiling of the Lotus cave
Longmen grottoes, Luoyang, Henan province
Early sixth century
Northern Wei Dynasty (386-534)
Photograph by Freer and Zhou Yutai in 1910
Charles Lang Freer Papers
Freer Gallery of Art and Arthur M. Sackler Gallery Archives
Smithsonian Institution, Washington, D.C.
Gift of the estate of Charles Lang Freer, FSA A.01 12.05.GN. 113

图 3-63：洛阳龙门莲花洞正壁与窟顶莲花
北魏（6 世纪初）
佛利尔与周裕泰拍摄于 1910 年

Fig. 3-64. The main Buddha of the Lotus cave
Longmen grottoes, Luoyang, Henan province
Early sixth century
Northern Wei Dynasty (386-534)
Photograph by Freer and Zhou Yutai in 1910
Charles Lang Freer Papers
Freer Gallery of Art and Arthur M. Sackler Gallery Archives
Smithsonian Institution, Washington, D.C.
Gift of the estate of Charles Lang Freer, FSA A.01 12.05.GN. 114

图 3-64：洛阳龙门莲花洞正壁主佛
北魏（6 世纪初）
佛利尔与周裕泰拍摄于 1910 年

Fig. 3-65. The main Buddha and his left attendant disciple and
Bodhisattva in the Lotus cave
Longmen grottoes, Luoyang, Henan province
Early sixth century
Northern Wei Dynasty (386-534)
Photograph by Freer and Zhou Yutai in 1910
Charles Lang Freer Papers
Freer Gallery of Art and Arthur M. Sackler Gallery Archives
Smithsonian Institution, Washington, D.C.
Gift of the estate of Charles Lang Freer, FSA A.01 12.05.GN. 117

图 3-65：洛阳龙门莲花洞正壁主佛与左胁侍弟子、菩萨像
北魏（6 世纪初）
佛利尔与周裕泰拍摄于 1910 年

Fig. 3-66. The main Buddha and his right attendant disciple and
Bodhisattva in the Lotus cave
Longmen grottoes, Luoyang, Henan province
Early sixth century
Northern Wei Dynasty (386-534)
Photograph by Freer and Zhou Yutai in 1910
Charles Lang Freer Papers
Freer Gallery of Art and Arthur M. Sackler Gallery Archives
Smithsonian Institution, Washington, D.C.
Gift of the estate of Charles Lang Freer, FSA A.01 12.05.GN. 118

图 3-66：洛阳龙门莲花洞正壁主佛与右胁侍弟子、菩萨像
北魏（6 世纪初）
佛利尔与周裕泰拍摄于 1910 年

Fig. 3-67. Present-day interior of the Lotus cave
Longmen grottoes, Luoyang, Henan province
Early sixth century
Northern Wei Dynasty (386-534)
From Liu Jinglong, Lianhua dong, plate 10.
图3-67：洛阳龙门莲花洞现状
北魏（6世纪初）
采自刘景龙《莲花洞 - 龙门石窟第 712 窟》图版 10

Fig. 3-68. Imagery niches on the middle and upper registers of the southern wall of the Lotus cave
Longmen grottoes, Luoyang, Henan province
Early sixth century
Northern Wei Dynasty (386-534)
Photograph by Freer and Zhou Yutai in 1910
Charles Lang Freer Papers
Freer Gallery of Art and Arthur M. Sackler Gallery Archives
Smithsonian Institution, Washington, D.C.
Gift of the estate of Charles Lang Freer, FSA A.01 12.05.GN. 148
图 3-68：洛阳龙门莲花洞南壁上、中层壁龛
北魏（6 世纪初）
佛利尔与周裕泰拍摄于 1910 年

Fig. 3-69. Imagery niches on the middle and lower registers of the southern wall of the Lotus cave
Longmen grottoes, Luoyang, Henan province
Early sixth century
Northern Wei Dynasty (386-534)
Photograph by Freer and Zhou Yutai in 1910
Charles Lang Freer Papers
Freer Gallery of Art and Arthur M. Sackler Gallery Archives
Smithsonian Institution, Washington, D.C.
Gift of the estate of Charles Lang Freer, FSA A.01 12.05.GN. 149
图 3-69：洛阳龙门莲花洞南壁中、下层壁龛
北魏（6 世纪初）
佛利尔与周裕泰拍摄于 1910 年

图 3-70：洛阳龙门莲花洞南壁西起第 1 龛（第 43 龛）
北魏（6 世纪初）
佛利尔与周裕泰拍摄于 1910 年

Fig. 3-71. Niche no. 41 on the southern wall of the Lotus cave
Longmen grottoes, Luoyang, Henan province
Early sixth century
Northern Wei Dynasty (386-534)
Photograph by Freer and Zhou Yutai in 1910
Charles Lang Freer Papers
Freer Gallery of Art and Arthur M. Sackler Gallery Archives
Smithsonian Institution, Washington, D.C.
Gift of the estate of Charles Lang Freer, FSA A.01 12.05.GN. 116

图 3-71：洛阳龙门莲花洞南壁西起第 3 龛（第 41 龛）
北魏（6 世纪初）
佛利尔与周裕泰拍摄于 1910 年

Fig. 3-72. The left attendant Bodhisattva of the main Buddha and the
imagery niches on the northern wall in the Lotus cave
Longmen grottoes, Luoyang, Henan province
Early sixth century
Northern Wei Dynasty (386-534)
Photograph by Freer and Zhou Yutai in 1910
Charles Lang Freer Papers
Freer Gallery of Art and Arthur M. Sackler Gallery Archives
Smithsonian Institution, Washington, D.C.
Gift of the estate of Charles Lang Freer, FSA A.01 12.05.GN. 150

图 3-72：洛阳龙门莲花洞主尊之左胁侍菩萨立
像与北壁诸龛
北魏（6 世纪初）
佛利尔与周裕泰拍摄于 1910 年

Yaofang cave
药方洞

药方洞位于洛阳龙门西山窟群偏南的崖面上，南距龙门最早洞窟——北魏孝文帝太和年间（477~499）开凿的古阳洞 10 米左右，北临唐高宗、武则天时期规模宏大的奉先寺 15 米左右。洞窟分为前庭与主室两部分（图 3-73）。前庭现无顶部，南北宽约 5 米，东西进深 2.75 米左右，窟门宽 1.90 米，门券进深 0.62~0.65 米。主室平面近于马蹄形，穹隆顶，东西进深 4.4 米，南北宽 3.7 米，高 4.1 米左右。西壁（正壁）正中雕一佛、二弟子、二菩萨，是龙门现存唯一的一组可确定为北齐时期的大型雕像，对研究龙门石窟造像发展史具有重要意义（图 3-74）。主佛座下雕熏炉与二护法狮子。窟顶正中雕一朵大莲花，莲花四角各雕一身伎乐天或供养天人。南壁正中开一大龛。窟内壁面布满小龛。窟门圆拱形，原有门坎，宽 0.27 米、高 0.22 米，多残。门外两侧各雕一束莲柱。门楣呈尖拱火焰状，上雕二侏儒与龟，共托一通大碑，碑身两侧各有一身向下飞舞的飞天。门外南北两侧各雕一身力士。前庭南北两壁也布满小龛。

药方洞内外造像风格差异明显，有北魏、北齐、唐宋的题记，时代内涵丰富，开凿续建延续时间较长。药方洞内现存最早的造像题记位于南壁西侧上部。此处有一尖拱形龛，高 0.66 米、宽 0.46 米。龛楣上雕垂帐纹与众比丘像。龛内雕一佛、二弟子、二菩萨像，龛外两侧各有一身力士。西侧力士在造右胁侍菩萨时被打破。龛下刻有男女供养人像，女六身，男仅存二身，中部熏炉已残。龛外东侧有题记，纪年为北魏永安三年（530）六月十三日[20]。由此推测，药方洞的开凿当在北魏永安三年以前[21]。西壁大像的下部有一平面近

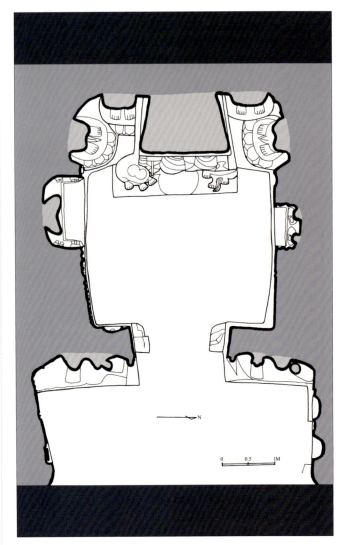

Fig. 3-73. Layout of Yaofang cave
Longmen grottoes, Luoyang, Henan province
By Chang Qing
图 3-73：洛阳龙门药方洞平面图
常青绘

---

[20] 刘景龙、李玉昆：《龙门石窟碑刻题记汇录》，第 399 页。
[21] 李文生认为药方洞右壁（南壁）大龛的年代早于永安三年，见《龙门石窟药方洞考》，《中原文物》1981 年第 3 期。

似半月形的基坛，高约0.2~0.25米，南北长约4.23米，两端又向内凹入约0.22米，打破了南北二壁西侧的小龛，雕造二胁侍菩萨像，年代晚于两侧壁的北魏末期小龛。推测初创时窟内形制的构想可能类似魏字洞、普泰洞、皇甫公窟等北魏末期的标型洞窟，即在西壁下部凿一半月形高坛，坛上雕造佛像，高度大约与现主尊佛座等高。现西壁下部半月形矮台可能为后代打破高坛的残迹，主尊佛座可能利用了原高坛，将两侧下凿而形成的。药方洞废弃的原因，可能与北魏末年的政治大动荡——河阴之变有关。

从窟内现存的造像题记可知，至北齐天保（550~559）、武平（570~576）年间，药方洞

又有大规模地续凿，完成了西壁的一铺大像、窟顶的莲花、飞天与窟外的门柱、力士与飞天等（图3-75）。可以看出，药方洞的内容是以北齐作品为主，而北齐也是该窟雕凿的主要时期。到了唐代初年，信徒们在门券侧壁刻了药方，以利众生，并利用窟内外尚存的有限空间补凿了一些小龛。

Fig. 3-74. The main Buddha and his attendant disciples and Bodhisattvas in Yaofang cave
Northern Qi dynasty (550-577)
Photograph in 1907
Longmen grottoes, Luoyang, Henan province
采自 *Édouard Chavannes, Msiion Archéologique La Chine Septentrionale*, plates part I, no. 350. *Édouard Chavannes*
图3-74：1907 年的洛阳龙门石窟药方洞正壁一佛二弟子二菩萨像
北齐（550~577）
采自沙畹《北中国考古图谱》图版 I-350

Fig. 3-75. Façade of Yaofang cave
Longmen grottoes, Luoyang, Henan province
Northern Qi dynasty (550-577)
Photograph by Freer and Zhou Yutai in 1910
Charles Lang Freer Papers
Freer Gallery of Art and Arthur M. Sackler Gallery Archives
Smithsonian Institution, Washington, D.C.
Gift of the estate of Charles Lang Freer, FSA A.01 12.05.GN. 131

图 3-75：洛阳龙门药方洞外立面
北齐（550~577）
佛利尔与周裕泰拍摄于 1910 年

Southern Cave of Binyang
宾阳南洞

在唐太宗贞观年间，龙门最隆盛的佛教艺术活动要数唐太宗第四子雍州牧魏王李泰为其母文德皇后长孙氏（601~636）所做的功德，现存于宾阳中、南洞外壁间的贞观十五年（641）《伊阙佛龛之碑》详载此事。该碑本为北魏宣武帝（499~515 年在位）时期所开宾阳中洞与南洞共享的功德纪碑，在贞观年间被磨平，重刻碑文。该碑碑文由中书侍郎岑文本（595~645）撰文，谏议大夫褚遂良（596~659）书丹[22]。可知在贞观十五年及前不久，魏王李泰与他们政治团队对宾阳三洞的旧像作了重妆，又于宾阳南洞雕凿了新像[23]。宾阳南洞正壁的一组大像应是魏王李泰本人为长孙皇后所做的功德。而宾阳南洞壁间众多的贞观纪年小龛，都应是同一时期的遗存，或为自己的目的，或属随李泰的政治团队参与这一功德的遗存。

宾阳南洞平面呈马蹄形，穹隆顶，高 9.51 米、宽 7.88 米、深 10.01 米，在窟顶尚存有北魏晚期完成的浮雕圆形伞盖与一组飞天伎乐，在东壁以及南北两壁东端下部有一组未完成的神王像（图 3-76）。这种窟形与伞盖、飞天、神王的布局与按期完工的宾阳中洞一致，应是当年统一规划但却没有按期完工的遗存。北魏晚期的宾阳南洞正壁很可能已凿出了一铺主像的雏形，后经李泰的资助方得以续凿完成，但已不为北魏晚期的样式与风格了。

正壁的一铺主像为结跏趺坐佛与二弟子、二菩萨。主佛的肉髻表面刻有水波纹，面相丰满长圆，躯体丰硕，不显身段。它身着褒衣博带式大衣，内有僧祇支，在胸前束带垂下。自左肩处以带系一袈裟（图

3-77）。身躯丰硕、不显身段是北齐与北周的造像特点，也被隋代所继承。自左肩处系带垂下袈裟的作法，见于隋开皇年间雕凿的山东青州云门山第 1 窟、驼山第 2 窟主佛，以及济南神通寺千佛崖唐贞观十八年（644）僧明德造二尊佛坐像。笔者以为，此像更多的

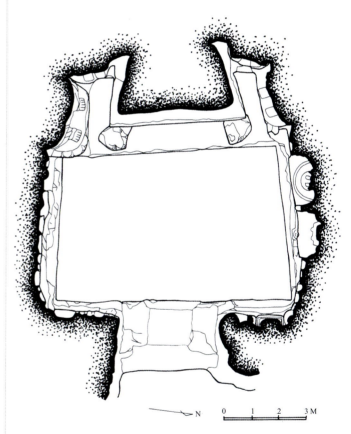

Fig. 3-76. Layout of the southern cave of Binyang Longmen grottoes, Luoyang, Henan province By Chang Qing
图 3-76：洛阳龙门宾阳南洞平面图
常青绘

---

[22] 关于《伊阙佛龛之碑》的碑文全文，参见刘景龙：《宾阳洞》，文物出版社，2010 年，第 299~230 页。
[23] 张若愚：《伊阙佛龛之碑和潜溪寺、宾阳洞》，《文物》1980 年第 1 期，第 19~24 页。

风格应来自长安北周传统。虽然在长安地区出土的北周与隋代佛像中还没有发现自左肩处下系袈裟之例，但也不能说明在当年的长安一定没有过这种服装样式的佛像。主佛头后的头光内部雕有缠枝花草纹样，与彬县大佛寺大佛洞贞观二年（628）完工的主佛头光中匝纹样结构相近，应是贞观时期的图案[24]。

宾阳南洞正壁的胁侍像也具有北周风格。二弟子左为迦叶，右为阿难，均着双领下垂式僧衣，宽肩阔体，身躯直立，姿态呆板，胸腹平坦，不显身段。二菩萨头部显大，面相较方，身体直立，双腿分开，没有扭动之姿。它们的胸部平坦，腹部微鼓，双肩上耸，较平，使身躯大体呈直筒状，明显具有北周或北齐菩萨像的基本体态特征，也含有北魏晚期菩萨像胸部平坦的遗风（图3-78、3-79）。宾阳南洞的二尊大型立菩萨像之帔帛自腹下绕作两道圆环，也是北周国菩萨像的特点，见于1975年西安草滩出土的北周白石造像龛中的菩萨像（图3-80）、宁夏固原须弥山石窟第46窟中的北周菩萨立像[25]。此外，这两尊立菩萨像还饰有璎珞，其中右菩萨的一条璎珞仅在腹下交叉，而左菩萨则身挂两条璎珞：一条璎珞在腹前交叉穿一圆形饰物，是北魏晚期以来的菩萨像传统。另一条璎珞也是自双肩处垂下，在双膝部位绕一圆环。二菩萨像主要表现出北周的造像样式与风格，看不出任何唐代典型的艺术风范。

贞观十五年应是宾阳南洞正壁一铺大

24 常青：《彬县大佛寺造像艺术》，北京：现代出版社，1998年，第29页。
25 中国石窟雕塑全集编辑委员会：《中国石窟雕塑全集5·陕西宁夏》，重庆出版社，2001年，图版179。

像完工的时间。结合李泰母长孙皇后去世于贞观十年（636）的史实，这项功德的起始时间有可能是贞观十一二年间（637~638）。宾阳南洞贞观纪年龛像的最晚者为贞观二十三年（649），即李世民执政的最后一年。李泰对长孙氏所做的功德，也许有其夺嫡的政治目的，但不应仅为纯粹的政治目的。李泰在贞观十七年就已夺嫡失败，如果宾阳南洞的续凿工程确与李泰的夺嫡阴谋有关，在其失势后，就不可能会有官吏平民在其功德窟内大事补凿龛像了。总之，在唐太宗执政中期，李泰与其追随者在宾阳南洞大造功德，引发了后来者在太宗晚期的续雕之举，最终形成了窟内如众星捧月一般的众小龛拱卫正壁大像的功德。

Fig. 3-77. The main Buddha and his attendant disciples in the southern cave of Binyang
Longmen grottoes, Luoyang, Henan province
Early seventh century
Tang dynasty (618-907)
Photograph by Freer and Zhou Yutai in 1910
Charles Lang Freer Papers
Freer Gallery of Art and Arthur M. Sackler Gallery Archives
Smithsonian Institution, Washington, D.C.
Gift of the estate of Charles Lang Freer, FSA A.01 12.05.GN. 096
图 3-77：洛阳龙门宾阳南洞主佛与二弟子像
唐代（7 世纪初）
佛利尔与周裕泰拍摄于 1910 年

Fig. 3-78. The right attendant disciple and Bodhisattva of the main Buddha and some imagery niches on the southern wall in the southern cave of Binyang
Longmen grottoes, Luoyang, Henan province
Early seventh century
Tang dynasty (618-907)
Photograph by Freer and Zhou Yutai in 1910
Charles Lang Freer Papers
Freer Gallery of Art and Arthur M. Sackler Gallery Archives
Smithsonian Institution, Washington, D.C.
Gift of the estate of Charles Lang Freer, FSA A.01 12.05.GN. 098
图 3-78：洛阳龙门宾阳南洞南壁右胁侍弟子、菩萨与部分壁龛
唐代（7 世纪初）
佛利尔与周裕泰拍摄于 1910 年

Fig. 3-79. The right attendant disciple and Bodhisattva of the main
Buddha in the southern cave of Binyang
Longmen grottoes, Luoyang, Henan province
Early seventh century
Tang dynasty (618-907)
Photograph by Freer and Zhou Yutai in 1910
Charles Lang Freer Papers
Freer Gallery of Art and Arthur M. Sackler Gallery Archives
Smithsonian Institution, Washington, D.C.
Gift of the estate of Charles Lang Freer, FSA A.01 12.05.GN. 097

图 3-79：洛阳龙门宾阳南洞右胁侍弟子与菩萨
唐代（7 世纪初）
佛利尔与周裕泰拍摄于 1910 年

Fig. 3-80. The right attendant disciple and Bodhisattva of the main
Buddha and some imagery niches on the northern wall in the
southern cave of Binyang
Longmen grottoes, Luoyang, Henan province
Early seventh century
Tang dynasty (618-907)
Photograph by Freer and Zhou Yutai in 1910
Charles Lang Freer Papers
Freer Gallery of Art and Arthur M. Sackler Gallery Archives
Smithsonian Institution, Washington, D.C.
Gift of the estate of Charles Lang Freer, FSA A.01 12.05.GN. 099

图 3-80：洛阳龙门宾阳南洞北壁左胁侍弟子、菩萨与部分壁龛
唐代（7 世纪初）
佛利尔与周裕泰拍摄于 1910 年

Northern Cave of Binyang
宾阳北洞

宾阳北洞为北魏晚期开凿的宾阳三洞之一，没有按期完工（图 3-81）。该窟穹隆顶还保留着北魏晚期设计的莲花与飞天伎乐，南、北两壁下部雕有十神王，每壁五身，也是延续北魏晚期的设计而在布局上有所不同。说明了宾阳北洞在北魏晚期已开出了雏形，但到了初唐才得以续凿完成的。

该窟现存窟形与造像配置居于三壁环坛列像窟与正壁设坛列像窟之间，它的平面前部呈长方形，后部为椭圆形，窟顶呈穹隆形，高 10 米、宽 9.73 米、深 9.50 米（图 3-82）。在窟内西半部，环正壁与南、北两壁的西半部雕出一铺大像，为一佛二弟子二菩萨。正壁主佛高 7.25 米，结跏趺坐于方形叠涩须弥座上。该佛面相胖圆，体魄强健而有力度，饱含唐太宗贞观期佛像遗风，很有可能在贞观末年已凿出了雏形，到了高宗年间才得以完工。佛座中部还浮雕有张臂托扛的三个力士，勇猛有力（图 3-83）。主佛前原立有一身圆雕立佛像，也是唐代作品（图 3-84）。主佛身旁的二弟子与二菩萨像雕刻线条流畅柔和，已具有了明显的身段刻划，是典型的唐高宗期风格（图 3-85、3-86）。另外，在窟内前壁的门两侧各有一身大型浮雕天王像，是龙门初唐浮雕天王像之最，高度在 4.15 米左右。二天王相视而立，体魄魁梧，身披铠甲，双足下踩呈蹲跪状的夜叉，其中北侧一身天王右手执短矛，有着较高的艺术水平。

北洞内地面浮雕着二十八朵圆形莲花图案，象征莲花宝池（图 3-82）。在窟门下一级台表面刻着流云纹。石门坎的两侧雕出龙首扭向窟外，门坎表面刻着龟背状的连续团花及联珠纹边饰。这种装饰在龙门石窟中也是独一无二的。此外，宾阳北洞内南、北壁的东半部由不同的信徒利用剩余空间补凿了一些小龛，从造像风格来看都是唐高宗时期的作品。窟内南壁有咸亨四年（673）将作监牛懿德造阿弥陀佛像记，东壁南侧有显庆元年（656）□武都造阿弥陀像记，可知该窟应在显

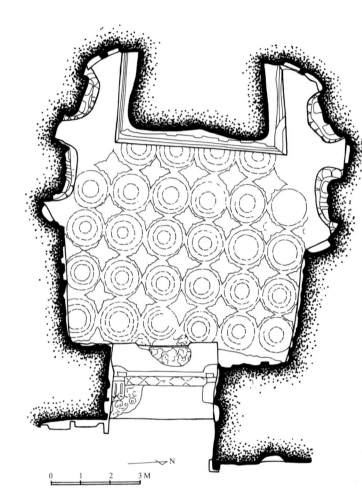

庆元年以前开始续凿 [26]。再结合窟内造像普遍含有的高宗朝时代风格，窟内正壁的一铺主像与侧壁的多数龛像应是在高宗时期续凿完成的。

---

[26] 参见刘景龙：《宾阳洞》，文物出版社，2010 年，第 243 页。

Fig. 3-81. Façade of the northern cave of Binyang and the courtyard
in front of the cave
Longmen grottoes, Luoyang, Henan province
Photograph by Freer and Zhou Yutai in 1910
Charles Lang Freer Papers
Freer Gallery of Art and Arthur M. Sackler Gallery Archives
Smithsonian Institution, Washington, D.C.
Gift of the estate of Charles Lang Freer, FSA A.01 12.05.GN. 084
图 3-81：洛阳龙门宾阳北洞外观
佛利尔与周裕泰拍摄于 1910 年

Fig. 3-83. The main Buddha and a free standing Buddha in the
northern cave of Binyang
Longmen grottoes, Luoyang, Henan province
Seventh century
Tang dynasty (618-907)
Photograph by Freer and Zhou Yutai in 1910
Charles Lang Freer Papers
Freer Gallery of Art and Arthur M. Sackler Gallery Archives
Smithsonian Institution, Washington, D.C.
Gift of the estate of Charles Lang Freer, FSA A.01 12.05.GN. 085

图 3-83：洛阳龙门宾阳北洞主佛
唐代（7 世纪）
佛利尔与周裕泰拍摄于 1910 年

Fig. 3-84. Free standing Buddha in front of the main Buddha of
the northern cave of Binyang
Longmen grottoes, Luoyang, Henan province
Seventh century
Tang dynasty (618-907)
Photograph by Freer and Zhou Yutai in 1910
Charles Lang Freer Papers
Freer Gallery of Art and Arthur M. Sackler Gallery Archives
Smithsonian Institution, Washington, D.C.
Gift of the estate of Charles Lang Freer, FSA A.01 12.05.GN. 066

图 3-84：洛阳龙门宾阳北洞主佛前的立佛像
唐代（7 世纪）
佛利尔与周裕泰拍摄于 1910 年

Qianxi si cave
潜溪寺

潜溪寺是位于龙门西山最北部的一所大窟。在洞窟前面下方原建有院落（图 3-87、3-88），院中有自然泉水形成的水池，被命名为禹王池（图 3-89），并流向下层池中（图 3-90）。由宾阳三洞处修有通道通向潜溪寺（图 3-91），洞窟前原来还建有一座文昌阁（图 3-92）。潜溪寺洞由前室与后室组成（图 3-93），是高宗初年的代表性洞窟之一 [27]。现前室顶部已塌毁，壁面上分布了一些后代开凿的小龛，像已不存。后室平面呈马蹄形，顶部为穹隆形。顶部正中浮雕一朵大莲花，现仅见正中的莲蓬与其周的一圈莲瓣。环后室四周地面凿有倒"凹"字形矮基坛，在基坛上部的西壁雕出主尊坐佛，在南、北两侧壁雕有二弟子、二菩萨、二天王像。该窟的特点是各像形体高大，使得列像中间可供信徒们活动的空间相对较小。

潜溪寺窟内造像均呈高宗期风格。主佛结跏趺坐，以右手施无畏印，在其肉髻与发髻表面刻有水波纹。该佛面相浑圆显胖，宽额，有宽肩、挺胸、细腰，身姿雄健有力。身披褒衣博带式大衣，表面的衣纹具有较强的写实性（图 3-94）。他的身下坐平面呈长方形的亚腰须弥座，大衣下摆垂覆于座前上部，是初唐的早期特征。佛之背部有舟形身光，尖部指向窟顶正中。二弟子身体直立，身着大衣基本呈直筒状下垂至脚面上部，没有写实的身段（图 3-95）。菩萨像的身躯略微扭动，头戴宝冠，上身部分袒裸，下身着长裙，饰有项圈、璎珞、帔帛、手镯等。面相显胖，身躯丰满但有细腰特征，是典型的初唐菩萨像风格。但这两身菩萨像也有一些前朝遗风，如上身穿有右袒式的背心，在胸前束一带，则是北齐时期曾经有过的装束（图 3-96）。二天王都是直立之姿。天王头顶束高发髻，面呈方形，胸腹部均较平坦，双腿分开直立，身躯并不十分健壮，但具有窈窕的身材（图 3-97）。双足下踏一四肢趴地的小鬼，面部侧向外。这种造型不似后来的天王身体肌肉发达，一腿弓起，一腿下撑，足下小鬼呈坐起或站立之姿等，应为一种初唐早期的风格。总体来看，潜溪寺诸大像均头部显大，应是窟内空间狭小、形体高大的缘故，因为这样的身体比例在近距离仰视时会有一种恰到好处的感觉。此外，天王挤入了佛、弟子、菩萨的行列，与宾阳南、北洞天王在门内左右侧者不同，并将在以后成为唐代典型的造像组合特征。

---

[27] 关于潜溪寺洞的年代，参见张若愚：《伊阙佛龛之碑和潜溪寺、宾阳洞》，《文物》1980 年第 1 期，第 19~24 页。温玉成认为该窟造于永徽末至显庆年间（655~661），见《龙门唐窟排年》，刊于《中国石窟·龙门石窟》第 2 卷，第 182 页。

Fig. 3-88. The lower compound of
Qianxi si cave
Longmen grottoes, Luoyang, Henan
province
Photograph by Freer and Zhou Yutai
in 1910
Charles Lang Freer Papers
Freer Gallery of Art and Arthur M.
Sackler Gallery Archives
Smithsonian Institution, Washington,
D.C.
Gift of the estate of Charles Lang
Freer, FSA A.01 12.05.GN. 077
图 3-88：洛阳龙门潜溪寺外下方院落
佛利尔与周裕泰拍摄于 1910 年

Fig. 3-89. The lower compound of
Qianxi si cave and the pond of Yu the
Great
Longmen grottoes, Luoyang, Henan
province
Photograph by Freer and Zhou Yutai
in 1910
Charles Lang Freer Papers
Freer Gallery of Art and Arthur M.
Sackler Gallery Archives
Smithsonian Institution, Washington,
D.C.
Gift of the estate of Charles Lang
Freer, FSA A.01 12.05.GN. 156
图 3-89：洛阳龙门西山潜溪寺外下方
院落及禹王池
佛利尔与周裕泰拍摄于 1910 年

Fig. 3-90. The pond of Yu and Great at the lower
compound of Qianxi si cave
Longmen grottoes, Luoyang, Henan province
Photograph by Freer and Zhou Yutai in 1910
Charles Lang Freer Papers
Freer Gallery of Art and Arthur M. Sackler Gallery
Archives
Smithsonian Institution, Washington, D.C.
Gift of the estate of Charles Lang Freer, FSA A.01
12.05.GN. 103
图 3-90：洛阳龙门西山潜溪寺外下方禹王池
佛利尔与周裕泰拍摄于 1910 年

Fig. 3-91. Path and gate to Qianxi si cave
Longmen grottoes, Luoyang, Henan province
Photograph by Freer and Zhou Yutai in 1910
Charles Lang Freer Papers
Freer Gallery of Art and Arthur M. Sackler Gallery Archives
Smithsonian Institution, Washington, D.C.
Gift of the estate of Charles Lang Freer, FSA A.01 12.05.GN. 079
图 3-91：洛阳龙门通向潜溪寺洞的小道
佛利尔与周裕泰拍摄于 1910 年

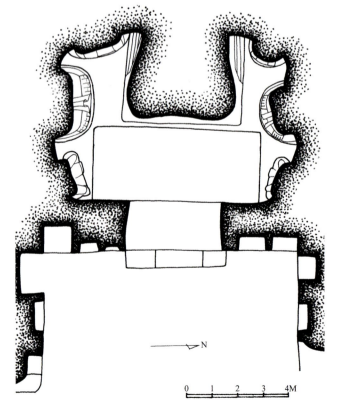

Fig. 3-93. Layout of Qianxi si cave
Longmen grottoes, Luoyang, Henan province
By Chang Qing
图 3-93：洛阳龙门潜溪寺平面图
常青绘

0   1   2   3   4M

图 3-92：洛阳龙门西山潜溪寺前文昌阁
佛利尔与周裕泰拍摄于 1910 年

Fig. 3-94. Main Buddha of Qianxi si cave
Longmen grottoes, Luoyang, Henan province
Seventh century
Tang dynasty (618-907)
Photograph by Freer and Zhou Yutai in 1910
Charles Lang Freer Papers
Freer Gallery of Art and Arthur M. Sackler Gallery Archives
Smithsonian Institution, Washington, D.C.
Gift of the estate of Charles Lang Freer, FSA A.01 12.05.GN. 080
图 3-94：洛阳龙门潜溪寺洞主佛
唐代（7 世纪）
佛利尔与周裕泰拍摄于 1910 年

Fig. 3-95. Drawing on the left attendant disciple Kasyapa of
the main Buddha in Qianxi si cave
Longmen grottoes, Luoyang, Henan province
By Chang Qing
图 3-95：洛阳龙门潜溪寺左胁侍弟子像
常青绘

*Fig. 3-96. The left attendant Bodhisattva and guardian king of the main Buddha
in Qianxi si cave
Longmen grottoes, Luoyang, Henan province
Seventh century
Tang dynasty (618-907)
Photograph by Freer and Zhou Yutai in 1910
Charles Lang Freer Papers
Freer Gallery of Art and Arthur M. Sackler Gallery Archives
Smithsonian Institution, Washington, D.C.
Gift of the estate of Charles Lang Freer, FSA A.01 12.05.GN. 081*

图 3-96：洛阳龙门潜溪寺洞左胁侍菩萨与天王
唐代（7 世纪）
佛利尔与周裕泰拍摄于 1910 年

Fig. 3-97. *The right attendant Bodhisattva and guardian king of
the main Buddha in Qianxi si cave*
Longmen grottoes, Luoyang, Henan province
Seventh century
Tang dynasty (618-907)
Photograph by Freer and Zhou Yutai in 1910
Charles Lang Freer Papers
Freer Gallery of Art and Arthur M. Sackler Gallery Archives
Smithsonian Institution, Washington, D.C.
Gift of the estate of Charles Lang Freer, FSA A.01 12.05.GN. 082

图 3-97：洛阳龙门潜溪寺洞右胁侍菩萨与天王
唐代（7 世纪）
佛利尔与周裕泰拍摄于 1910 年

Wanfo cave
万佛洞

万佛洞由前后两室组成（图 3-98）。在前室门的南、北两侧各雕一身威武的护法力士，脚踏山石。在前室南、北两侧壁的西部又各开龛雕一狮子（图 3-99、3-100）。在前室壁面上还有一些唐代补凿的小龛（图 3-101）。主室的平面近于方形，在东壁（前壁）门两侧各雕一身天王像，身披铠甲，有着健壮的体魄，一腿支撑，一腿弓起，脚下踩有下趴状的夜叉，这是典型的高宗期唐代天王形制（图 3-102）。在正壁下方凿有一坛，坛上雕一佛、二弟子、二菩萨像（图 3-103）。这五身主像均表现为典型的高宗期风格，如主佛丰满健康的身材，具有胖瘦适度身躯的弟子，丰满而又具有扭动窈窕身材的菩萨像等。菩萨像的装饰较初唐早期已有简化，重在表现体形的丰腴与动态。在菩萨与弟子之间各雕一身供养人，为尼姑装束，脚穿圆形花瓣头履。将供养人列于正壁一铺主像之中，是很特别的现象，但也不是唐代的孤例，说明此窟供养者地位的重要性。在正壁一铺主像身后还雕有许多高浮雕游戏坐姿的小菩萨像，均坐于由下上升的连梗莲花之上，形成了壮丽的莲花菩萨世界。

在南北两侧壁雕满小佛像，均为结跏趺坐，施禅定印，不露手，且上下左右排列整齐。在侧壁下部雕刻舞乐图，每壁五身，靠近正壁主像的一身为舞伎，其余为乐伎，演奏的乐器有箜篌、钹、腰鼓、笛、筝、曲颈琵琶、笙等。舞乐表演者的动作各异，且配以身后的绕作环形的浅浮雕帔帛，取得了极佳的视觉效果（图 3-104、3-105）。

窟内的主要造像题材被记载在了窟顶的题刻之中。窟顶为平顶，正中雕一大莲花，周有八身飞天环绕，在莲花周边有阴刻大字题记曰："大监姚神表内道

场运禅师一万五千尊像龛大唐永隆元年（680）十一月卅日成。"[28] 该题记表明了窟内两侧壁众多小佛像的题材与洞窟完工时间。说明这个完工日期的题记不止这一处，如万佛洞窟门南侧壁雕有五百身倚坐佛像，据其题记可知为永隆元年（680）处贞造弥勒像五百区（图 3-106）。在窟内南壁万佛群中有一优填王像龛，龛外有题记曰："大唐调露二年（680）岁次庚辰七月十五日奉为真莹师敬造毕功。"[29]

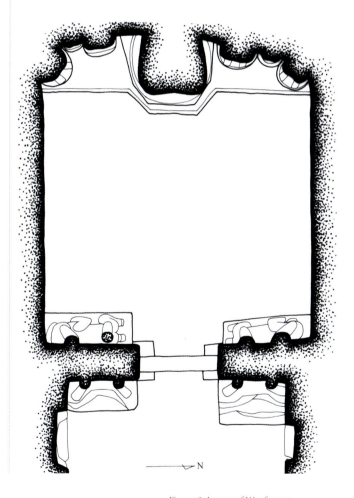

Fig. 3-98. Layout of Wanfo cave
Longmen grottoes, Luoyang, Henan province
By Chang Qing
图 3-98：洛阳龙门万佛洞平面图
常青绘

[28] 刘景龙、李玉昆主编：《龙门石窟碑刻题记汇录》，第 138~139 页。
[29] 刘景龙、李玉昆主编：《龙门石窟碑刻题记汇录》，第 139 页。

Fig. 3-101. Guardian, lion and some imagery niches on the
southern side outside the entrance of Wanfo cave
Longmen grottoes, Luoyang, Henan province
Seventh century
Tang dynasty (618-907)
Photograph by Freer and Zhou Yutai in 1910
Charles Lang Freer Papers
Freer Gallery of Art and Arthur M. Sackler Gallery Archives
Smithsonian Institution, Washington, D.C.
Gift of the estate of Charles Lang Freer, FSA A.01 12.05.GN. 102

图 3-101：洛阳龙门万佛洞门外南侧壁力士、狮子、众壁龛
唐代（7 世纪）
佛利尔与周裕泰拍摄于 1910 年

Fig. 3-103. Main Buddha flanked by two disciples and two
Bodhisattvas on the rear wall of Wanfo cave
Longmen grottoes, Luoyang, Henan province
Dated 680
Tang dynasty (618-907)
Photograph by Freer and Zhou Yutai in 1910
Charles Lang Freer Papers
Freer Gallery of Art and Arthur M. Sackler Gallery Archives
Smithsonian Institution, Washington, D.C.
Gift of the estate of Charles Lang Freer, FSA A.01 12.05.GN. 107
图 3-103：洛阳龙门万佛洞正壁主佛与二弟子、二菩萨像
唐永隆元年（680）
佛利尔与周裕泰拍摄于 1910 年

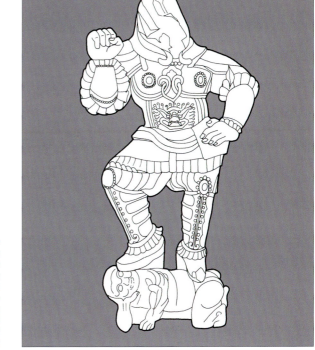

Fig. 3-102. Drawing on the
guardian king figure on the
northern side of the front
wall in Wanfo cave
Longmen grottoes, Luoyang,
Henan province
By Chang Qing
图 3-102：洛阳龙门万佛洞
后室前壁北侧的天王像
常青绘

Fig. 3-104. Part of the Ten Thousand Buddhas and the musicians
on the northern wall of Wanfo cave
Longmen grottoes, Luoyang, Henan province
Dated 680
Tang dynasty (618-907)
Photograph by Freer and Zhou Yutai in 1910
Charles Lang Freer Papers
Freer Gallery of Art and Arthur M. Sackler Gallery Archives
Smithsonian Institution, Washington, D.C.
Gift of the estate of Charles Lang Freer, FSA A.01 12.05.GN. 108
图 3-104：洛阳龙门万佛洞北壁万佛部分与壁基伎乐
唐永隆元年（680）
佛利尔与周裕泰拍摄于 1910 年

Fig. 3-105. Part of the Ten Thousand Buddhas and the
musicians on the southern wall of Wanfo cave
Longmen grottoes, Luoyang, Henan province
Dated 680
Tang dynasty (618-907)
Photograph by Freer and Zhou Yutai in 1910
Charles Lang Freer Papers
Freer Gallery of Art and Arthur M. Sackler Gallery Archives
Smithsonian Institution, Washington, D.C.
Gift of the estate of Charles Lang Freer, FSA A.01 12.05.GN.
109
图 3-105：洛阳龙门万佛洞南壁万佛部分与壁基伎乐
唐永隆元年（680）
佛利尔与周裕泰拍摄于 1910 年

Fig. 3-106. The Five Hundred Maitreya Buddha figures
commissioned by Chuzhen in 680 on the southern wall of the
entrance and the guardian figure on the south of the façade of
Wanfo cave
Longmen grottoes, Luoyang, Henan province
Tang dynasty (618-907)
Photograph by Freer and Zhou Yutai in 1910
Charles Lang Freer Papers
Freer Gallery of Art and Arthur M. Sackler Gallery Archives
Smithsonian Institution, Washington, D.C.
Gift of the estate of Charles Lang Freer, FSA A.01 12.05.GN. 100

图 3-106：洛阳龙门万佛洞门券南壁唐永隆元年（680）处贞造弥
勒像五百区与门外南侧力士像
佛利尔与周裕泰拍摄于 1910 年

Qingming si cave
清明寺洞

清明寺洞在万佛洞下方，为马蹄形平面的小型窟，下部不凿坛，在正壁前雕结跏趺坐佛并二立菩萨像，约完工于唐高宗咸亨年间（670~674）[30]。窟内的菩萨像表现为龙门高宗期服饰简单的菩萨像类型，如其左胁侍菩萨没有璎珞，胸前有斜向胸巾，帔帛在腹下绕作两周（图3-107）。这两身胁侍菩萨身体只作微微扭动，几乎为直立之姿，表现为典型的唐代洛阳风格。但窟内也有胯部扭动幅度较大的菩萨像，如清明寺窟口通道南侧的仪凤三年（678）比丘尼八正造二立菩萨像龛，身上不挂璎珞，应该是长安的影响因素[31]。与宾阳北洞、潜溪寺胁侍菩萨像相比，清明寺、惠简洞的菩萨像突出表现了丰胸、细腰、鼓腹、宽胯的女性胴体的优美曲线，且在身体各部分比例上趋向于写实。这些都比高宗以前的菩萨像在对人体刻划准确程度上前行了一大步。

Fig. 3-107. The left attendant Bodhisattva of the main Buddha in Qingming si cave
Longmen grottoes, Luoyang, Henan province
Seventh century
Tang dynasty (618-907)
Photograph by Freer and Zhou Yutai in 1910
Charles Lang Freer Papers
Freer Gallery of Art and Arthur M. Sackler Gallery Archives
Smithsonian Institution, Washington, D.C.
Gift of the estate of Charles Lang Freer, FSA A.01 12.05.GN. 069
图 3-107：洛阳龙门清明寺洞左胁侍立菩萨像
唐代（7世纪）
佛利尔与周裕泰拍摄于 1910 年

[30] 清明寺洞开凿时间，参见温玉成：《龙门唐窟排年》，刊于《中国石窟·龙门石窟》第2卷，第186页。
[31] 《中国石窟·龙门石窟》第2卷，图版85。

Fig. 3-110. Imagery niches on the northern wall of Laolong cave
Longmen grottoes, Luoyang, Henan province
Seventh century
Tang dynasty (618-907)
Photograph by Freer and Zhou Yutai in 1910
Charles Lang Freer Papers
Freer Gallery of Art and Arthur M. Sackler Gallery Archives
Smithsonian Institution, Washington, D.C.
Gift of the estate of Charles Lang Freer, FSA A.01 12.05.GN. 110

图 3-110：洛阳龙门老龙洞北壁壁龛
唐代（7 世纪）
佛利尔与周裕泰拍摄于 1910 年

Fengxian si the Great Rocana Image niche
奉先寺大卢舍那像龛

奉先寺大卢舍那像龛是龙门石窟最大的一所窟龛。它实为一所露天的摩崖大像龛，平面近于一马蹄形，环正、左、右三壁下部凿有倒"凹"字形基坛，坛上置一佛、二弟子、二菩萨、二天王、二力士共九身大像，南北宽约 33 米，东西进深约 27 米（图 3-111）。它是专门为唐高宗与武则天造功德的皇家石窟工程，毕工于上元二年（675）。这铺龙门最高大的一组造像，据主尊卢舍那佛座北侧的《河洛上都龙门山之阳大卢舍那像龛记》，为"大唐高宗天皇大帝之所建也，……咸亨三年（672）壬申之岁四月一日，皇后武氏助脂粉钱二万贯。奉敕捡校僧西京实际寺善道禅师，法海寺主惠暕法师，大使司农寺卿韦机，副使东面监上柱国樊元则，支料匠李君瓒、成仁威、姚师积等。至上元二年（675）乙亥十二月卅日毕功。"这里的西京法海寺主惠暕，与主持开凿龙门惠简洞的是同一人。捡校僧善道禅师来自西京长安的实际寺，韦机等人也是主要任职于长安的（《旧唐书》卷一百三十五《韦机传》）。因此可以确定，这所无与伦比的将近十年工期的大像龛工程，实际上是由长安来的朝廷高级设计人员共同策划而成的，它应该是长安的佛教艺术样式最大规模地在龙门山的再现，当然也绝不会是完全照搬某个现成的样品。

位于大像龛正中的是结跏趺坐的卢舍那佛像，通高 17.14 米，阿难与迦叶像高 10.2 米（图 3-112），二天王像高 10.2 米，二力士高 9.37 米。北魏晚期造的宾阳中洞造像组合是一佛二弟子二菩萨，还有二力士雕于门外。到了唐代初年续雕宾阳南洞时，把天王雕在了窟内前壁门两侧。在初唐开凿的潜溪寺窟中，天王已正式加入了一铺主像的行列。而在奉先寺，天王与力士都被列入了一铺主像之中，这种一铺九尊的组合就成为了唐高宗与武则天时期龙门窟龛造像最流行的组合形式。

奉先寺的造像布局，很可能是再现了长安地区的石窟建制或佛寺殿堂内的列像排列法。奉先寺主尊大卢

舍那佛像的头光内匝为一圈莲瓣，中匝为波状连续的花草纹样。背光的内匝饰火焰纹，外匝饰飞天伎乐人物，在头光上部有一佛二菩萨像。卢舍那佛头顶刻水波纹装饰，面相秀美，双目俯视着众生，面含亲切与慈祥。身着通肩式大衣，胸前衣纹呈平行的阶梯状上弧线（图 3-113）。卢舍那佛宝座表面的天王足踏夜叉以一手托扛的姿态。奉先寺的二胁侍立菩萨在头身比例方面头部是明显较大的，宽肩、细腰，胯部向主佛一侧扭动，具有明显的夸张身段的表现，应是造像过于高大的特殊处理。二菩萨像还身披长璎珞装饰，则是前朝传统的延续（图 3-114、3-115）。同样，二弟子在头身比例上也是头部显得过大，但站在像前仰视，就会感觉恰到好处，

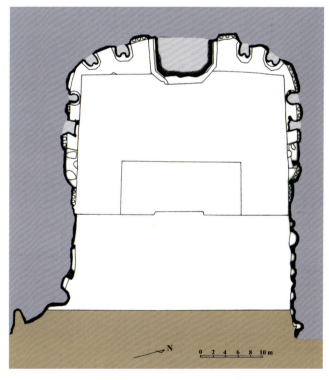

Fig. 3-111. Layout of Fengxian si the Great Rocana Buddha Image niche Longmen grottoes, Luoyang, Henan province By Chang Qing
图 3-111：洛阳龙门奉先寺大卢舍那像龛平面图 常青绘

Fig. 3-112. The Rocana Buddha flanked by two disciples and two Bodhisattvas in Fengxian si the Great Rocana Buddha Image niche Longmen grottoes, Luoyang, Henan province
Dated 675
Tang dynasty (618-907)
Photograph by Freer and Zhou Yutai in 1910
Charles Lang Freer Papers
Freer Gallery of Art and Arthur M. Sackler Gallery Archives
Smithsonian Institution, Washington, D.C.
Gift of the estate of Charles Lang Freer, FSA A.01 12.05.GN. 125
图 3-112：洛阳龙门奉先寺大卢舍那像龛正壁主佛与胁侍二弟子、
二菩萨像
唐上元二年（675）
佛利尔与周裕泰拍摄于 1910 年

艺术家们追求的就是这种视觉效果。在奉先寺二胁侍立菩萨之外还刻出了女供养人像，头顶刻有双小发髻，身着长裙与云头履，为龙门唐代特殊造像之例。奉先寺南北两侧壁的天王像更多地反映出唐代武将的英姿，而力士像的忿怒相与夸张的健壮身躯，则是佛国世界才有的神灵（图 3-116、3-117、3-118、3-119）。奉先寺把唐代的佛教艺术宏大规模与气魄表现得淋漓尽致，是空前绝后的艺术杰作。

在奉先寺一铺大像雕成以后的公元 8 世纪上半叶，唐朝皇室显贵又利用剩余壁面雕刻了许多立佛像（图 3-114、3-118），还在南、北两壁的外侧开凿了一些窟与龛（图 3-120、3-121、3-122）。

Fig. 3-113. The Rocana Buddha in Fengxian si the Great Rocana Buddha Image niche Longmen grottoes, Luoyang, Henan province
Dated 675
Tang dynasty (618-907)
Photograph by Freer and Zhou Yutai in 1910
Charles Lang Freer Papers
Freer Gallery of Art and Arthur M. Sackler Gallery Archives
Smithsonian Institution, Washington, D.C.
Gift of the estate of Charles Lang Freer, FSA A.01 12.05.GN. 126
图 3-113：洛阳龙门奉先寺大卢舍那像龛正壁主佛
唐上元二年（675）
佛利尔与周裕泰拍摄于 1910 年

Fig. 114. The left attendant disciple and Bodhisattva of the Rocana
Buddha in Fengxian si the Great Rocana Buddha Image niche
Longmen grottoes, Luoyang, Henan province
Dated 675
Tang dynasty (618-907)
Photograph by Freer and Zhou Yutai in 1910
Charles Lang Freer Papers
Freer Gallery of Art and Arthur M. Sackler Gallery Archives
Smithsonian Institution, Washington, D.C.
Gift of the estate of Charles Lang Freer, FSA A.01 12.05.GN. 127

图 3-114：洛阳龙门奉先寺大卢舍那像龛左胁侍弟子、菩萨像
唐上元二年（675）
佛利尔与周裕泰拍摄于 1910 年

Fig. 3-115. Detail of the right attendant Bodhisattva of the Rocana
Buddha in Fengxian si the Great Rocana Buddha Image niche
Longmen grottoes, Luoyang, Henan province
Dated 675
Tang dynasty (618-907)
Photograph by Freer and Zhou Yutai in 1910
Charles Lang Freer Papers
Freer Gallery of Art and Arthur M. Sackler Gallery Archives
Smithsonian Institution, Washington, D.C.
Gift of the estate of Charles Lang Freer, FSA A.01 12.05.GN. 128

图3-115：洛阳龙门奉先寺大卢舍那像龛右胁侍菩萨局部
唐上元二年（675）
佛利尔与周裕泰拍摄于1910年

Fig. 3-116. The left attendant disciple, Bodhisattva, guardian king, and guardian of the Rocana Buddha in Fengxian si the Great Rocana Buddha Image niche
Longmen grottoes, Luoyang, Henan province
Dated 675
Tang dynasty (618-907)
Photograph by Freer and Zhou Yutai in 1910
Charles Lang Freer Papers
Freer Gallery of Art and Arthur M. Sackler Gallery Archives
Smithsonian Institution, Washington, D.C.
Gift of the estate of Charles Lang Freer, FSA A.01
12.05.GN. 123
图 3-116：洛阳龙门奉先寺大卢舍那像龛左胁侍弟子、菩萨、天王、力士像
唐上元二年（675）
佛利尔与周裕泰拍摄于 1910 年

Fig. 3-117. The left attendant guardian king and guardian of the Rocana Buddha in Fengxian si the Great Rocana Buddha Image niche
Longmen grottoes, Luoyang, Henan province
Dated 675
Tang dynasty (618-907)
Photograph by Freer and Zhou Yutai in 1910
Charles Lang Freer Papers
Freer Gallery of Art and Arthur M. Sackler Gallery Archives
Smithsonian Institution, Washington, D.C.
Gift of the estate of Charles Lang Freer, FSA A.01 12.05.GN. 124

图 3-117：洛阳龙门奉先寺大卢舍那像龛左胁侍天王、力士像
唐上元二年（675）
佛利尔与周裕泰拍摄于 1910 年

Fig. 3-118. The left attendant guardian of the Rocana Buddha and
cliff standing Buddha figures in Fengxian si the Great Rocana
Buddha Image niche
Longmen grottoes, Luoyang, Henan province
Seventh to eighth century
Tang dynasty (618-907)
Photograph by Freer and Zhou Yutai in 1910
Charles Lang Freer Papers
Freer Gallery of Art and Arthur M. Sackler Gallery Archives
Smithsonian Institution, Washington, D.C.
Gift of the estate of Charles Lang Freer, FSA A.01 12.05.GN. 129

图 3-118：洛阳龙门奉先寺大卢舍那像龛左胁侍力士与龛壁立佛像
唐代（7~8 世纪）
佛利尔与周裕泰拍摄于 1910 年

Fig. 3-119. The right attendant disciple, Bodhisattva, guardian king, and guardian of the Rocana Buddha in Fengxian si the Great Rocana Buddha Image niche
Longmen grottoes, Luoyang, Henan province
Dated 675
Tang dynasty (618-907)
Photograph by Freer and Zhou Yutai in 1910
Charles Lang Freer Papers
Freer Gallery of Art and Arthur M. Sackler Gallery Archives
Smithsonian Institution, Washington, D.C.
Gift of the estate of Charles Lang Freer, FSA A.01
12.05.GN. 130
图 3-119：洛阳龙门奉先寺大卢舍那像龛右胁侍弟子、菩萨、天王、力士像
唐上元二年（675）
佛利尔与周裕泰拍摄于 1910 年

Fengxian si the Great Rocana Image niche
奉先寺大卢舍那像龛

Fig. 3-120. The southern wall of Fengxian si the
Great Rocana Buddha Image niche and Fengnan
cave
Longmen grottoes, Luoyang, Henan province
Seventh to eighth century
Tang dynasty (618-907)
Photograph by Freer and Zhou Yutai in 1910
Charles Lang Freer Papers
Freer Gallery of Art and Arthur M. Sackler Gallery
Archives
Smithsonian Institution, Washington, D.C.
Gift of the estate of Charles Lang Freer, FSA A.01
12.05.GN. 120
图 3-120：洛阳龙门奉先寺大卢舍那像龛南壁与奉
南洞
唐代（7~8 世纪）
佛利尔与周裕泰拍摄于 1910 年

Fig. 3-121. The northern wall of Fengxian si the Great Rocana
Buddha Image niche
Longmen grottoes, Luoyang, Henan province
Seventh to eighth century
Tang dynasty (618-907)
Photograph by Freer and Zhou Yutai in 1910
Charles Lang Freer Papers
Freer Gallery of Art and Arthur M. Sackler Gallery Archives
Smithsonian Institution, Washington, D.C.
Gift of the estate of Charles Lang Freer, FSA A.01 12.05.GN. 122
图 3-121：洛阳龙门奉先寺大卢舍那像龛北壁
唐代（7~8 世纪）
佛利尔与周裕泰拍摄于 1910 年

Fig. 3-122. A small cave on the northern wall of Fengxian si the
Great Rocana Buddha Image niche
Longmen grottoes, Luoyang, Henan province
Seventh to eighth century
Tang dynasty (618-907)
Photograph by Freer and Zhou Yutai in 1910
Charles Lang Freer Papers
Freer Gallery of Art and Arthur M. Sackler Gallery Archives
Smithsonian Institution, Washington, D.C.
Gift of the estate of Charles Lang Freer, FSA A.01 12.05.GN. 121

图 3-122：洛阳龙门奉先寺大卢舍那像龛北壁小窟外观
唐代（7~8 世纪）
佛利尔与周裕泰拍摄于 1910 年

Ji' nan cave
极南洞

极南洞是龙门西山最南端的一所大型洞窟。窟门为圆拱形，窟外有较大面积的空间地带，构成前庭，现前部已残。门外南北两侧各雕一身力士，站立于较高的山形台上。这两身力士像均袒裸上身，下身着裙，雕刻手法写实，展现出力士雄健的身姿和结实的肌肉，是龙门唐代力士像的代表作（图 3-123、3-124）。

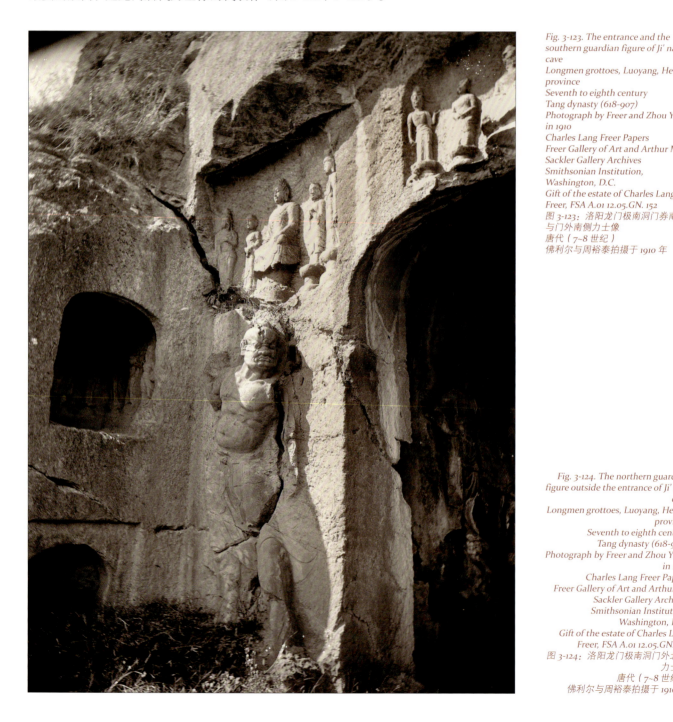

Fig. 3-123. The entrance and the southern guardian figure of Ji' nan cave
Longmen grottoes, Luoyang, Henan province
Seventh to eighth century
Tang dynasty (618-907)
Photograph by Freer and Zhou Yutai in 1910
Charles Lang Freer Papers
Freer Gallery of Art and Arthur M. Sackler Gallery Archives
Smithsonian Institution, Washington, D.C.
Gift of the estate of Charles Lang Freer, FSA A.01 12.05.GN. 152
图 3-123：洛阳龙门极南洞门券南壁与门外南侧力士像
唐代（7~8 世纪）
佛利尔与周裕泰拍摄于 1910 年

Fig. 3-124. The northern guardian figure outside the entrance of Ji' nan cave
Longmen grottoes, Luoyang, Henan province
Seventh to eighth century
Tang dynasty (618-907)
Photograph by Freer and Zhou Yutai in 1910
Charles Lang Freer Papers
Freer Gallery of Art and Arthur M. Sackler Gallery Archives
Smithsonian Institution, Washington, D.C.
Gift of the estate of Charles Lang Freer, FSA A.01 12.05.GN. 153
图 3-124：洛阳龙门极南洞门外北侧力士像
唐代（7~8 世纪）
佛利尔与周裕泰拍摄于 1910 年

窟内平面约呈方形，环正、左、右壁凿有倒"凹"字形基坛（图3-125）。正壁主尊为倚坐弥勒佛，双足下踏有佛座中伸出的两朵莲花。该佛面相长圆，身体略显瘦，胸部挺起，腹部略鼓，下坐方形束腰座（图3-126）。主佛两侧的基坛上环列二弟子、二菩萨、二天王、二夜叉（图3-127、3-128、3-129）。左弟子为迦叶，身体直立。右弟子为阿难，身体略微扭动。菩萨身材窈窕，优美动人，臀部扭向主尊一方，身挂长璎

珞，帔帛自腹前绕两道经双臂垂下。南壁天王左手上托一物不清，足下踏一夜叉。天王足下之夜叉显得壮实有力。南北壁最外侧的夜叉中，北壁一身已残，南壁一身为坐起姿势，右臂上举，头部已残，其下有山形台。

极南洞的一铺主像是龙门唐代造像的代表作之一，展现出唐代的佛教造像与南北朝时期已有很大的不同，它已不再是那种超凡脱俗和不可言说了，而是代之以更多的人情味与亲切感。佛陀形象已变得更加慈祥和蔼，关心人世间的疾苦。阿难朴实温顺，天真无邪。迦叶老成持重，沉着认真。菩萨文静贤淑，秀丽多姿。天王威武强壮，力士凶猛暴烈。这些神灵均各司其职，配置井然有序，以简单的方式体现着佛经所示的佛在讲经说法时由众胁侍环绕的情景，同时也与中国世俗社会中的政治机构的等级仪制相呼应，为信徒们乐于接受。

窟顶为穹隆形，中央雕出一朵大莲花，为在中部的圆形莲蓬之外刻一圈莲瓣构成。莲花周围以浅浮雕手法刻出七身供养天人，呈逆时针方向飞转。供养天人均右臂前伸，左臂均上托一盘状物。

N

0   1   2 M

Fig. 3-125. Layout of Ji' nan cave
Longmen grottoes, Luoyang, Henan province
By Chang Qing
图 3-125：洛阳龙门极南洞平面图
常青绘

Fig. 3-126. Maitreya, the main Buddha figure of Ji' nan cave
Longmen grottoes, Luoyang, Henan province
Seventh to eighth century
Tang dynasty (618-907)
Photograph by Freer and Zhou Yutai in 1910
Charles Lang Freer Papers
Freer Gallery of Art and Arthur M. Sackler Gallery Archives
Smithsonian Institution, Washington, D.C.
Gift of the estate of Charles Lang Freer, FSA A.01 12.05.GN. 064
图 3-126：洛阳龙门极南洞主尊弥勒佛
唐代（7~8 世纪）
佛利尔与周裕泰拍摄于 1910 年

Fig. 3-127. *The attendant disciple, Bodhisattva, and guardian king on the southern wall of Ji' nan cave*
Longmen grottoes, Luoyang, Henan province
Seventh to eighth century
Tang dynasty (618-907)
Photograph by Freer and Zhou Yutai in 1910
Charles Lang Freer Papers
Freer Gallery of Art and Arthur M. Sackler Gallery Archives
Smithsonian Institution, Washington, D.C.
Gift of the estate of Charles Lang Freer, FSA A.01 12.05.GN. 104

图 3-127：洛阳龙门极南洞南壁弟子、菩萨、天王像
唐代（7~8 世纪）
佛利尔与周裕泰拍摄于 1910 年

图 3-128：洛阳龙门极南洞南壁夜叉像
唐代（7~8 世纪）
佛利尔与周裕泰拍摄于 1910 年

Fig. 3-129. The attendant disciple, Bodhisattva, and guardian king
on the northern wall of Ji' nan cave
Longmen grottoes, Luoyang, Henan province
Seventh to eighth century
Tang dynasty (618-907)
Photograph by Freer and Zhou Yutai in 1910
Charles Lang Freer Papers
Freer Gallery of Art and Arthur M. Sackler Gallery Archives
Smithsonian Institution, Washington, D.C.
Gift of the estate of Charles Lang Freer, FSA A.01 12.05.GN. 068

图 3-129：洛阳龙门极南洞北壁弟子、菩萨、天王像
唐代（7~8 世纪）
佛利尔与周裕泰拍摄于 1910 年

Fig. 3-130. Throne of the main Buddha and the two dancers and one musician on the platform of Ji' nan cave
Longmen grottoes, Luoyang, Henan province
Seventh to eighth century
Tang dynasty (618-907)
Photograph by Freer and Zhou Yutai in 1910
Charles Lang Freer Papers

Freer Gallery of Art and Arthur M. Sackler Gallery Archives
Smithsonian Institution, Washington, D.C.
Gift of the estate of Charles Lang Freer, FSA A.01 12.05.GN. 065
图 3-130：洛阳龙门极南洞正壁主佛佛座与坛表伎乐
唐代（7~8 世纪）
佛利尔与周裕泰拍摄于 1910 年

在窟内倒"凹"字形基坛表面，雕刻出由对舞者与奏乐者组成的乐舞图。在主尊佛座上方刻出对舞者二人（图 3-130），其余部位刻出奏乐者，所持乐器能辨识者有（自北壁东端起呈逆时针方向）钹、排箫、竖笛或筚篥、瑟、箜篌、琵琶、箫、笙、细腰鼓等。这些伎乐人物头部与身体均显胖，头顶束有两朵圆形发髻，袒裸上身，下身着裙，饰有项圈、腕钏。每身伎乐均位于一壶门之内，这些壶门的形制，除对舞者为方形外，其余均为圆拱形。

窟外南壁东侧下部有一通碑，碑文多已模糊不清，其中有"长沙县公姚意之妻，龙朔年中□□□河南之别业也。夫人时入洛城，路由此地，□□男女长大，皆予班秩，因于山壁□□敬造一□□。二尚书、同鸾台凤阁三品、上柱国、梁县□" [33] 等。碑文纪年不清，但有武则天时改官制凤阁三品之中书侍郎，却无武周新创之异体字。凤阁在神龙年间（705~707）复为中书省。姚意为开元名相姚崇（651~721）之父。据《新唐书》记载，姚崇曾为夏官尚书、同凤阁鸾台三品、梁县侯。关于此窟年代，温玉成认为是姚崇等为亡母刘氏造功德所开，年代约在神龙二年到景龙四年（706~710）[34]。多数学者的意见与此相仿，主张造于武周至睿宗时期，只是具体年代观点略有不同 [35]。

[33] 刘景龙、李玉昆主编：《龙门石窟碑刻题记汇录》，第 610 页。
[34] 温玉成：《龙门唐窟排年》，刊于《中国石窟·龙门石窟》第 2 卷，第 200 页。
[35] 曾布川宽认为极南洞是在公元 710 年左右开凿的，见颜娟英译：《唐代龙门石窟造像的研究》，《艺术学》1992 年第 7 期（第 193~267 页）、第 8 期（第 99~163 页）。姚学谋、杨超杰认为完工于神龙元年（705）或此之前，见《龙门石窟极南洞新考》，《石窟寺研究》第一辑，2010 年，第 74~81 页。李崇峰认为开工时间在 705 年左右，见《龙门石窟唐代窟龛分期试论》，《石窟寺研究》第四辑，2013 年，第 136 页。八木春生认为开工时间在 710 年以后，见姚瑶译：《关于龙门石窟西山南部地区诸窟的编年》，《石窟寺研究》2016 年第六辑，第 338 页。

Central Cave of Leigutai
擂鼓台中洞

东山擂鼓台中洞窟外门楣上方刻有"大万伍仟佛龛"题额，指明了窟内四壁布满的小佛像题材——15000佛。该窟内部平面近似于马蹄形，窟内正、左、右三壁均可分为上下两段，在正壁（东壁）上段向内呈弧形凹入，使下部形成一半月形高坛，坛上雕出倚坐佛并二胁侍立菩萨像，为窟内的一铺主像（图3-131、3-132）。主尊为一身倚坐弥勒佛像，下坐平面呈长方形的束腰叠涩须弥座，双脚各踏一朵仰莲。该佛面相丰满胖圆，头上有馒头形肉髻，身躯庞大，身着通肩式大衣。这尊佛像的头部现藏于美国旧金山亚洲艺术博物馆（图3-133）。佛头后刻出圆形头光，表面装饰一周小坐佛像。佛之身后以浅浮雕的手法刻一背屏，上部呈一三角形，三角形两条斜边之外侧刻有向两侧斜下方飞舞的飞天。在头光的两外侧刻出日月，上下衬以山水图案。背屏下部呈一长方形，上边两端分别向外侧伸出一龙首，并口衔莲花，花中端坐一童子。在龙首下部，左侧刻骑羊与骑狮童子，右侧刻骑羊与骑象童子。其中羊均为前肢腾空，后腿站立之姿。这幅背屏浮雕，是龙门众多倚坐佛身后背屏雕刻中最精美的一例。主尊两侧的胁侍菩萨均站立在一从佛座中伸出的长梗仰莲之上，头顶有高发髻，面呈椭圆形，身躯扭动，饰有长璎珞，帔帛绕腹下两道。其中的右胁侍菩萨左手上托一小瓶，瓶中插有枝叶（图3-134）。左胁侍菩萨左手下提一宝瓶（图3-135）。菩萨头光均呈尖状火焰形，内部刻有小坐佛像。右胁侍菩萨头部曾在纽约大都会艺术博物馆展出[36]。在现中洞正壁三像残损的情况下（图3-132），佛利尔的照片就为我们恢复原貌提供了历史资料。

在正、左、右三壁上段，前壁（西壁）窟门两侧以及窟顶四周布满小佛像。这些小佛像均下坐仰莲，手

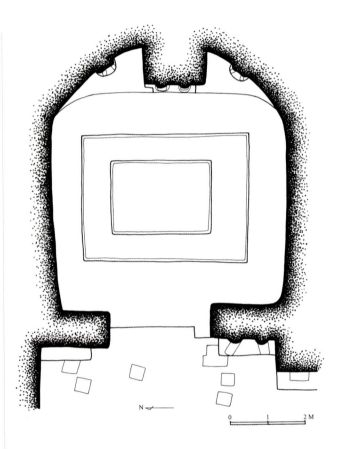

Fig. 3-131. Layout of the central cave of Leigutai at the Eastern Mountain of Longmen
Longmen grottoes, Luoyang, Henan province
By Chang Qing
图3-131：洛阳龙门东山擂鼓台中洞平面图
常青绘

施禅定印，但将双手隐于衣袖内。服饰有通肩式、双领下垂式及袒裸右肩式三种。窟顶呈穹隆形，中央雕一朵大莲花，莲花周围刻有坐佛、飞舞的紧那罗、金翅鸟以及琵琶等乐器。在窟顶、左右侧壁、四隅分别刻有榜题，分别标示上方、南方、北方、东北方、东南方、西南方、西北方壹切佛，说明了窟内壁面、顶部的众小佛像分别来自上述七个方向。对于缺少的"下

---

[36] 常青：《美国大都会艺术博物馆藏龙门雕像再研究》，《美成在久Orientations》2017年7月，总第18期（第70~81页），第72页。

Fig. 3-132. Present-day the main Buddha flanked by two attendant
Bodhisattvas on the rear wall of the central cave of Leigutai at the
Eastern Mountain of Longmen
Longmen grottoes, Luoyang, Henan province
Seventh to eighth century
Tang dynasty (618-907)
From Longmen wenwu baoguansuo, ed., Zhongguo shiku-Longmen
shiku, vol. 2, plate 256
图 3-132：洛阳龙门东山擂鼓台中洞正壁佛与二胁侍菩萨像现状
唐代（7~8 世纪）
采自龙门文物保管所：《中国石窟 - 龙门石窟》第 2 卷，图版 256

*Fig. 3-133. Maitreya, the main Buddha of the central cave of
Leigutai at the Eastern Mountain of Longmen
Longmen grottoes, Luoyang, Henan province
Seventh to eighth century
Tang dynasty (618-907)
From Tokiwa Daijō (1870-1945) and Sekino Tadashi (1868-1935).
Shina bunka shiseki, plate II-74 (1).*
图 3-133：洛阳龙门东山擂鼓台中洞正壁主佛
唐代（7~8 世纪）
采自常盘大定、关野贞：《支那文化史迹》图版 II-74（1）

方壹切佛"，在窟内地面中心凿出一方形基坛，或许是为了安置下方诸佛。因此，窟内的一万五千佛实际是来自不同方向的众佛。类似的小佛像还延伸到了窟门外壁面以及南部崖壁表面。然而，值佛利尔在此洞内拍照片时，窟内地面正中基坛上却供奉着三尊圆雕坐佛像，正中一身为原头戴宝冠的佛像，着袒裸右肩式大衣，饰有臂钏、项圈等，以右手施降魔印。左右二身佛像均着通肩式大衣。三佛均具有初唐高宗至武则天时期的风格，应不是为窟内之原有佛像，而是从龙门一带的唐代寺院遗址移置过来的，现藏龙门石窟研究院（图3-136）。

此外，环正、左、右三壁下段，雕有二十五躯传法正宗之比丘像。它们的身体均略向左侧，自南壁西部起，至北壁西部止，形成一右旋的师承行列（图3-137）。各比丘身体雕刻细腻精美，为写实与抽象手法的结合。在南壁西端雕出二童子共抬一物，其中西侧童子较高，其脚下仍有雕刻，现已残缺。这些比丘像的身份从迦叶开始，到师子结束，是依据北魏昙曜译的《付法藏因缘传》刻出的，并且在每一像旁刻出该书中所记的关于该比丘的一段文字。在这些题记中有武则天执政时期创造的新体字，说明了开窟应在武则天执政时期。

在窟门外两侧原各雕有一身力士。在窟门外北侧下部保存有力士脚下的高台，但力士已佚。门外南侧的力士尚存，身体表现雕刻大部分已残。

Fig. 3-134. The right attendant Bodhisattva of the main Buddha and part of the 15000 Buddha figures in the central cave of Leigutai at the Eastern Mountain of Longmen
Longmen grottoes, Luoyang, Henan province
Seventh to eighth century
Tang dynasty (618-907)
Photograph by Freer and Zhou Yutai in 1910
Charles Lang Freer Papers
Freer Gallery of Art and Arthur M. Sackler Gallery Archives
Smithsonian Institution, Washington, D.C.
Gift of the estate of Charles Lang Freer, FSA A.01 12.05.GN. 159
图 3-134：洛阳龙门东山擂鼓台中洞正壁右胁侍菩萨像与万伍千佛像局部
唐代（7~8世纪）
佛利尔与周裕泰拍摄于1910年

Fig. 3-135. The left attendant Bodhisattva of the main Buddha and
part of the 15000 Buddha figures in the central cave of Leigutai at
the Eastern Mountain of Longmen
Longmen grottoes, Luoyang, Henan province
Seventh to eighth century
Tang dynasty (618–907)
Photograph by Freer and Zhou Yutai in 1910
Charles Lang Freer Papers
Freer Gallery of Art and Arthur M. Sackler Gallery Archives
Smithsonian Institution, Washington, D.C.
Gift of the estate of Charles Lang Freer, FSA A.01 12.05.GN. 158

图 3-135：洛阳龙门东山擂鼓台中洞正壁左胁侍菩萨像与万伍千佛
像局部
唐代（7~8 世纪）
佛利尔与周裕泰拍摄于 1910 年

Fig. 3-136. The three Buddha statues
on the platform in the center of
the central cave of Leigutai at the
Eastern Mountain of Longmen
Longmen grottoes, Luoyang, Henan
province
Seventh to eighth century
Tang dynasty (618-907)
Photograph by Freer and Zhou Yutai
in 1910
Charles Lang Freer Papers
Freer Gallery of Art and Arthur M.
Sackler Gallery Archives
Smithsonian Institution,
Washington, D.C.
Gift of the estate of Charles Lang
Freer, FSA A.01 12.05.GN. 160
图 3-136：洛阳龙门东山擂鼓台中洞
地面正中坛上的三佛像
唐代（7~8 世纪）
佛利尔与周裕泰拍摄于 1910 年

Fig. 3-137. Part of the patriarchs of
transmitting Buddhist dharma on
the lower section of the northern
and eastern walls and part of the
15000 Buddha figures in the central
cave of Leigutai at the Eastern
Mountain of Longmen
Longmen grottoes, Luoyang, Henan
province
Seventh to eighth century
Tang dynasty (618-907)
Photograph by Freer and Zhou Yutai
in 1910
Charles Lang Freer Papers
Freer Gallery of Art and Arthur M.
Sackler Gallery Archives
Smithsonian Institution,
Washington, D.C.
Gift of the estate of Charles Lang
Freer, FSA A.01 12.05.GN. 151
图 3-137：洛阳龙门东山擂鼓台中洞
北壁与东壁之万佛像局部与壁基传
法祖师像部分
唐代（7~8 世纪）
佛利尔与周裕泰拍摄于 1910 年

Xiangshan monastery at the Eastern mountain
东山香山寺

香山寺位于伊阙东山南部，与龙门西山石窟群隔河相望（图 3-138）。该寺始建于北魏熙平元年（516）。唐垂拱三年（687），印度来华高僧地婆诃罗（日照）葬于此，为安置其遗身重建佛寺。天授元年（690），武则天在洛阳称帝，建立武周王朝，梁王武三思（649~707）奏请重修该寺，敕名"香山寺"。后武则天常驾临游幸，她经常在香山寺中石楼坐朝，并在石楼留下了为人传颂的典故"香山赋诗夺锦袍"。宋代人计有

功（1121 年进士）在《唐诗纪事》卷十一记述道："武后游龙门，命群臣赋诗，先成者赐以锦袍，左史东方虬诗成，拜赐，坐未安，之问诗后成，文理兼美，左右莫不称善，乃夺锦袍赐之。"唐大和六年（832），河南尹白居易（772~846）捐资六七十万贯，重修香山寺，并撰《修香山寺记》。此文开篇之句是："洛都四郊山水之胜，龙门首焉。龙门十寺，观游之胜，香山首焉。"白居易的文章使香山寺名声大振。此外，白居易还搜集

了 5000 多卷佛经藏入寺中。他自号"香山居士",与如满和尚等人结成"香山九老会",吟咏于该寺的堂上林下。会昌六年(846)白居易去世,遗命葬于香山寺如满大师塔侧。

香山寺在元朝末年废弃。清康熙年间(1622~1722)重修该寺。乾隆十五年(1750)九月,清高宗弘历(1735~1796 年在位)到中岳封禅,至洛阳巡游龙门香山寺,感怀赋诗《香山寺二首》。开篇第一句即称其为"龙门凡十寺,第一数香山"。该诗被镌刻在石碑之上,并建御碑亭。清末至民国初年,香山寺又渐荒芜。1936 年香山寺进行重新修建后,为蒋介石(1887~1975)庆祝五十寿辰而在寺内建一幢两层小楼,被称为"蒋宋别墅"。是年十至十二月间,蒋介石和夫人宋美龄(1898~2003)在此居住。2003 年重修香山寺,除了对天王殿、罗汉殿、步游道等予以修缮、保护,还在原址上新建了钟楼、鼓楼、大雄宝殿等。

4
Hangzhou
The Paradise in the World

四
人间天堂
杭州

杭州是浙江省省会，位于钱塘江下游北岸，京杭大运河的南端。她的历史可以追溯到新石器时代的以玉器为代表的良渚文化（距今 5300 ~ 4200 年），其中心就是杭州的良渚遗址。特别是良渚古城遗址的发现，说明良渚人的文明程度已经达到一个相当高的水平。公元前 221 年，秦朝统一中国后，在今杭州地区始置钱唐县、余杭县，同属会稽郡。杭州在西汉时仍属会稽郡管辖，郡治在吴县（今苏州）。南朝时期，先后在这一地区置临江郡、钱唐郡，杭州属之。隋文帝（581~604 年在位）开皇九年（589）首次将这一地区称作杭州，是为杭州建立州级城市之始。隋炀帝（604~618 年在位）开凿大运河后，杭州逐步成为水陆交通的要冲，具备了商业大都市的必要条件。唐代改钱唐为钱塘，杭州刺史李泌（722~789）和白居易（772~846）等在城中凿井，在西湖筑堤，保障了杭州人民的生产与生活，使该地经济得以迅速发展，逐渐成为东南中国的名郡。

公元 10~14 世纪，是杭州历史上的黄金时代。907 年，钱镠（852~932）被后梁王朝封为吴越王，正式建立了吴越国，定都杭州，是为杭州成为一个政权首都之始。历代吴越国王均崇奉佛教，使杭州至今保留着诸多与吴越国有关的佛教古迹，如保俶塔、雷峰塔、白塔、梵天寺经幢、灵隐寺塔幢、飞来峰石窟造像等（图 4-1）。978 年，末代吴越王钱俶（929~988）纳土归宋。在北宋年间，朝廷置两浙路，杭州为路治所，仍是东南中国的最重要都市。曾在杭州为官的著名文学家苏轼（1037~1101）等人大兴水利，疏浚西湖，使杭州成为了一座经济繁荣、风景秀美的城市。宋仁宗（1022~1063）曾作诗赞杭州曰："地有湖山美，东南第一州。"北宋著名词人柳永（约 987~1053）在其《望海潮》中也赞杭州为"东南形胜，三吴都会，钱塘自古繁华"。北宋杭州在科技方面也很有名，发明活字版印刷术的毕昇（？ ~1051）、《梦溪笔谈》的作者沈括（1031~1095）都是杭州人。在佛教方面，杭州是当时最大的佛教宗派——禅宗的中心、天台宗的两个中心之一、华严宗的唯一中心地。1127 年靖康之变后，宋高宗（1127~1162 年在位）南渡，于建炎三年（1129）升杭州为临安府，绍兴八年（1138）起杭州成为了宋朝实际意义上的首都，是南宋的政治、经济、宗教、文化中心。同时，来自北方战乱地区的大批人口南迁入杭，使杭州成为当时世界上人口最多的城市，达到了

保俶塔 Baochu pagoda
大石佛院 Dashifo Cloister
Bai 白 断桥 Duan bridge
Shrine and Tomb of Yue Fei
岳王庙 dam 堤
Zhusu garden 竹素园 孤山 Mt. Gu
苏小小墓 西 West
Tomb of Su Xiaoxiao
曲苑风荷
Quyuan Fenghe 阮公墩 湖心亭 Huxin pavilion
Su 苏 Ruangong mound
湖 Lake
灵隐寺 Lingyin monastery
飞来峰石窟 Feilaifeng cave temples
三潭印月
下天竺寺 Lower Tianzhu monastery Santan yinyue
Feilaifeng 飞来峰
dam 堤 宝成寺
中天竺寺 Middle Tianzhu monastery 雷峰塔 Leifeng pagoda Baocheng monastery
开宝仁王寺
净慈寺 Kaibao Renwang Monastery
上天竺寺 Upper Tianzhu monastery Jingci monastery
凤凰山 Mt. Phoenix
胜果寺 Shengguo monastery
石屋洞 Shiwu cave 梵天寺
烟霞洞 Yanxia cave Fantian monastery
资贤寺
Zixian monastery
天龙寺
Tianlong monastery
白塔 White pagoda
Liuhe pagoda 六和塔 Qiantang river 钱塘江

杭州市区 Hangzhou City

Fig. 4-1. Map on the historical sites in Hangzhou,
Zhejiang province
By Louie Y. Liu
图 4-1：杭州历史遗迹分布图
刘艺绘制

一百万人以上。入元以后，改临安府为杭州路，是当时江浙等处行中书省的治所，使杭州仍然保持着其在南方最重要的城市地位。意大利旅行家马可·波罗（Marco Polo, 1254~1324）在其游记中称杭州是"世界上最美丽华贵"的"天城"。

入明以后，杭州仍然是东南中国的经济与文化名城。明代改杭州路为杭州府，是浙江行中书省和浙江布政使司的治所。清代的杭州府是浙江行省的省会所在地。20世纪以后杭州仍是浙江省省会，还是全国最著名的风景旅游城市之一。1911年2月9日，佛利尔雇用

了一条住家船从上海出发，沿运河来杭州游玩。从他所拍的照片中，我们可以看到跨越运河的拱桥（图4-2）、运河边上的民居与石牌坊（图4-3）、码头建筑（图4-4、4-5）、石栏板与船只（图4-6）。在杭州，他游览了西湖、灵隐寺、飞来峰、圣因寺、昭庆寺、雷峰塔、保俶塔、忠烈庙、岳王庙、曲院风荷、竹素园等地，以及秀丽的西湖风光。2月20日，他乘火车离开杭州返回上海。在杭州访问期间，佛利尔从上海雇来的两位中国摄影师为他拍摄了大量的照片，保留下了十分珍贵的历史资料。

Fig. 4-2. Canal, bridge, and western visitors
Hangzhou, Zhejiang province
Photograph by Freer and Others in 1911
Charles Lang Freer Papers
Freer Gallery of Art and Arthur M. Sackler Gallery Archives
Smithsonian Institution, Washington, D.C.
Gift of the estate of Charles Lang Freer, FSA A.01 12.05.GN. 183
图4-2：杭州的运河、拱桥、洋人的船只
佛利尔等拍摄于1911年

Fig. 4-3. Canal, stone carved gateway, and people
Hangzhou, Zhejiang province
Photograph by Freer and Others in 1911
Charles Lang Freer Papers
Freer Gallery of Art and Arthur M. Sackler Gallery Archives
Smithsonian Institution, Washington, D.C.
Gift of the estate of Charles Lang Freer, FSA A.01 12.05.GN. 184

图 4-3：杭州运河边上的民居与牌楼
佛利尔等拍摄于 1911 年

Fig. 4-4. Detail of a building (possible a wharf) on the bank of the canal
Hangzhou, Zhejiang province
Photograph by Freer and Others in 1911
Charles Lang Freer Papers
Freer Gallery of Art and Arthur M. Sackler Gallery Archives
Smithsonian Institution, Washington, D.C.
Gift of the estate of Charles Lang Freer, FSA A.01 12.05.GN. 231
图 4-4：杭州运河岸边建筑（似码头）一角
佛利尔等拍摄于 1911 年

柱上楹联一句曰："口阅历古往今来臣忠子孝"。

Fig. 4-5. Detail of a building at a wharf of the canal
Hangzhou, Zhejiang province
Photograph by Freer and Others in 1911
Charles Lang Freer Papers
Freer Gallery of Art and Arthur M. Sackler Gallery Archives
Smithsonian Institution, Washington, D.C.
Gift of the estate of Charles Lang Freer, FSA A.01 12.05.GN. 199
图 4-5：杭州运河一码头建筑局部
佛利尔等拍摄于 1911 年

建筑两侧的不完整楹联曰："……钱塘报祈柘鼓喧嚣吼，……
墅掩映杨枝蕉马头。"

Fig. 4-6. Stone railing on the bank of the canal
Hangzhou, Zhejiang province
Photograph by Freer and Others in 1911
Charles Lang Freer Papers
Freer Gallery of Art and Arthur M. Sackler Gallery Archives
Smithsonian Institution, Washington, D.C.
Gift of the estate of Charles Lang Freer, FSA A.01 12.05.GN. 194
图 4-6：杭州运河边上的石栏杆
佛利尔等拍摄于 1911 年

West Lake
西湖

西湖位于杭州古城的西面，故名。它是一个观赏性的淡水湖泊，三面环山，面积约 6.39 平方公里，东西宽约 2.8 公里，南北长约 3.2 公里，绕湖一周近 15 公里（图 4-6）。湖中之水被孤山、白堤、苏堤、杨公堤分隔，按面积大小分别为外西湖、西里湖、北里湖、小南湖及岳湖等五片水面。苏堤、白堤越过湖面，小瀛洲、湖心亭、阮公墩三个小岛鼎立于外西湖湖心，夕照山的雷峰塔与宝石山的保俶塔隔湖相映，由此形成了"一山、二塔、三岛、三堤、五湖"的基本格局（图 4-7、4-8、4-9）。

西湖的名称自古以来亦有多种，如钱水、钱唐湖、明圣湖、金牛湖、石涵湖、上湖、潋滟湖、放生池、西子湖、高土湖、西陵湖、龙川、销金锅、美人湖、贤者湖、明月湖等。其中最流行的是因杭州古名钱塘而命名的"钱塘湖"，与因湖在杭城之西的位置而命名的"西湖"。唐代诗人白居易（772~846）写有《西湖晚归回望孤山寺赠诸客》诗，可知在唐代已有西湖之名。北宋以后，文人骚客的诗文大都用西湖之名，如苏轼写的《乞开杭州西湖状》等，钱塘湖之名就逐渐被人们遗忘了。

在唐朝，西湖面积约有 10.8 平方公里，比近现代湖面大了近一倍。湖的西部、南部深至西山脚下，东北伸至武林门一带。建中二年（781），李泌（722~789）调任杭州刺史。为了解决城内居民饮用淡水的问题，他

Fig. 4-7. Present-day West Lake and Hangzhou city, Zhejiang province
图 4-7：今日杭州与西湖景观

动工引西湖水入城。长庆二年（822），白居易任杭州刺史，曾疏浚西湖，修筑堤坝水闸，增加湖水容量，解决了钱塘（杭州）至盐官（海宁）间农田的灌溉问题。因此，白居易主持修筑的堤坝被称为"白公堤"。如今白公堤遗址早已无存，但后人借白堤（当时称"白沙堤"）以缅怀白居易（图4-10）。白居易还在杭州创作了大量有关西湖的诗词，最为著名的有《钱塘湖春行》《春题湖上》和《忆江南》。

五代至南宋时期，西湖得以全面开发，景观基本定型。10世纪的杭州，由于吴越国历代国王崇信佛教，在西湖周围兴建了大量寺庙、宝塔、经幢和石窟，现存西湖周围的灵隐寺、净慈寺、保俶塔、六和塔、雷峰塔、白塔等或创建或重修于这段时期，资贤寺、飞来峰、胜果寺、天龙寺、石屋洞、烟霞洞等石窟与摩崖造像均开凿在这个时期，使吴越国时期的杭州有"佛国"之称，奠定了今日西湖周围的许多景观。另外，从

五代至北宋后期，西湖因长年不治，葑草湮塞占据了湖面的一半。元祐五年（1090），经苏轼奏请，动工疏浚西湖，用挖出来的葑草和淤泥堆筑起自南至北横贯湖面2.8公里的长堤，在堤上建六座石拱桥，将西湖水面分为东西两部分。后人为纪念苏轼的功绩，将这条长堤命名为"苏堤"。苏轼的著名诗篇《饮湖上初晴后雨》中的"欲把西湖比西子，淡妆浓抹总相宜"，成为后世形容西湖之美的最佳诗句。南宋时期的西湖已是广为人知的名胜景区，吸引着中外游客泛舟湖上。

元朝以后的西湖依然是歌舞升平。元朝继南宋"西湖十景"，又有了"钱塘十景"，扩大了游览范围。元世祖至元年间（1264~1294），曾经将西湖作为佛教僧侣的放生池。明朝弘治十六年（1503）（一说正德三年，即1508年），知州杨孟瑛（1459~1518）奏请疏浚西湖，加宽苏堤，并在里湖西部堆筑长堤，后人称为"杨公堤"。万历三十五年（1607），钱塘县令聂心汤在湖

Fig. 4-8. View north toward West Lake from Leifeng pagoda
Hangzhou, Zhejiang province
Photograph by Freer and Others in 1911
Charles Lang Freer Papers
Freer Gallery of Art and Arthur M. Sackler Gallery Archives
Smithsonian Institution, Washington, D.C.
Gift of the estate of Charles Lang Freer, FSA A.01 12.05.GN. 227
图 4-8：从杭州雷峰塔北望西湖一角
佛利尔等拍摄于 1911 年

中的小瀛洲放生池外自南向西堆筑环形长堤，形成独特景观，即今之三潭印月园地（图 4-11、4-12）。池外的三座小石塔，相传是苏轼为显示湖泥再度淤积情况所立。今三石塔为明朝晚期所立，成为了三潭印月的象征（图 4-13）。

Fig. 4-10. Duan bridge on the Su causeway of West Lake
Hangzhou, Zhejiang province
Photograph by Freer and Others in 1911
Charles Lang Freer Papers
Freer Gallery of Art and Arthur M. Sackler Gallery Archives
Smithsonian Institution, Washington, D.C.
Gift of the estate of Charles Lang Freer, FSA A.01 12.05.GN. 232
图 4-10：杭州西湖白堤断桥
佛利尔等拍摄于 1911 年

桥上建有桥门，门额上有题字曰："断桥柳 / 宣统 / 二年（1910）/ 西湖 / 画□ / □□ / □"

Fig. 4-13. Stone stupas of the Three Pools
Mirroring the Moon of West Lake
Hangzhou, Zhejiang province
Photograph n 1920s
图 4-13：杭州西湖三潭印月小石塔
20 世纪 20 年代拍摄

Fig. 4-11. Detail of the Three Pools Mirroring the
Moon
Hangzhou, Zhejiang province
Duplicated from a picture postcard
Photograph dated early period of the 20th century
Charles Lang Freer Papers
Freer Gallery of Art and Arthur M. Sackler Gallery
Archives
Smithsonian Institution, Washington, D.C.
Gift of the estate of Charles Lang Freer, FSA A.01
12.05.GN. 169
图 4-11：杭州西湖三潭印月一角
明信片
拍摄于 20 世纪初

Fig. 4-12. Zigzag bridge on the Island of the Three
Pools Mirroring the Moon of West Lake
Hangzhou, Zhejiang province
Photograph by Freer and Others in 1911
Charles Lang Freer Papers
Freer Gallery of Art and Arthur M. Sackler Gallery
Archives
Smithsonian Institution, Washington, D.C.
Gift of the estate of Charles Lang Freer, FSA A.01
12.05.GN. 164
图 4-12：杭州西湖三潭印月岛上的九曲桥
佛利尔等拍摄于 1911 年

在清代，康熙皇帝（1661~1722 在位）曾五次到杭州游览，并为南宋时形成的"西湖十景"题字，地方官为他的墨宝建亭立碑。雍正年间（1723~1735），"西湖十八景"之称出现。雍正五年（1727），浙江总督李卫（1687~1738）也曾开浚西湖湖道、修筑石堰。乾隆皇帝（1735~1796 年在位）曾六次到杭州游览，也为"西湖十景"题诗勒石。在乾隆年间兴建的北京皇家园林颐和园的昆明湖东西两堤就是模仿西湖苏堤六桥而建。嘉庆五年（1800），浙江巡抚颜检（1757~1832）奏请疏浚西湖，兴修水利。其后，浙江巡抚阮元（1764~1849）继续疏浚西湖，并将挖出的淤泥堆成湖中小岛，被人们称为"阮公墩"。至此，现代西湖的轮廓基本形成。清

Lingyin monastery
灵隐寺

灵隐寺是中国佛教禅宗的重要寺院，它背靠北高峰，面向飞来峰（图4-20）。根据许多杭州方志记载，灵隐寺始建于东晋咸和元年（326），其开山祖师为西印度僧人慧理和尚。但该僧的事迹却不载于佛教界的史书之中，是灵隐建寺年代的重要疑点。据南宋施谔《淳祐临安志》卷八记载："灵隐寺，隋开皇十五年建。"[1]另外南宋潜说友（1216~1277）《咸淳临安志》卷八十记载：灵隐寺曾在771年与10世纪中期进行扩建。北宋景德四年（1007），朝廷为该寺赐额"景德灵隐禅寺"[2]。早在五代后周显德七年（960），吴越王钱弘俶从奉化请来高僧永明延寿禅师（904~975）主持灵隐寺，共建有殿宇房舍一千三百余间，提高了灵隐在佛教界的地位，并使之在宋代成为禅宗的中心寺院。北宋景祐二年（1035），住持延珊将雕凿于开宝二年（969）的原位于吴越王家庙奉先寺（现已废）的两座石雕《佛顶陀罗尼》经幢移至灵隐寺天王殿前，幢上有题记曰："天下兵马大元帅吴越国王建时大宋开宝二年（969）己巳岁闰五月"（图4-21）。灵隐寺还有两座精美的石雕佛塔，为八角九层仿木结构，塔高逾7米，塔身每面雕刻精美，位于大雄宝殿前露台东、西两侧，相互对称，雕造于吴越国晚期的北宋建隆元年（960）（图4-22、4-23）[3]。南宋绍兴五年（1135），灵隐寺改名为"灵隐山崇恩显亲禅寺"。绍兴二十八年（1158），灵隐寺仿净慈寺建"田字殿"，塑五百罗汉像。宋高宗（1127~1162年在位）和宋孝宗（1162~1189年在位）时常到灵隐寺进香，并赐翰墨。乾道八年（1172），宋孝宗改灵隐法堂名为"直指堂"。宋理宗（1224~1264年在位）改寺内大雄宝殿名为"觉皇殿"，并赐"妙庄严域"四字。

元顺帝至正十九年（1359），灵隐寺毁于兵火。后于至正二十三年（1363）重修，但仅建了方丈室与伽蓝堂，使灵隐寺一度衰落。明洪武三年（1370），灵隐寺失火，殿宇损失严重。洪武十七年（1384），住持慧明重建了觉皇殿，改寺名为"灵隐禅寺"。宣德五年（1430），觉皇殿再次毁于火灾。宣德七年（1432），住持昙缵建左右翼门和面壁轩，继而住持良阶重建觉皇殿。正统十一年（1446），寺僧弦理重建直指堂。在此之后，陆续在寺内修建弥勒阁、莲峰阁、千佛殿、延宾水阁、望海阁及白云庵、松源庵等，稍具旧时规模。不幸的是，在隆庆三年（1569），灵隐寺全寺毁于雷火，仅剩直指堂独存。万历十一年（1583）冬，又开始重修灵隐寺，历五年完成，改觉皇殿为"大雄宝殿"。在万历年间（1573~1620），在弥勒阁旧址上建三藏殿，其后建直指堂、方丈室。方丈室之左建妙应阁，右为选佛斋。崇祯十三年（1640），灵隐寺又遭火灾，除大殿、直指堂等殿幸免于难外，其余悉数损毁。

清康熙二十八年（1689），康熙帝南巡杭州，驾临灵隐寺，赐"云林"匾额，灵隐寺遂改名为"云林禅寺"。乾隆初年，住持巨涛、嗣法谛晖等与当时的光禄少卿扬州盐商汪应庚（1680~1742）共谋捐资重修大雄宝殿及其他殿、堂、阁、轩、楼、亭等数十处，又补饰五百罗汉像，从乾隆六年（1741）十月动工，至乾隆九年（1744）十月竣工。嘉庆二十一年（1816），灵隐寺毁于火。清道光三年至八年（1823~1828），重修灵隐寺，

---

[1] 见《南宋临安两志》，杭州：浙江人民出版社，1983年，第144页。

[2] 南宋潜说友：《咸淳临安志》卷八十，见《中国方志丛书·华中地方》第49号，台北：成文出版社有限公司，1970年，第779页（下引此书，只标书名、页码）。

[3] 参见王丽雅、俞军芳：《杭州灵隐寺两石塔两经幢概述》，刊于浙江省博物馆编：《中国古代佛塔地宫文物国际学术研讨会论文集》，北京：中国书店，2015年，第79~85页。

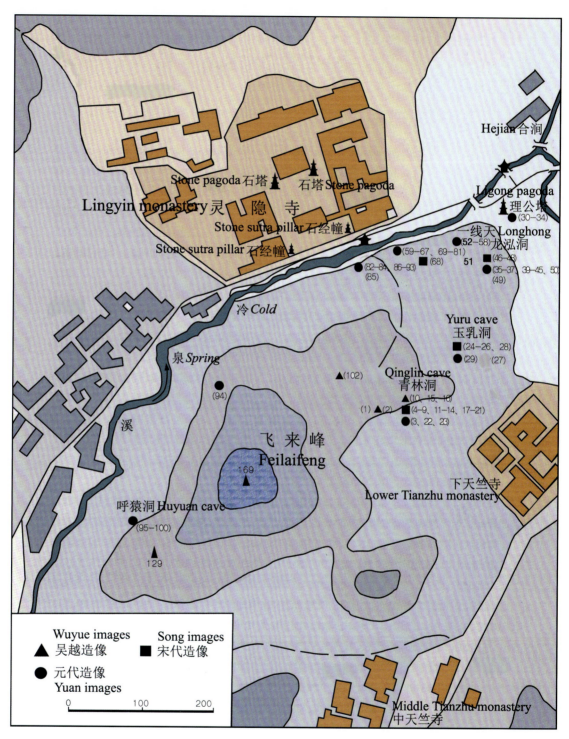

Fig. 4-20. Layout of Lingyin monastery and
Feilaifeng cave temples
Hangzhou, Zhejiang province
From Gao Nianhua, ed., Feilaifeng zaoxiang.
图 4-20：灵隐寺与飞来峰造像分布图
采自高念华主编：《飞来峰造像》

Fig. 4-21. Stone sutra pillar at the west side of the Guardian King
hall of Lingyin monastery
Hangzhou, Zhejiang province
Dated 969
Northern Song dynasty (960-1127)
Photograph by Freer and Others in 1911
Charles Lang Freer Papers
Freer Gallery of Art and Arthur M. Sackler Gallery Archives
Smithsonian Institution, Washington, D.C.
Gift of the estate of Charles Lang Freer, FSA A.01 12.05.GN. 220

图 4-21：杭州灵隐寺天王殿西侧石经幢
北宋开宝二年（969）
佛利尔等拍摄于 1911 年

Fig. 4-22. Stone pagoda at the east side of the Great Buddha hall of
Lingyin monastery
Hangzhou, Zhejiang province
Dated 960
Northern Song dynasty (960-1127)
Photograph by Freer and Others in 1911
Charles Lang Freer Papers
Freer Gallery of Art and Arthur M. Sackler Gallery Archives
Smithsonian Institution, Washington, D.C.
Gift of the estate of Charles Lang Freer, FSA A.01 12.05.GN. 187

图 4-22：杭州灵隐寺大雄宝殿前露台东侧石塔
北宋建隆元年（960）
佛利尔等拍摄于 1911 年

Fig. 4-23. Stone pagoda at the west side of the Great Buddha hall
of Lingyin monastery
Hangzhou, Zhejiang province
Dated 960
Northern Song dynasty (960-1127)
Photograph by Freer and Others in 1911
Charles Lang Freer Papers
Freer Gallery of Art and Arthur M. Sackler Gallery Archives
Smithsonian Institution, Washington, D.C.
Gift of the estate of Charles Lang Freer, FSA A.01 12.05.GN. 218

图 4-23：杭州灵隐寺大雄宝殿前露台西侧石塔
北宋建隆元年（960）
佛利尔等拍摄于 1911 年

Fig. 4-24. Guardian King hall of Lingyin monastery
Hangzhou, Zhejiang province
Photograph by Freer and Others in 1911
Charles Lang Freer Papers
Freer Gallery of Art and Arthur M. Sackler Gallery Archives
Smithsonian Institution, Washington, D.C.
Gift of the estate of Charles Lang Freer, FSA A.01 12.05.GN. 226
图 4-24：杭州灵隐寺天王殿
佛利尔等拍摄于 1911 年

门前对联曰："龙涧风回万壑松涛连海气，鹫峰云敛千岩桂月映湖光。"
门上悬"云林禅寺"匾额。

Fig. 4-25. Present-day the Great Buddha hall of
Lingyin monastery
Hangzhou, Zhejiang province
图 4-25：杭州灵隐寺大雄宝殿现状

恢复了昔日的壮观景象。咸丰十年（1860），太平军入杭州，所到之处尽毁佛寺，灵隐寺仅存天王殿（图 4-24）与罗汉堂，寺内收藏也多散佚。宣统二年（1910），重建大雄宝殿。佛利尔照片所录便是此期的景象。

20 世纪也对寺内殿堂有过重修。在十年"文革"初期，全寺建筑遭遇严重的人为破坏，寺内塑像尽数损毁。

1976 年以后，在清末重建的基础上陆续修复全寺建筑，重塑新像，使灵隐寺焕然一新。现存中轴线上的主要殿堂包括天王殿、大雄宝殿（图 4-25）、药师殿、藏经楼、法堂、华严殿等，中轴两侧建有五百罗汉堂、济公殿、祖堂、大悲楼、方丈楼等。2013 年，灵隐寺的二石塔和二石经幢被公布为第七批全国重点文物保护单位。

_____

❹ 关于灵隐寺石经幢与石塔的具体情况，参见杭州市园林文物局灵隐管理处唐宇力《灵隐寺两石塔两经幢现状调查与测绘报告》，北京：文物出版社，2015 年。

Feilaifeng cave temples
飞来峰石窟

北高峰是杭州西湖西与西北方的一座山峰。上山登高望远，西湖盛景，甚至钱江雄姿，都可以尽收眼底。飞来峰是北高峰中最著名的山峰，呈东北—西南走向，位于北高峰的东南、西湖的西部，闻名于中国佛教艺术史。据杭州史志记载，飞来峰是武林山的一部分，而武林山即是杭州西部的主要山脉北高峰。南宋文人潜说友《咸淳临安志》卷二十三曰："武林山。《西汉志》会稽郡钱塘注：武林山，武林水所出。《祥符图经》云：在县西十五里，高九十二丈，周回一十二里。又曰灵隐山，曰灵苑，曰仙居。"在飞来峰前有合涧，北涧（又称冷泉溪）自飞来峰的西北与西南侧流向东北。南涧自飞来峰的东南侧流向东北。二溪于飞来峰的东北角处汇合，称为"合涧"或"武林泉"，再流向西湖[5]。由于武林山是西湖的源泉，古人习惯称杭州为"武林"[6]。同时，飞来峰前冷泉溪旁的壑雷亭与冷泉亭自宋以来就是著名的游览景区（图 4-26、4-27、4-28）。

据明代文人聂心汤（约 16~17 世纪）的记述，飞来峰又名天竺山[7]与灵鹫峰[8]。据传，印度僧人慧理在东晋（317~420）时期来到飞来峰修行，认为此峰是从印度飞来的灵鹫峰小岭，故又有飞来、天竺、灵鹫之名。之后，因此峰的天竺之名，在飞来峰的东侧与东南侧修建的三座寺院就被命名为下、中、上天竺寺，是天台宗与禅宗的重要寺院[9]。位于飞来峰北侧的灵隐寺则是禅宗的中心之一。分布在飞来峰的东北、北、西侧的石窟与造像是杭州地区现存最大的一处佛教造像群，自吴越国、北宋、南宋直到元代诸代均有雕刻（图4-29）。尤其是元代初年由江淮释教总统杨琏真伽倡议雕凿的一批汉藏合璧造像群，更是在全国元代佛教艺术中独树一帜，是中国现存最大的元代佛教石刻造像宝库（图 4-30）。

---

[5] 南宋施谔：《淳祐临安志》卷八，见《南宋临安两志》，杭州：浙江人民出版社，1983 年，第 142~144 页。

[6] 元吴自牧：《梦梁录》卷七，见丁丙辑：《武林掌故丛编》第 7 册，第 4185 页。

[7] 唐僧慧琳《一切经音义》（成书于 807 年）卷二十六曰："天竺或云身毒，亦云贤豆，皆讹也。正云印度，此云月也。月有千名，斯一称也。良以彼土贤圣相继，开悟群生，照临如月也。又云贤豆，本名天帝，当以天帝所护故，世允号之。"见《大正藏》第 54 册，第 474b 页。

[8] 明聂心汤《万历钱塘县志》，见丁丙辑：《武林掌故丛编》第 8 册，第 4727、4855 页。灵鹫峰位于印度，为释迦说《妙法莲华经》之处。

[9] 明聂心汤《万历钱塘县志》，见丁丙辑：《武林掌故丛编》第 8 册，第 4873 页。

Fig. 4-26. Helei pavilion in front of Feilaifeng
Hangzhou, Zhejiang province
Photograph by Freer and Others in 1911
Charles Lang Freer Papers
Freer Gallery of Art and Arthur M. Sackler Gallery Archives
Smithsonian Institution, Washington, D.C.
Gift of the estate of Charles Lang Freer, FSA A.01 12.05. GN. 175
图 4-26: 杭州飞来峰前壑雷亭
佛利尔等拍摄于 1911 年

Fig. 4-27. Lengquan pavilion in front of Feilaifeng
Hangzhou, Zhejiang province
Photograph by Freer and Others in 1911
Charles Lang Freer Papers
Freer Gallery of Art and Arthur M. Sackler Gallery Archives
Smithsonian Institution, Washington, D. C.
Gift of the estate of Charles Lang Freer, FSA A.01 12.05. GN. 176
图 4-27: 杭州飞来峰前冷泉亭
佛利尔等拍摄于 1911 年

Fig. 4-28. Lengquan stream and Lengquan
pavilion in front of Feilaifeng
Hangzhou, Zhejiang province
Photograph by Chang Qing in 2005
图 4-28：杭州飞来峰前冷泉溪与冷泉亭
常青拍摄于 2005 年

Fig. 4-29. Detail of Feilaifeng and some
Buddhist images
Photograph by Chang Qing in 2005
图 4-29：杭州飞来峰造像部分
常青拍摄于 2005 年

Fig. 4-31. Amitabha triad in niche no. 10 in Qinglin cave of Feilaifeng
Hangzhou, Zhejiang province
Dated 951
Five Dynasties (907-960)
Photograph by Chang Qing in 2005
图 4-31：杭州飞来峰青林洞第 10 龛滕绍宗于五代后周广顺元年（951）造西方三圣像
常青拍摄于 2005 年

　　飞来峰有三所吴越国雕造的西方三圣像龛，包括青林洞外的第 2 龛与青林洞内的第 10、16 龛，其中第 10 龛造像为信徒滕绍宗出资于五代后周广顺元年（951）雕造（图 4-31）[10]。另二龛可根据其与第 10 龛的相似性判断其年代也为吴越国时期。另外，飞来峰青林洞第 15 龛为后周显德六年（959）周钦造弥陀佛坐像。位于飞来峰山上高处的第 102 龛内造结跏趺坐观音像，虽无纪年，但其样式也属吴越国。

　　飞来峰的北宋造像主要保存在青林洞与玉乳洞。

飞来峰第 14 龛造像位于青林洞东南口西侧壁，分上下五层，共有 57 尊罗汉，每身高 19~27 厘米许。其中铭文题记可辨者有 20 尊，雕刻年代为北宋咸平三年（1000）至六年（1003）间，由许多人出资陆续雕造完成。笔者以为，第 14 龛只是这组罗汉像的一处地点；而同组罗汉像还包括第 19 号左下方的两身罗汉，旁有题记曰"龙兴寺比丘慧兴造罗汉"；第 14 号左侧一小岩穴内有许多类似的罗汉；第 21 号岩面的诸罗汉，青林洞南口东壁第 5 号下方的一些罗汉，被编为第 6、

[10]　关于飞来峰石窟造像的编号，参见高念华编：《飞来峰造像》，北京：文物出版社，2002 年。

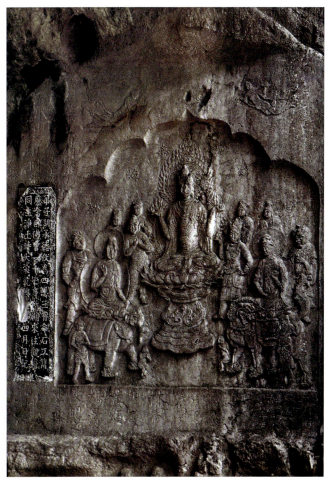

Fig. 4-32. Rocana Buddha assembly in niche no. 5 of Feilaifeng
Hangzhou, Zhejiang province
Dated 1022
Northern Song dynasty (960-1127)
From Gao Nianhua, ed., Feilaifeng zaoxiang, fig. 17.
图 4-32：杭州飞来峰青林洞南口东侧的第 5 龛为北宋乾兴元年（1022）佛弟子
胡承德造的卢舍那佛会龛
采自高念华主编：《飞来峰造像》图版 17

佛弟子胡承德造的卢舍那佛会龛，共计造像十七尊（图 4-32）。飞来峰第 1 龛因其造像雕技粗劣，被学者们判为明代造像[12]。然而，此天王像的服饰与第 5 龛中的毗沙门天王基本一致，应为北宋作品。位于青林洞南口东侧的第 19 龛铭文题记为："胡承德并合家眷属同发心刊／下生弥勒尊佛／亲近三身记。"虽无纪年，但这个胡承德应与第 5 龛施主胡承德为同一人，因此雕刻年代也应在乾兴元年（1022）前后。青林洞南口上方崖壁上的第 4 龛雕有乾兴元年陆钦夫妻造的结跏趺坐观音像。青林洞西部下垂悬岩上的第 12 龛内雕有陈行善等于咸平三年（1000）造的五尊坐佛像。

飞来峰玉乳洞的主要造像为一组基本等身的十八罗汉像，编为第 24 号，但没有铭文纪年（图 4-33）。在玉乳洞东口通道南北两侧的第 28 龛雕有罗汉形坐像六尊、僧人立像二身，另外还有凤凰与雷公浮雕各一身（图 4-34）。从造像铭文题记可知，六坐像中包括在北宋天圣四年（1026）雕成的"太祖第一身"与"六祖像"，应为六身禅宗祖师像，其风格与同洞中的十八罗汉像十分相似，可作为十八罗汉断代的标尺。此外，玉乳洞第 25 龛位于北口通道的西侧，龛内雕头戴风帽的禅定罗汉或僧人像，旁有胁侍僧人立像。第 26 龛位于玉乳洞中部的岩石上，内雕坐姿罗汉像一尊，左上方刻有一条游龙。这两龛罗汉形造像的风格也均类似于天圣四年的祖师像，它们的雕刻年代也应在 11 世纪的北宋时期。

此外，多数学者认为，飞来峰的代表作第 68 龛的布袋和尚与十八罗汉像造于南宋（图 4-35）。但也有学者认为是元代作品[13]。笔者通过分析龛内其中一尊罗汉手中所托的阿育王式塔与各像衣纹的特点，推测该龛为南宋作品[14]。

飞来峰是中国元代现存规模最大的佛教石刻造像宝库，表现出汉、藏两种风格。元代汉式纪年造像有元至

7 号，共计大约一百多尊，实际上是一组没有完成的五百罗汉[11]。雕于青林洞南口西侧的第 9 龛为一字排列的十八罗汉像，风格与第 14 龛罗汉像相似，应为同期作品。与第 14 龛罗汉像风格相似的还有青林洞东南口的十八罗汉像，编为第 17 号，分上下两层排列，但尺寸大于第 9、14 龛罗汉，每身高度在 44~50 厘米间。位于青林洞南口东侧的第 5 龛为北宋乾兴元年（1022）

[11] 常青：《杭州飞来峰五百罗汉像及其相关问题》，《东方博物》2012 年第 42 辑，第 50~59 页。

[12] 见高念华编：《飞来峰造像》，图版 193。

[13] 谢继胜等：《江南藏传佛教艺术——杭州飞来峰石刻造像研究》，北京：中国藏学出版社，2014 年，第 132、133 页。

[14] 常青：《本土化的信仰与图相：飞来峰第 68 龛的布袋弥勒与十八罗汉造像》，刊于浙江省博物馆编：《中国古代佛塔地宫文物国际学术研讨会论文集》，北京：中国书店，2015 年，第 34~59 页。

Fig. 4-33. Detail of Eighteen Luohans of niche no. 24 in Yuru cave of Feilaifeng
Northern Song dynasty (960-1127)
Hangzhou, Zhejiang province
From Gao Nianhua, ed., Feilaifeng zaoxiang, fig. 36.
图 4-33：杭州飞来峰玉乳洞北宋十八罗汉部分
采自高念华主编：《飞来峰造像》图版 36

元十九年（1282）大元国功德主杭州路僧录在飞来峰第3龛镌造毗卢遮那佛、文殊师利菩萨、普贤菩萨三尊。第59龛为元至元二十□年（1283~1292）昭□大将军、前淮安万户府管军杨思谅同妻朱氏造的阿弥陀佛、观音、势至圣像三尊。第92龛为至元二十五年（1288）江南释教总统所官员董□祥造的汉式水月观音像。第62龛为元至元二十七年（1290）平江路僧判□□麻斯造普贤菩萨骑象像。第57龛为至元二十八年（1291）僧永□造汉式无量寿佛像。第98龛为至元二十九年（1292）江淮诸路释教都总统永福大师杨琏真伽造的汉式阿弥陀佛、观世音菩萨、大势至菩萨圣像三尊。用这些龛像作为年代学标尺，可以比较判定出其他飞来峰元代汉式龛像，它们包括第31、33、34、35、36、39、42、44、45、46、47、48、50、51、54、57、58、60、61、62、63、69、71、72、74、80、82、86、90、92、95、97龛（图4-36、4-37、4-38、4-39、4-40、4-41、4-42）。

飞来峰元代藏式纪年造像有第89龛至元二十六年（1289）元朝江淮释教总统杨琏真伽造的藏式无量寿佛

像、第32龛为至元二十九年（1292）大元国功德主荣禄大夫行宣政院使脱脱夫人□氏造的藏式金刚手菩萨圣像。飞来峰第75龛为至元二十九年大元国大功德主资政大夫行宣政院使杨造的藏式多闻天王圣像一尊。第99龛为至元二十九年资政大夫行宣政院使杨造的藏式无量寿佛、文殊菩萨、救度佛母像三尊。这些纪年龛像可作为飞来峰元代藏式龛像的年代学标尺，比定出一批元代藏式龛像，它们包括第29、30、37、40、41、43、52、53、55、56、64、65、66、70、73、75、76、77、78、79、81、83、84、87、88、91、94、96、100龛（图4-43、4-44、4-45、4-46、4-47）。飞来峰还有元代汉藏合璧的造像龛，主要是第67、93龛。

飞来峰玉乳洞与龙泓洞之间有一座理公塔，又名灵鹫塔 [15]，相传是东晋来华的印度僧人慧理死后埋葬的地方，始建于北宋开宝三年（970），明朝万历十五年（1587）倒塌。明万历十八年（1590），如通、被秽和尚与信徒程理重建"理公之塔" [16]。该塔七层六面，四层以上皆刻佛像，可作为杭州明代造像的年代学标尺

---

[15] 田汝成：《西湖游览志》卷十，丁丙撰辑：《武林掌故丛编》第10册，第5985页。
[16] 清孙治、徐增同：《灵隐寺志》卷二。丁丙撰辑：《武林掌故丛编》第6册，第3035页。

（图 4-48）。该塔第四层刻有三佛、西方三圣、布袋和尚、单尊立佛、结跏趺坐佛、观音与鹦鹉、净瓶、善财童子、龙女。第五层各面均刻一尊结跏趺坐佛，据其榜题可知为北方、东方、南方、西方、上方、下方诸佛。第六、七层刻三身结跏趺坐佛与三个塔窗间隔[17]。这些造像均表现为粗劣的雕造技艺，应与当地的民间造像风格有关。它们的共同特点是形体较小，头部特别显大，身体相对矮小。除布袋和尚外，一般胸腹平坦，不表现身体的自然优美身段，衣纹的刻划也没有写实性。

[17] 该塔具体情况参见赖天兵：《杭州灵隐理公塔》，《浙江佛教》2002 年第 3 期，第 136~139 页。

Fig. 4-35. Detail of Budai and Eighteen Luohans in niche no.
68 of Feilaifeng
Southern Song dynasty (1127-1279)
Hangzhou, Zhejiang province
Southern Song period (1127-1279)
Photograph by Chang Qing in 2005
图 4-35：杭州飞来峰南宋第 68 龛布袋和尚与十八罗汉部分
常青拍摄于 2005 年

图 4-36：杭州飞来峰元代第 33 龛杨柳观音立像、第 34 龛持莲观
音坐像
佛利尔等拍摄于 1911 年

Fig. 4-37. (from upper to lower, and left to right) Seated Medicine
Buddha in niche no. 41, seated Maitreya Buddha in niche no. 42,
Seated Sakyamuni Buddha in niche no. 43, Journey to the West in
niche nos. 46 and 47, The White Horse Carrying Sutras in niche
no. 48 of Feiliafeng
Yuan dynasty (1271-1368)
Hangzhou, Zhejiang province
Photograph by Freer and Others in 1911
Charles Lang Freer Papers
Freer Gallery of Art and Arthur M. Sackler Gallery Archives
Smithsonian Institution, Washington, D.C.
Gift of the estate of Charles Lang Freer, FSA A.01 12.05.GN. 181

图 4-37：杭州飞来峰（自上而下、从左到右）元代第 41 龛药师
佛坐像、第 42 龛倚坐弥勒佛像、第 43 龛降魔印坐佛像、第
46、47 龛西游记图、第 48 龛白马驮经图
佛利尔等拍摄于 1911 年

Fig. 4-38. Seated Four armed Guanyin in niche no .40, Medicine
Buddha in niche no. 41, seated Maitreya Buddha in niche no. 42,
Journey to the West in niche nos. 46 and 47, The White Horse
Carrying Sutras in niche no. 48 of Feiliafeng
Hangzhou, Zhejiang province
Yuan dynasty (1271-1368)
Photograph by Freer and Others in 1911
Charles Lang Freer Papers
Freer Gallery of Art and Arthur M. Sackler Gallery Archives
Smithsonian Institution, Washington, D.C.
Gift of the estate of Charles Lang Freer, FSA A.01 12.05.GN. 211

图 4-38：杭州飞来峰元代第 40 龛四臂观音像、第 41 龛药师佛像、
第 42 龛倚坐弥勒佛像、第 46、47 龛西游记图、第 48 龛白马驮
经图
佛利尔等拍摄于 1911 年

Fig. 4-39. Inscription of Yixian tian and niche nos. 52 and 53 of
Feilaifeng
Hangzhou, Zhejiang province
Yuan dynasty (1271-1368)
Photograph by Freer and Others in 1911
Charles Lang Freer Papers
Freer Gallery of Art and Arthur M. Sackler Gallery Archives
Smithsonian Institution, Washington, D.C.
Gift of the estate of Charles Lang Freer, FSA A.01 12.05.GN. 224

图 4-39：杭州飞来峰 "一线天" 摩崖题刻旁的元
代第 52、53 龛
佛利尔等拍摄于 1911 年

Fig. 4-40. Standing Buddha in niche no. 36 of Feilaifeng
Hangzhou, Zhejiang province
Yuan dynasty (1271-1368)
Photograph by Freer and Others in 1911
Charles Lang Freer Papers
Freer Gallery of Art and Arthur M. Sackler Gallery Archives
Smithsonian Institution, Washington, D.C.
Gift of the estate of Charles Lang Freer, FSA A.01 12.05.GN. 198

图 4-40：杭州飞来峰元代第 36 龛立佛像
佛利尔等拍摄于 1911 年

Fig. 4-41. Lengquan stream and Sitātapatra in niche no. 52 of
Feilaifeng
Hangzhou, Zhejiang province
Yuan dynasty (1271-1368)
Photograph by Freer and Others in 1911
Charles Lang Freer Papers
Freer Gallery of Art and Arthur M. Sackler Gallery Archives
Smithsonian Institution, Washington, D.C.
Gift of the estate of Charles Lang Freer, FSA A.01 12.05.GN. 173
图 4-41: 杭州飞来峰冷泉溪与第 52 龛元代大白伞盖佛母像
佛利尔等拍摄于 1911 年

Fig. 4-42. Guanyin and Weituo in niche no. 35 of Feilaifeng
Hangzhou, Zhejiang province
Yuan dynasty (1271-1368)
Photograph by Freer and Others in 1911
Charles Lang Freer Papers
Freer Gallery of Art and Arthur M. Sackler Gallery Archives
Smithsonian Institution, Washington, D.C.
Gift of the estate of Charles Lang Freer, FSA A.01 12.05.GN. 195

图 4-42：杭州飞来峰元代第 35 龛观音与韦陀像
佛利尔等拍摄于 1911 年

Fig. 4-43. Niche no. 38 (empty), standing Buddha in niche no. 39,
Four-armed Guanyin in niche no. 40, and Medicine Buddha in
niche no. 41.
Hangzhou, Zhejiang province
Yuan dynasty (1271-1368)
Photograph by Freer and Others in 1911
Charles Lang Freer Papers
Freer Gallery of Art and Arthur M. Sackler Gallery Archives
Smithsonian Institution, Washington, D.C.
Gift of the estate of Charles Lang Freer, FSA A.01 12.05.GN. 188

图 4-43：杭州飞来峰元代第 38 龛（空龛）、第 39 龛立
佛像、第 40 龛四臂观音像、第 41 龛药师佛像
佛利尔等拍摄于 1911 年

Fig. 4-44. Tejaprabha and the nine luminaries in niche no. 37 of
Feilaifeng
Hangzhou, Zhejiang province
Yuan dynasty (1271-1368)
Photograph by Freer and Others in 1911
Charles Lang Freer Papers
Freer Gallery of Art and Arthur M. Sackler Gallery Archives
Smithsonian Institution, Washington, D.C.
Gift of the estate of Charles Lang Freer, FSA A.01 12.05.GN. 189

图 4-44：杭州飞来峰元代第 37 龛炽盛光佛九曜像
佛利尔等拍摄于 1911 年

Fig. 4-45. Sitātapatra in niche no. 52 of Feilaifeng and Vajrasattva
in niche no. 53 of Feilaifeng
Hangzhou, Zhejiang province
Niche no. 53, dated 1288
Yuan dynasty (1271-1368)
Photograph by Freer and Others in 1911
Charles Lang Freer Papers
Freer Gallery of Art and Arthur M. Sackler Gallery Archives
Smithsonian Institution, Washington, D.C.
Gift of the estate of Charles Lang Freer, FSA A.01 12.05.GN. 190

图 4-45：杭州飞来峰元代第 52 龛大白伞盖佛母像、元至元
二十五年（1288）第 53 龛金刚萨埵像
佛利尔等拍摄于 1911 年

Fig. 4-46. Vajrapāni in niche no. 32 of Feilaifeng
Hangzhou, Zhejiang province
Dated 1292
Yuan dynasty (1271-1368)
Photograph by Freer and Others in 1911
Charles Lang Freer Papers
Freer Gallery of Art and Arthur M. Sackler Gallery Archives
Smithsonian Institution, Washington, D.C.
Gift of the estate of Charles Lang Freer, FSA A.01 12.05.GN. 191

图 4-46：杭州飞来峰元至元二十九年（1292）第 32 龛
金刚手菩萨像
佛利尔等拍摄于 1911 年

Fig. 4-47. Jambhala in niche no. 30 of Feilaifeng
Hangzhou, Zhejiang province
Yuan dynasty (1271-1368)
Photograph by Freer and Others in 1911
Charles Lang Freer Papers
Freer Gallery of Art and Arthur M. Sackler Gallery Archives
Smithsonian Institution, Washington, D.C.
Gift of the estate of Charles Lang Freer, FSA A.01 12.05.GN. 192

图 4-47：杭州飞来峰元代第 30 龛宝藏神像
佛利尔等拍摄于 1911 年

Fig. 4-48. Jambhala in niche no. 30 and Ligong pagoda at
Feilaifeng
Hangzhou, Zhejiang province
Niche no. 30, Yuan dynasty (1271-1368)
Ligong pagoda, dated 1590 of Ming dynasty (1368-1644)
Photograph by Freer and Others in 1911
Charles Lang Freer Papers
Freer Gallery of Art and Arthur M. Sackler Gallery Archives
Smithsonian Institution, Washington, D.C.
Gift of the estate of Charles Lang Freer, FSA A.01 12.05.GN. 217

图 4-48：杭州飞来峰元代第 30 龛宝藏神像与明
代万历十八年（1590）理公塔
佛利尔等拍摄于 1911 年

Leifeng pagoda
雷峰塔

雷峰塔又叫西关砖塔，位于西湖南岸净慈寺前方。吴越忠懿王钱弘俶因其黄妃得子始建该塔，初名"皇妃塔"。因那里的地名叫"雷峰"，被后人改称为"雷峰塔"。南宋潜说友《咸淳临安志》卷七十八记载："显岩院，在雷峰塔。开宝（968~976）中吴越王创皇妃塔，遂建院。后有雷峰庵，郡人雷氏故居。"[18] 由此可知，雷峰之名来自雷氏故居。雷峰塔闻名遐迩，是因为民间故事《白蛇传》的流行，人们相信那位追求人间爱情的白娘子还被法海和尚镇在雷峰塔下。

雷峰塔最初拟建十三层，后改为七层，但在竣工时只造了五层，结构为砖石内心、外建木构楼廊。塔内壁嵌刻有《华严经》条石，塔下供奉金铜十六罗汉像。北宋宣和二年（1120），雷峰塔因战乱损坏。南宋庆元年间（1195~1200）重修。明嘉靖年间（1522~1566），东南沿海的倭寇围困杭州城，疑塔中有伏兵，纵火焚烧了雷峰塔的外建木构，使该塔仅剩裸露砖砌塔身。清朝时期的雷峰塔便以这种残塔的形式成为西湖十景中的"雷峰夕照"。佛利尔的照片就反映了那时该塔的原貌（图4-49、4-50、4-51）。

清朝末年到民国初期，民间盛传雷峰塔砖具有"辟邪""宜男""利蚕"的特异功能，因而屡屡遭到盗挖。1924年9月25日，历经沧桑的雷峰塔砖塔身终于轰然坍塌，使塔身中秘藏的《一切如来心秘密全身舍利宝箧印陀罗尼经》经卷面世。2001年，考古工作者对雷峰塔地宫进行了科学发掘，发现在塔基底部辟有井穴式地宫（图4-52），存放着数十件佛教珍贵文物和供奉物品，并秘藏雕版印刷的《一切如来心秘密全身舍利宝箧印陀罗尼经》经卷，上有题记曰："天下兵马大元帅吴越王钱弘俶造。此经八万四千卷，舍入西关砖塔，永充供奉，乙亥八月。"乙亥年即为北宋开宝八年（975）。经卷用川棉纸或竹纸精印，是研究中国早期雕版印刷的珍贵资料。地宫中还出土了吴越国纯银阿育王塔（图4-53），塔身内有用金棺盛装的"佛螺髻发"舍利，是当年钱俶建造皇妃塔的主要供奉物。出土物还包括鎏金龙莲底座佛像等在内的一批精美文物。随后，地宫遗址得以保护，并在其上修建新塔，于2002年竣工。

Fig. 4-49. Leifeng pagoda
Hangzhou, Zhejiang province
Photograph by Freer and Others in 1911
Charles Lang Freer Papers
Freer Gallery of Art and Arthur M. Sackler
Gallery Archives
Smithsonian Institution, Washington, D.C.
Gift of the estate of Charles Lang Freer, FSA
A.01 12.05.GN. 180
图 4-49：杭州雷峰塔
佛利尔等拍摄于 1911 年

---

[18] 《中国方志丛书·华中地方》第49号，第752页。

Fig. 4-51. View east from Leifeng pagoda
Hangzhou, Zhejiang province
Photograph by Freer and Others in 1911
Charles Lang Freer Papers
Freer Gallery of Art and Arthur M. Sackler Gallery Archives
Smithsonian Institution, Washington, D.C.
Gift of the estate of Charles Lang Freer, FSA A.01 12.05.GN. 230
图 4-51：杭州雷峰塔东部的西湖岸边墓园与馆所
佛利尔等拍摄于 1911 年

Fig. 4-50. Leifeng pagoda
Hangzhou, Zhejiang province
Photograph by Freer and Others in 1911
Charles Lang Freer Papers
Freer Gallery of Art and Arthur M. Sackler Gallery Archives
Smithsonian Institution, Washington, D.C.
Gift of the estate of Charles Lang Freer, FSA A.01 12.05.GN. 193
图 4-50：杭州雷峰塔
佛利尔等拍摄于 1911 年

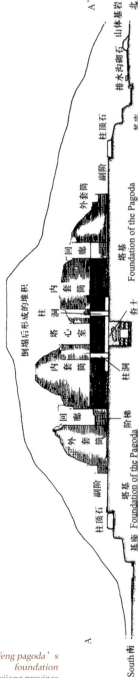

Fig. 4-53. Asoka Stupa
H: 35.6 cm
Silver
Dated 972-978
Wuyue kingdom (893-978)
Excavated from the earthly chamber of Leifeng pagoda
Hangzhou, Zhejiang province
From Zhejiangsheng bowuguan, ed., Zhejiangsheng
bowuguan diancang daxi: Dongtu Foguang (Hangzhou:
Zhejiang guji chubanshe, 2008), pp. 158.
图 4-53：杭州雷峰塔地宫遗址出土吴越国阿育王银塔
高 35.6 厘米
采自浙江省博物馆编：《浙江省博物馆典藏大系——
东土佛光》第 158 页

Fig. 4-52. Layout of the ruin of Leifeng pagoda's
foundation
Hangzhou, Zhejiang province
After Leifeng ta yizhi, fig. 19
图 4-52：杭州雷峰塔塔基遗址平剖面图
采自《雷锋塔遗址》图 19

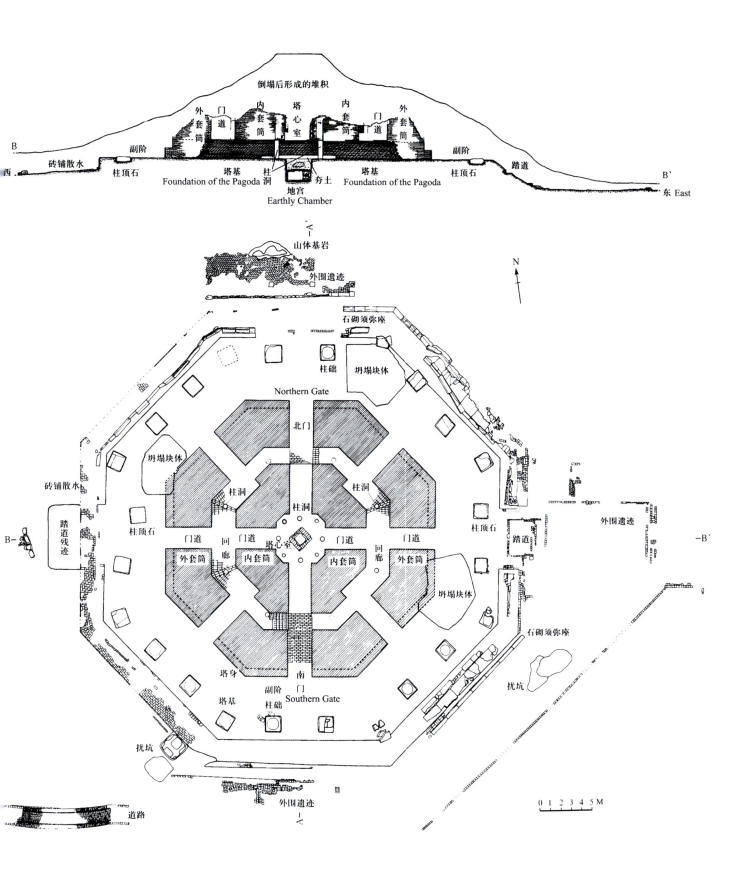

Baochu pagoda
保俶塔

保俶塔位于西湖北侧宝石山山顶。南宋潜说友《咸淳临安志》卷七十九曰："保叔塔崇寿院，开宝元年（968）钱氏建。治平中改赐今额。西湖北山，尽处标以浮图。浙江中流，望之最为耸出。在湖山间，与雷峰塔相应。僧永保建，故名保叔塔。"[19] 可知该塔为吴越国王钱弘俶出资或倡议兴建。后由僧永保重修，故名保叔塔。后又被误称为保所塔。

该塔原为九级。北宋咸平年间（998~1003），被尊称为"师叔"的永保和尚重修时改为七级。元延祐年间（1314~1320）至明嘉靖年间（1522~1566），塔屡毁屡建。明万历七年（1579）重修后为七层楼阁式砖木结构塔。乾隆五十四年（1789），曾在塔下发现吴延爽造塔记残碑，那时的塔尚存有七层木檐。吴延爽是钱弘俶之母吴汉月（913~952）的弟弟，即钱弘俶的娘舅。清朝末年佛利尔前往拍照时，塔之木檐已无，仅剩砖砌塔心。此外，还可看到塔下宝石山麓的大石佛院建筑（图

19 《中国方志丛书·华中地方》第 49 号，第 768 页。

4-54、4-55）僧人思净（人称"喻弥陀"，？~1140）在北宋宣和七年（1125）于杭州宝石山东南麓雕半身弥勒佛大像，并建有保护性建筑，被人们称为"大石佛院"。如今石佛仍存[20]，建筑已毁。民国十三年（1924），保俶塔倾斜。民国二十二年（1933），杭州市长赵志游和邑人程学銮等人发起重建，虽说依照之前的古塔原样修葺，却改成了八面七级砖砌实心塔，高45.3米，底层边长3.26米。塔刹铁构件仍为明代旧物，由宝瓶、相轮

等组成。塔的背面嵌有《重修保俶塔记》碑，可知当时人称其为"保俶塔"，可能是"保叔"之名的讹传，又或是将塔的建造者永保与钱俶之名合而为一。此名被沿用至今。1997年，更换朽坏塔刹。2005年，保俶塔被公布为浙江省文物保护单位；2013年，被国务院公布为第七批全国重点文物保护单位（图4-56）。

图4-54：杭州宝石山的保俶塔与大石佛院远眺
佛利尔等拍摄于1911年

[20] 浙江省文物考古研究所：《西湖石窟》，图版49，杭州：浙江人民出版社，1986年。

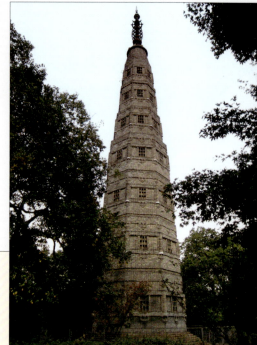

Fig. 4-56. Present day Baochu pagoda
Hangzhou, Zhejiang province
图 4-56：杭州保俶塔现状

Fig. 4-55. View from West Lake toward Baochu pagoda
Hangzhou, Zhejiang province
Photograph by Freer and Others in 1911
Charles Lang Freer Papers
Freer Gallery of Art and Arthur M. Sackler Gallery Archives
Smithsonian Institution, Washington, D.C.
Gift of the estate of Charles Lang Freer, FSA A.01 12.05.GN. 219
图 4-55：杭州宝石山的保俶塔与大石佛院远景
佛利尔等拍摄于 1911 年

Jingci monastery
净慈寺

净慈寺位于西湖南岸南屏山、雷峰塔对面，中国著名的禅宗寺院之一（图4-57）。因为寺内钟声宏亮，所以"南屏晚钟"成为"西湖十景"之一。净慈寺曾建有石牌坊、钟楼、金刚殿、大雄宝殿、千佛阁、罗汉殿、禅堂、毗卢阁、宗镜堂、祖师殿、观音殿、功德堂、仰仰堂、宏法堂、济祖殿、寮舍、庑廊、永明延寿舍利塔、圆照楼、万工池等。

据南宋潜说友（1216~1277）撰《咸淳临安志》卷七十八记载，净慈寺原名报恩光孝禅寺，五代后周显德元年（954）建，号"慧日永明院"。该书卷二十三还记载道："慧日峰，在净慈寺后，今有慧日阁。"[21] 最初的寺名"慧日永明院"由来于该寺为吴越国钱弘俶为高僧永明延寿禅师而建。宋太宗于太平兴国二年（977）赐慧日永明院为"寿宁禅院"，并重加修葺。翌年（978），吴越王钱弘俶纳土归宋，宋皇室对净慈寺也格外看重。天禧二年（1018），宋真宗曾特赐寿宁禅院铜毗卢遮那佛像等。北宋时期，寿宁禅院经多次营建修缮，规模不断扩大，还在寺前经募化集万人开凿水池，名"万工池"，以备汲水灭火之用。此池在明代改为"放生池"。

南宋建炎二年（1128），宋高宗赵构下旨改寺名为"净慈禅寺"。不久寺毁，僧道容鸠工五岁重建，并依据《涅槃经》塑五百阿罗汉像，以田字殿贮之，成为后代寺院制做五百罗汉像的范本。节度使曹勋（1098~1174）为这项工程撰记，盛赞净慈寺是"金碧辉煌，华梵绚丽；行都道场之盛，特冠诸山"。绍兴九年（1139），宋高宗大赦天下，为表示奉祀宋徽宗，特将净慈禅寺改名为"报恩光孝禅寺"，并将惠照寺并入。绍兴十九年（1149）十月，又改称为"净慈报恩光

孝禅寺"（简称净慈寺）。

南宋时净慈寺几经毁建。淳熙十四年（1187），净慈寺遭火灾，除山门之外，殿宇尽毁。宋孝宗出内帑库金重建净慈寺，使该寺"广殿邃庑，崇阁杰阁"，比前更加宏伟。宋孝宗亲临察看并手书"慧日阁"额。嘉泰四年（1204），净慈寺又毁，由郡守奏请赐金重建。时僧人道济（即民间传说中的济公）参与募化，再建寺院。嘉定三年（1210），少林妙崧禅师奉旨住持该净慈十二年，于嘉定十三年（1220）重建殿堂，使"寺故宏大，显于湖山"。曹洞宗第十三代祖如净禅师（1163~约1229）曾两度来杭住净慈寺。如净圆寂后归葬南屏，至今净慈寺后仍保留有如净墓塔。嘉定年间（1208~1224），朝廷品第江南诸寺，净慈寺以"闳胜甲于湖山"列为禅宗五山之一。当时该寺中轴线上有五座主殿，两旁配有偏殿，有各类阁、堂、轩、楼等三十三座，寺僧达数千人。淳祐十年（1249），宋理宗命净慈寺建千佛阁，并亲书"华严法界正遍知阁"八字。当时寺内壁画由名师钟鼎、丁清溪绘有善财童子五十三参像壁画，规模甚伟，与灵隐寺相仿。于是，杭州就有了"北有灵隐、南有净慈"之名。景定五年（1264），宋理宗赐田给净慈寺，并倡义修建毗卢阁。

元至元二十七年（1290），净慈寺遭火焚毁。后由历代住持募缘重建，先后修建了蒙堂、两库司、观音殿、大殿、罗汉殿、法堂等，最后重建山门，基本恢复了旧观。由于净慈寺在禅宗的崇高地位，元代朝廷邀请临济宗名僧晦机元熙（1238~1319）于至大元年（1308）住持净慈寺，受到大批政府官员的迎请，并有数千僧众闻其说法。此后，朝廷对净慈寺历代高僧都常加封赏，特别是赐号，如中峰明本（1263~1323）被赐号"智觉"，圆寂后又追谥"普应国师"。平山处林于

Fig. 4-57. View from Leifeng pagoda toward Jingci monastery
Hangzhou, Zhejiang province
图 4-57：今日杭州净慈寺鸟瞰

至元五年（1339）奉诏住持净慈寺，在朝廷的支持下重建殿堂，修饰罗汉堂群像，使寺院焕然一新。

由于元末战乱，净慈寺殿宇破败。洪武十一年（1378），同庵夷简禅师住持净慈寺，他募化集资，聚铜二万余斤，筑殿铸钟，终使净慈寺又成宏伟寺院。为此，明太祖朱元璋封其为僧录司左善世师，奉旨清理全国寺僧，征集高僧住金陵善世院。洪武二十五年（1392）十二月，净慈寺毁，由祖芳道联禅师（1346~1409）募化重建。朝廷自设立善世院后，在该院弘扬佛法的高僧大多出自净慈寺，足见该寺的重要性。成化十年（1474），住持古渊智源修葺殿堂，听法者众。万历二十年（1592），司礼监太监孙隆在净慈寺

铸造法器，修葺钟楼，构筑井亭，建造牌坊，为净慈寺建立了功德。他还将原有寺旁石坊迁建于寺前的万工池左右，左题"湖南佛国"，右题"震旦灵山"。到了明代后期，海盗倭寇侵扰杭州，使人民的生活动荡不安，致使南屏山的乔松修竹多被砍伐，净慈寺宇也破败不堪。

Fig. 4-58. Jingci monastery
Hangzhou, Zhejiang province
Photograph by Freer and Others in 1911
Charles Lang Freer Papers
Freer Gallery of Art and Arthur M. Sackler Gallery Archives
Smithsonian Institution, Washington, D.C.
Gift of the estate of Charles Lang Freer, FSA A.01 12.05.GN. 214
图 4-58：杭州净慈寺远景
佛利尔等拍摄于 1911 年

清初康熙三十八年（1699），玄烨曾游览净慈寺，改"净慈报恩禅寺"为"净慈禅寺"，并手书"净慈寺"寺额。康熙还题《南屏晓钟》《由净慈寺经南屏诸山》等诗。康熙四十四年（1705），净慈寺再次被毁，只有大殿保存完好。康熙四十六年（1707），皇室拨内帑重建净慈禅寺，玄烨亲制碑文勒石。这项工程于康熙四十九年（1710）竣工，重建的寺院再现了昔日的壮丽。雍正、乾隆年间，朝廷对净慈寺屡有封赏，曾赐赠该寺永明延寿禅师肖像等艺术作品。乾隆十六年（1751），乾隆帝南巡时曾为净慈寺手书"正法眼藏""敕建净慈禅寺"等殿额和门额，并拨官库银重修寺宇，时人熊学鹏（1730年进士）撰《净慈禅寺重修碑记》称重修后的净慈寺"重轩广墄，崇宏坚固，旁及偏厢，夹道楼阁堂亭，金碧丹绿，无不聿新"。乾隆五十年（1785），从江苏寺庙移来鎏金塔两座，塔身

七层，塔高丈许，分别安置在大殿左右两侧。雍正八年（1730），浙江总督李卫重修净慈寺山门和刻有"湖南佛国""震旦灵山"的东西石牌坊。雍正十二年（1734）和乾隆十年（1745），寺僧两度奉旨修葺寺宇，该工程有御制碑文勒石。乾隆六十年（1795），大殿柱霉蛀，屋宇破败，住持际珍恳请浙江官员和浙人解囊相助，整修大殿，于嘉庆三年（1798）四月竣工。道光二十至二十五年（1840~1845），中丞乌敬斋重修大殿。咸丰十年、十一年（1860、1861），太平军占领杭州时，曾将净慈寺作为屯兵之所，殿堂、造像等遭到严重破坏。自光绪十四年（1888）起历时十年，先后修建观音殿、功德堂、仰仰堂、天王殿、宏法堂以及寮舍等。佛利尔镜头里的净慈寺就是这次重修后的面貌（图4-58、4-59、4-60、4-61、4-62、4-63）。他的照片还包括了净慈寺西侧清代河道总督严暨墓的神道石像及圣旨诰封牌

楼（图 4-64、4-65、4-66）。

中华民国五年（1916）重建大殿，七年（1918）修寿松堂，八年（1919）创立念佛堂，以实行"禅净双修"。民国二十一年（1932）十月十日，大火烧毁了济公殿、运木古井等。1955 年，政府对寺院进行全面整修，前、中、后三大殿焕然一新，并在殿西新建济祖殿以纪念济公和尚，在山门前建"南屏晚钟"碑亭。十年"文化大革命"期间，净慈寺一度被占用，使有的殿堂被损毁。1982 年，杭州市佛教协会重新接管寺院，进行重修。之后陆续整修或重建山门、钟楼、藏经阁、戒堂、后大殿、天王殿、大雄宝殿、御碑亭、运木井（亭）、寮房、济公殿、永明殿等。

净慈寺后慧日峰下有莲花洞、石佛洞、欢喜岩、如净禅师塔。石佛洞以两石屹立、形如佛龛，现存造像主要有正壁大龛内的三世佛坐像与南壁上层大龛内的卢舍那佛并骑狮文殊、骑象普贤像，二龛均雕造于净慈寺创建后不久的 10 世纪 50 年代，为吴越国作品。龛之右侧壁有明代浙直总督胡宗宪（1512~1565）题刻"寰中天室"四字。欢喜岩一无名洞中也有吴越国时期雕刻的西方三圣像。

前文已述，净慈寺还以其大钟而闻名。明洪武十一年（1378），住持夷简修葺寺宇重建钟楼时，以旧钟较小，乃募化积铜二万余斤重铸大钟，悬于钟楼，楼高十余丈。从此，净慈寺的钟声便响彻湖上，这口大钟也就享有了"南屏晚钟"的盛誉。明代诗人张岱（1597~1679）有诗曰："夜气瀚南屏，轻风薄如纸；钟声出上方，夜渡空江水。"形象地道出了净慈寺钟声的美妙意境。惜在清朝末年，铜钟在战乱中佚失。1984

Fig. 4-62. Back of the front entrance of Jingci monastery
Hangzhou, Zhejiang province
Photograph by Freer and Others in 1911
Charles Lang Freer Papers
Freer Gallery of Art and Arthur M. Sackler Gallery Archives
Smithsonian Institution, Washington, D.C.
Gift of the estate of Charles Lang Freer, FSA A.01 12.05.GN. 182
图 4-62：杭州净慈寺山门背面
佛利尔等拍摄于 1911 年

Fig. 4-63. The Main Buddha hall of Jingci monastery
Hangzhou, Zhejiang province
Photograph by Freer and Others in 1911
Charles Lang Freer Papers
Freer Gallery of Art and Arthur M. Sackler Gallery Archives
Smithsonian Institution, Washington, D.C.
Gift of the estate of Charles Lang Freer, FSA A.01 12.05.GN. 200
图 4-63：杭州净慈寺大雄宝殿
佛利尔等拍摄于 1911 年

Fig. 4-64. Viewing Jingci monastery from the tomb of the Qing
dynasty official Yan Ji
Hangzhou, Zhejiang province
Photograph by Freer and Others in 1911
Charles Lang Freer Papers
Freer Gallery of Art and Arthur M. Sackler Gallery Archives
Smithsonian Institution, Washington, D.C.
Gift of the estate of Charles Lang Freer, FSA A.01 12.05.GN. 229
图 4-64：从清代河道总督严暨墓远望净慈寺
佛利尔等拍摄于 1911 年

Fig. 4-65. The tomb of the Qing dynasty official Yan Ji at the
west side of Jingci monastery
Hangzhou, Zhejiang province
Photograph by Freer and Others in 1911
Charles Lang Freer Papers
Freer Gallery of Art and Arthur M. Sackler Gallery Archives
Smithsonian Institution, Washington, D.C.
Gift of the estate of Charles Lang Freer, FSA A.01 12.05.GN. 228
图 4-65：杭州净慈寺西侧清代河道总督严暨墓
佛利尔等拍摄于 1911 年

Fig. 4-66. The stone carved gateway for the tomb of the Qing
dynasty official Yan Ji
Hangzhou, Zhejiang province
Photograph by Freer and Others in 1911
Charles Lang Freer Papers
Freer Gallery of Art and Arthur M. Sackler Gallery Archives
Smithsonian Institution, Washington, D.C.
Gift of the estate of Charles Lang Freer, FSA A.01 12.05.GN. 213
图 4-66：杭州净慈寺西侧清代河道总督严暨墓的圣旨诰封牌楼
佛利尔等拍摄于 1911 年

上面的刻字曰：
圣旨，皇清诰授资 / 政大夫 / 兵部侍 / 郎都察 / 院右副 / 都御史
/ 提督军 / 务江南 / 河道总 / 督河东 / 河道总 / 督加三 / 级严公 /
暨 / □□□ / 诰封□人 / 晋赠夫人 / 夫人合 / 葬墓□

年，净慈寺在日本佛教界的相助下重铸铜钟。

岳王庙

岳王庙是南宋抗金名将岳飞（1103~1142）及其子岳云（1119~1142）墓葬与纪念祭祀庙，位于西湖西北角的栖霞岭南麓、北山路西段北侧。岳飞为南宋时期的民族英雄、军事家、抗金名将。他是河北（今河南）相州汤阴人，字鹏举，谥号武穆，后改谥忠武。因其主张对金用兵，并屡建功勋，于绍兴十一年（1142）被对金主和的宋高宗（1127~1162年在位）与宰相秦桧（1091~1155）合谋杀害。狱卒隗顺背负其遗体逃出临安城，至九曲丛祠，葬之于北山。绍兴三十二年（1162），宋孝宗继位，罢黜秦桧党人，为岳飞平反，重建岳飞墓。嘉泰四年（1204），朝廷追封岳飞为鄂王。嘉定十四年（1221），宋宁宗（1194~1224年在位）赐岳飞墓旁的智果观音院为褒忠衍福禅寺，以表彰岳飞的功德，是为岳王庙的前身。明英宗天顺年间（1457~1464），改褒忠衍福禅寺为岳王庙，并赐额"忠烈"。中华民国七年（1918），岳飞墓进行整体大修，并在忠烈祠门厅上悬挂"岳王庙"的匾额。经过历代兴废，现存格局基本保持清康熙五十四年（1715）重建时的样式，分为墓园、忠烈祠、启忠祠三部分。墓园坐西向东，忠烈祠和启忠祠坐北朝南。岳王庙大门正对西湖五大水面之一的岳湖，在墓庙与岳湖之间，高耸着"碧血丹心"石坊（图4-67）。1961年岳飞墓被列为全国重点文物保护单位。"文化大革命"期间，岳王庙遭到严重破坏。墓阙被推倒，墓地被夷为平地，遍地是被砸破的断碑残碣。忠烈祠与启忠祠也遭到了破坏。1978年至1979年底，岳飞墓按南宋原规格大体修复，忠烈祠和启忠祠也得以修缮。

佛利尔及民国时期的老照片可以展示岳王庙的旧貌。忠烈祠由门楼、庭院、正殿、二配殿组成，沿南北向轴线对称排列。门楼是一座重檐歇山顶木结构建筑（图4-68），走进门楼，是一个四方院落，中间是一条

Fig. 4-68. The front entrance of the shrine of Yue Fei
Hangzhou, Zhejiang province
From Tokiwa Daijō and Sekino Tadashi, Shina bunka shiseki, plate IV-79 (1).
图 4-68：杭州岳王庙正门
采自常盘大定、关野贞：《支那文化史迹》图版 IV-79 〔1〕

Fig. 4-67. The stone carved
gateway for the shrine of Yue Fei
Hangzhou, Zhejiang province
Dated 1886
Qing dynasty (1644-1911)
Photograph by Freer and Others
in 1911
Charles Lang Freer Papers
Freer Gallery of Art and Arthur M.
Sackler Gallery Archives
Smithsonian Institution,
Washington, D.C.
Gift of the estate of Charles Lang
Freer, FSA A.01 12.05.GN. 222
图 4-67：杭州岳王庙前清光绪
十二年（1886）"碧血丹心"牌楼
佛利尔等拍摄于 1911 年
牌楼上刻"碧血丹心"四字。四
字下的落款是："光绪丙戌季夏
护理浙江巡抚许应鑅补立"。
许应鑅（1820~1891），字昌言，号
星台，广东番禺人。道光二十三
年（1843）乡试中举，咸丰三年
（1853）登进士。他于光绪十二
年（1886）护理浙江巡抚。该牌
楼即立于是年。

青石铺成的甬道通向正面的正殿，正殿为重檐歇山
顶，正殿西侧壁有明代浙江参政洪珠（1521 年进
士）题写的"尽忠报国"四个大字。正殿中供奉彩
塑岳飞像，原是戴冕旒的帝王形象（图 4-69），"文
革"时被毁。"文革"之后，岳飞像改塑为武将装
束的坐像（图 4-70）。像前高悬"还我河山"匾，
传为岳飞手迹。现正殿后面两旁是岳母刺字等巨幅
壁画。在正殿两侧的东西两庑，分别是祭祀岳飞部
将张宪（？~1142）、牛皋（1087~1147）的烈文

Fig. 4-69. Statue of Yue Fei
Originally in the Shrine of Yue Fei
Hangzhou, Zhejiang province
Photograph
Dated to the period of Republic of
China (1911-1949)
From Xihu jiuzong, p. 71.
图 4-69：杭州岳王庙中的岳飞像
民国时期拍摄
采自《西湖旧踪》第 71 页

Fig. 4-70. Statue of Yue Fei
In the Shrine of Yue Fei
Hangzhou, Zhejiang province
Dated to 1979
图 4-70：杭州岳王庙中的岳飞像
1979 年重塑

侯祠和辅文侯祠。

　　岳飞墓园在忠烈祠西侧，沿东西向轴线对称布局。一座宋代建筑风格的墓阙将墓园区分为庭院和墓园地两部分（图4-71）。位于正殿西面的一组庭园前有照壁，上书"尽忠报国"四大字。在庭园中立有枯柏（图4-72）。传说这棵柏树原在大理寺风波亭边上，岳飞遇害后，树就枯死了，后来就移放在岳坟边上，称为精忠柏。但亭内的柏树则是约1.2亿年以上的化石，其年龄要比南宋古柏大得多，古生物学上称为"硅化木"。庭院南北两厢为碑廊，北面碑廊陈列刻有岳飞诗词、奏札等手迹的碑碣，南面是历代重修庙记碑以及历代名人凭吊岳飞的诗词碑记。庭院中间有一石桥名精忠桥，过

Fig. 4-71. Entrance to the tomb of Yue Fei
Hangzhou, Zhejiang province
Photograph by Freer and Others in 1911
Charles Lang Freer Papers
Freer Gallery of Art and Arthur M. Sackler Gallery Archives
Smithsonian Institution, Washington, D.C.
Gift of the estate of Charles Lang Freer, FSA A.01 12.05.GN. 233
图4-71：杭州岳王庙岳王坟门阙正面
佛利尔等拍摄于1911年

Fig. 4-72. The cypress tree in the yard and the screen wall of loyalty and patriot
The Shrine of Yue Fei
Hangzhou, Zhejiang province
From Xihu jiuzong, p. 69
图 4-72：杭州岳王庙庭园的南枝柏与"尽忠报国"照壁
采自《西湖旧踪》第 69 页

此桥便是墓阙。墓阙边上有一口井名忠泉。墓阙门框上镌有石刻楹联："青山有幸埋忠骨，白铁无辜铸佞臣。"在墓阙门内两侧的石砌墙前各有跪姿铸铁人像二（图4-73）。这四个铸铁像表现的是陷害岳飞的四个奸臣秦桧、王氏、万俟卨（1083~1157）、张俊（1086~1154）跪像，他们均反剪双手，长跪于地。四人像均袒裸上身，低头向着岳飞墓方向。进阙门即为神道，可见两侧的石马、石虎、石羊各一对，还有文官俑一对、武将俑两对，共同组成了一组石像生（图4-74）。神道通向一三重墓门，门两侧砌墙（图4-75）。进入这个三重门即是岳飞墓园。这座三重墓阙门与墙今已不存。墓园正中是岳飞墓（图4-76），现墓是 1978 年重新修建的，墓碑上刻着"宋岳鄂王墓"。左边是岳云墓，墓碑上刻着"宋继忠侯岳云墓"。墓前有一对望柱，上刻有对联曰："正邪自古同冰炭，毁誉于今判伪真。"

秦桧等四人跪像历经明成化十一年（1475），明正德八年（1513），明万历二十二年（1594）、三十年（1602）、三十四年（1606），清雍正九年（1731），清乾隆十二年（1747）、清嘉庆五年（1800）、清同治四年（1865）、清光绪二十三年（1897）等多次重铸。

Fig. 4-74. Three stone carved figures
In front of the tomb of Yue Fei
Hangzhou, Zhejiang province
Photograph by Freer and Others in 1911
Charles Lang Freer Papers
Freer Gallery of Art and Arthur M. Sackler
Gallery Archives
Smithsonian Institution, Washington, D.C.
Gift of the estate of Charles Lang Freer, FSA
A.01 12.05.GN. 234
图 4-74：杭州岳王庙岳坟前的三石雕人像
佛利尔等拍摄于 1911 年

Fig. 4-73. Two kneeing cast iron figures
In front of the tomb of Yue Fei
Hangzhou, Zhejiang province
Photograph by Freer and Others in 1911
Charles Lang Freer Papers
Freer Gallery of Art and Arthur M. Sackler
Gallery Archives
Smithsonian Institution, Washington, D.C.
Gift of the estate of Charles Lang Freer, FSA
A.01 12.05.GN. 225
图 4-73：杭州岳王庙岳王坟前二跪姿铁人
佛利尔等拍摄于 1911 年

Fig. 4-75. The three gates to the tomb of Yue
Fei and the Spiritual Path with six stone carved
figures
Hangzhou, Zhejiang province
Photograph by Freer and Others in 1911
Charles Lang Freer Papers
Freer Gallery of Art and Arthur M. Sackler Gallery
Archives
Smithsonian Institution, Washington, D.C.
Gift of the estate of Charles Lang Freer, FSA A.01
12.05.GN. 221
图 4-75：杭州岳王庙岳王坟前的三拱门与神道六
身石人像
佛利尔等拍摄于 1911 年

Fig. 4-77. Kneeling cast iron statue of Qin Hui
In front of the tomb of Yue Fei
Hangzhou, Zhejiang province
Dated 1979
图 4-77：杭州岳王庙岳王坟前的铁铸秦桧像
1979 年制作

光绪二十三年的重铸像一直保存到 1966 年，也就是佛利尔照片中反映的跪像。十年"文革"动乱中的 1966 年，岳飞墓被毁，秦桧等四具跪像也不翼而飞。1979 年，浙江省政府拨款 40 万元，重新修筑了岳飞墓，并在岳飞墓前第十二次重新铸造了秦桧、王氏、万俟卨、张俊等四具双手反剪的赤身跪像，即为现在所见的四像（图 4-77）。

忠烈庙西侧旧为启忠祠，祭祀岳飞父母及其五子（云、雷、霖、震、霭）、五媳及女银瓶。1984 年，此地辟为岳飞纪念馆，以实物、图片等资料介绍岳飞的一生。展品中有一尊在墓前出土的南宋石翁仲，系

Fig. 4-76. The tomb of Yue Fei
Hangzhou, Zhejiang province
From Tokiwa Daijō and Sekino Tadashi. Shina
bunka shiseki, plate IV-79 (2).
图 4-76：杭州岳王庙岳王坟
墓碑上刻："宋岳鄂王墓"
采自常盘大定、关野贞：《支那文化史迹》图版
IV-79（2）

1979年清理岳飞墓道时发掘出土的，应为原墓前雕刻。

Tomb of Su Xiaoxiao
苏小小墓

苏小小墓，位于杭州西湖西泠桥畔。墓上建有慕才亭。苏小小的故事最早出现于南朝梁陈时诗人徐陵（507~583）所辑汉代至南梁（前202~557）诗歌总集《玉台新咏》之中。北宋沈建在其《乐府广题》中说苏小小是六朝南齐（479~502）名娟，家住钱塘（今杭州）。她貌绝青楼，才技超群，后因病而死，葬于西泠之坞。关于苏小小墓址，历来传说不一。南宋吴自牧《梦梁录》中提到："苏小小，在西湖上，有'湖堤步游客'之句，此即题苏氏之墓也。"南宋祝穆（？~1255）撰写、祝洙（1256年进士）增补的地理著作《方舆胜览》记载："苏小小墓在嘉兴县西南六十步，乃晋之歌妓。今有片石在通判厅，题曰苏小小墓。"明代书画家徐渭（1521~1593）来此凭吊时，墓还完好。清雍正十年（1746），"扬州八怪"之一的画家郑燮（1693~1766）遍寻西湖西泠桥畔而未果，曾写信向熟悉西湖掌故朋友打听苏小小墓所在。根据《浮生六记》作者清代长洲人沈复（1763~1832）的记述，在西泠桥侧的苏小小墓，最初仅半抔黄土。乾隆皇帝于1780年南巡，也曾询问苏小小墓。1784年春，乾隆帝再次南巡，沈复随父亲迎接圣驾，那时就出现了一座用石筑为八角形的苏小小墓，墓前石碑上刻"钱塘苏小小之墓"。此墓也许就是明代徐谓所见的苏小小墓，被当时人发现后重修而成的。清代思想家、政论家和新闻记者王韬（1828~1897）在咸丰八年（1858）游西湖孤山，在《漫游随录图记·西泠放棹》中记述慕才亭的来历曰："苏小小墓在山麓，绕孤山行数百步即是，近为特鉴堂将军所修治。建亭其上，题曰慕才。"

在佛利尔一行为苏小小墓拍照的1911年，苏小小墓上的慕才亭为六角攒尖顶，顶上覆瓦，为来吊唁的人遮蔽风雨。墓碑上刻楷书"钱塘苏小小墓"。亭楣上刻有隶书"慕才亭"三字。六石柱上均刻有楹联（图4-78、4-79）多达12联。"千载芳名留古迹，六朝韵事著西泠""金粉六朝香车何处，才华一代青冢独存""花须柳眼浑无赖，落絮游丝亦有情"等。在有的石柱上还贴着"同生堂"药店广告。在"文化大革命"初期，墓与亭被红卫兵毁坏。2004年，杭州市重修苏小小墓，用泰顺青石雕琢而成，仍设计由六根方柱支撑，亭内有

Fig. 4-78. Tomb of Su Xiaoxiao
Hangzhou, Zhejiang province
Photograph
Dated to the period of Republic of China (1911-1949)
From Xihu jiuzong, p. 64
图4-78：杭州苏小小墓
民国时期拍摄
采自《西湖旧踪》第64页

Fig. 4-79. Tomb of Su Xiaoxiao
Hangzhou, Zhejiang province
Photograph by Freer and Others in 1911
Charles Lang Freer Papers
Freer Gallery of Art and Arthur M. Sackler Gallery Archives
Smithsonian Institution, Washington, D.C.
Gift of the estate of Charles Lang Freer, FSA A.01 12.05.GN. 210
图4-79：杭州苏小小墓
佛利尔等拍摄于1911年

十二幅楹联，由当代书法家书写。

Zhusu garden
竹素园

在古典文献里，竹素园意即丰富的典籍。南梁萧统（501~531）等编《昭明文选》卷二十九载西晋文学家张协《杂诗》其九曰："游思竹素园，寄辞翰墨林。"盛唐张铣注曰："竹素皆乃古人所用书之者，言游思典籍也。言园，谓广也。"可知竹素指中国古代书写的材质竹与帛，泛指书籍。那么，竹素园就有典籍园地之意了。杭州竹素园即以此为名，包含着欲让此园成为文人雅士们的聚集佳境，以便文思泉涌的意思。

竹素园位于栖霞岭南麓、岳王庙西面、曲院风荷左侧，占地面积约2万平方米，由清代浙江总督李卫（1687~1738）建造，是清代西湖十八景之一（图4-80、4-81、4-82）。民国赵尔巽（1844~1927）等纂修的《清史稿·李卫传》说："李卫，字又玠，江苏铜山人。入赀为员外郎，补兵部。康熙五十八年（1719），迁户部郎中。世宗即位，授直隶驿传道，未赴，改云南盐驿道。雍正二年（1724），就迁布政使，命仍管盐务。三年（1725），擢浙江巡抚。四年（1726），命兼理两浙盐政。……寻授浙江总督，管巡抚事。……七年（1729），加兵部尚书。入觐，遭母丧，命回任守制。寻复加太子少傅。"竹素园正建于李卫任职浙江期间。竹素园园名为雍正皇帝御书，匾额悬于正中堂上。园内有流觞亭、香泉室、聚景楼、观瀑轩、水月亭、临花舫等建筑。李卫引栖霞岭之桃溪水入园，凿池置石，构筑亭轩，种植花木，利用濒临岳湖的地形，仿绍兴兰亭曲水流觞之雅趣，临溪建流觞亭，筑水月亭。此园前临西湖，后挹清溪，有雅致的景观。竹素园中有江南奇石苑以集聚奇石，包括江南三大石之一的"绉云峰"。此石高2.6米，狭腰处仅0.4米，剔透玲珑，与苏州留园的"瑞云峰"、上海豫园的"玉玲珑"齐名。竹素园西侧的水池旁筑有一座石质画舫，舫内设眺湖阁，游客可在其间小憩品茗。在竹素园的东侧有同时建造的"湖山春社"，是一座花神庙，供湖山三神及众花神等，是该园的一个组成部分。湖山春社正殿为一歇山顶重檐仿古建筑，东接水月廊，西通小轩。园内特别之处是"十二花神廊"，廊内供奉花神塑像。南面正门上悬挂着"湖山春社"匾额。

中国自从古就有在春分前后祭祀社神（土地神）的习俗。在这一天，文人雅士们既祭神又宴饮，饮酒赏花，赛诗奏乐。唐代诗人王驾《社日》诗曰："鹅湖山下稻粱肥，豚栅鸡栖对掩扉。桑柘影斜春社散，家家扶得醉人归。"李卫是一个颇有作为的官吏，他不仅对开发整治西湖功绩卓著，还对山水花木情有独钟。在杭州任上，他倡导恢复了南宋开始的西湖花朝节（自农历二月十五日始至端午节止），并建湖山春社作为花朝节的聚会地点。民国胡祥翰撰修《西湖新志》卷八曰："在左公祠右，雍正九年（1731）李卫创建湖山春社，复见迤西一隅清泉从竹径出，有兰亭曲水之致，辟地为园，正中建堂……右引桃溪之水，屈曲环注，仿古人流觞之意、临水构亭，曰'流觞亭'。湖上园林亦此为最古。"雍正九年李卫主持修纂的《西湖志》卷四曰："湖山神庙在岳鄂王祠西南，前临金沙涧，后为乌石峰，有泉发自栖霞山，涓涓下流，仗榛莽中，上多桃花，名桃溪。雍正九年，总督李卫相度地形，芟芜涤秽，虚明闲敞，爰创祠宇，奉湖山之神。"《西湖志》卷九又说："雍正九年，总督李卫辟地为园，创建亭宇。十年（1732），皇上御书'竹素园'三字，额悬正厅。内有流觞亭、水月亭、临花舫、观瀑轩、聚景楼，俱擅湖山之胜。"清代翟灏（？~1788）、翟瀚辑、王维瀚重订《湖山便览》卷三曰："湖山神庙在竹素园左，雍正九年与园同建。李公记略曰：《河图括地志》言，川德布精上为星，西湖之胜，岂独无列宿主之。又《典术》东方岁星为杏，《春秋运斗枢》玉衡之星散而为桃，草木之敷英，皆列宿之精所化。西湖自正月至十二月，无月无花，无

花不盛，亦必有主之者已。爰辟祠宇，中奉湖山正神，旁列十二月花神，加以闰月，各就其月之花，表诸冠裳，以为之识，且设四时催花使者于湖山神之旁焉。三春之月，都人士女竞集于此，画鼓灵箫，喧阗竟日，目曰湖山春社。"《湖山便览》卷三又记载苏公堤"第六桥西，右引桃溪之水，注曲环注，仿古人流觞之意，临水筑亭；亭西置舫斋，回临花舫，迤南为水月亭，后为楼阁，曰'聚景'，最后为观瀑亭、香泉宝。湖上泉流之胜，以此为著，乃素竹园也。"民国《西湖新志》也说："雍正年间，前清总督李公卫浚治西湖，修缮胜迹，复增西湖四十八景……雍正九年，李公卫创湖山神庙于曲院风荷旁，奉祀湖山神及十二月花神和四个催花仙子。旋于庙侧，辟地建花神庙、竹素园"。可知李卫同时建造了湖山神庙与作为自家人游乐的园林——竹素园。这个湖山神庙很有自己的特色，除湖山正神是男性，其他的花神全系女性，而且每个花神身上都有标志，比如正月为梅花，二月为杏花，三月为桃花等等。

浙江总督李卫还为西湖景观有颇多贡献。他在疏浚完西湖之后，又修筑金沙堤，建玉带桥，整治小瀛洲，在钱王祠前立功德坊，在万松岭补种万株松树，还新建玉泉洗心亭、孤山西爽亭、宝石山来风亭、丁家山的八角亭等，完成了"西湖十八景"的建设。他还主持了《西湖志》的编写。不幸的是，乾隆初年有人参他湖山春社的正神是按他自己的像塑造的，而十二花神的形象就是他的姬妾。乾隆皇帝大怒，下令将其神像全部改塑，李卫不久即过世。

李卫在乾隆年间已失势，竹素园也日渐颓废。以后几废几立。湖山春社于清咸丰末年毁于兵燹。光绪年间（1875~1908），杭州知府林启（1839~1900）改此地为蚕学馆，即今浙江工程学院的前身。民国后期改作他用。1952年后为浚湖工程处工地。1956年改为杭州市园林管理局所在地，保存有青石小桥一座，垒石一组，清乾隆题书石碑一块。1963年扩建"曲院风荷"时，竹素园被列为岳湖景区内古典庭园。1991年开始，杭州市园林局开始重新修建，1996年10月重修的竹素园开放，今属"曲院风荷"景区范围。

但因几经沧桑，当年与今日的竹素园风格已大不相同，佛利尔的照片就为我们提供了难得的历史记忆。从照片可见清末的竹素园景观。现竹素园内植物配置以竹为基调，但清末的竹素园却几乎见不到竹子。竹素园虽建在湖边平地，但园内建筑却高低错落有致。在清末，湖山春社建在园内最高处，有石阶通向高台，颇具气势（图4-83）。门旁挂有对联，照片上的字迹清晰可见。十二花神廊是一个小院，正面厅堂里供奉花神塑像，两边是半围长廊，墙上悬挂着十二幅花卉的彩色水墨画（图4-84）。清末竹素园中的聚景楼是一座歇山顶楼榭，厅堂正面是一长排黑白相间的窗格门，外廊有一圈美人靠，与今天的聚景楼全然不同（图4-85）。水月亭也是一个建在高台上的楼榭，外形与聚景楼相似，楼前假山下有流觞小溪逶迤流过（图4-86、4-87）。大门两旁挂有一对长联："水凭冷暖，溪间休寻何处来源，咏曲驻斜晖，湖边风景随人可；月自圆缺，亭畔莫问当年初照，举杯邀今夕，天上嫦娥认我不。"联内藏头是"水月"二字。流觞亭是一个圆形小亭，有六根圆柱支撑，一圈靠背木质长椅，上面刻有江南特色的"品"

Fig. 4-81. Detail of Zhusu Garden
Hangzhou, Zhejiang province
Photograph by Freer and Others in 1911
Charles Lang Freer Papers
Freer Gallery of Art and Arthur M. Sackler Gallery Archives
Smithsonian Institution, Washington, D.C.
Gift of the estate of Charles Lang Freer, FSA A.01 12.05.GN. 202
图4-81：杭州竹素园一角
柱上对联曰："水清鱼读月，山静鸟谈天。"为雍正皇帝
（1723~1735年在位）所题，但该联为光绪年间（1875~1908）
题写
佛利尔等拍摄于1911年

Fig. 4-82. Detail of Zhusu Garden
Hangzhou, Zhejiang province
Photograph by Freer and Others in 1911
Charles Lang Freer Papers
Freer Gallery of Art and Arthur M. Sackler Gallery Archives
Smithsonian Institution, Washington, D.C.
Gift of the estate of Charles Lang Freer, FSA A.01 12.05.GN. 208
图4-82：杭州竹素园一角
佛利尔等拍摄于1911年

Fig. 4-87. Back of Water-Moon pavilion of Zhusu Garden
Hangzhou, Zhejiang province
Photograph by Freer and Others in 1911
Charles Lang Freer Papers
Freer Gallery of Art and Arthur M. Sackler Gallery Archives
Smithsonian Institution, Washington, D.C.
Gift of the estate of Charles Lang Freer, FSA A.01 12.05.GN. 236
图 4-87：杭州竹素园水月亭背面
佛利尔等拍摄于 1911 年

Fig. 4-85. Assemble Sceneries tower of Zhusu Garden
Hangzhou, Zhejiang province
Photograph by Freer and Others in 1911
Charles Lang Freer Papers
Freer Gallery of Art and Arthur M. Sackler Gallery Archives
Smithsonian Institution, Washington, D.C.
Gift of the estate of Charles Lang Freer, FSA A.01 12.05.GN. 209
图 4-85：杭州竹素园聚景楼
佛利尔等拍摄于 1911 年

Fig. 4-86. Front of Water-Moon pavilion of Zhusu garden
Hangzhou, Zhejiang province
Photograph by Freer and Others in 1911
Charles Lang Freer Papers
Freer Gallery of Art and Arthur M. Sackler Gallery Archives
Smithsonian Institution, Washington, D.C.
Gift of the estate of Charles Lang Freer, FSA A.01 12.05.GN. 178
图 4-86：杭州竹素园水月亭正面
佛利尔等拍摄于 1911 年

Fig. 4-88. Floating Wine Cup pavilion of Zhusu Garden
Hangzhou, Zhejiang province
Photograph by Freer and Others in 1911
Charles Lang Freer Papers
Freer Gallery of Art and Arthur M. Sackler Gallery Archives
Smithsonian Institution, Washington, D.C.
Gift of the estate of Charles Lang Freer, FSA A.01 12.05.GN. 204
图 4-88：杭州竹素园流觞亭
佛利尔等拍摄于 1911 年

Fig. 4-89. Viewing Water Fall pavilion of Zhusu Garden
Hangzhou, Zhejiang province
Photograph by Freer and Others in 1911
Charles Lang Freer Papers
Freer Gallery of Art and Arthur M. Sackler Gallery Archives
Smithsonian Institution, Washington, D.C.
Gift of the estate of Charles Lang Freer, FSA A.01 12.05.GN. 207
图 4-89：杭州竹素园观瀑亭
佛利尔等拍摄于 1911 年

Fig. 4-91. Back of Fragrant Spring hall of Zhusu garden
Hangzhou, Zhejiang province
Photograph by Freer and Others in 1911
Charles Lang Freer Papers
Freer Gallery of Art and Arthur M. Sackler Gallery
Archives
Smithsonian Institution, Washington, D.C.
Gift of the estate of Charles Lang Freer, FSA A.01 12.05.
GN. 206
图 4-91: 杭州竹素园香泉室背面
佛利尔等拍摄于 1911 年

Fig. 4-90. Front of Fragrant Spring hall of Zhusu garden
Hangzhou, Zhejiang province
Photograph by Freer and Others in 1911
Charles Lang Freer Papers
Freer Gallery of Art and Arthur M. Sackler Gallery Archives
Smithsonian Institution, Washington, D.C.
Gift of the estate of Charles Lang Freer, FSA A.01 12.05.GN. 196
图 4-90：杭州竹素园香泉室
佛利尔等拍摄于 1911 年

Fig. 4-92. Facing Flowers boat of Zhusu Garden
Hangzhou, Zhejiang province
Photograph by Freer and Others in 1911
Charles Lang Freer Papers
Freer Gallery of Art and Arthur M. Sackler Gallery Archives
Smithsonian Institution, Washington, D.C.
Gift of the estate of Charles Lang Freer, FSA A.01 12.05.GN. 235
图 4-92：杭州竹素园临花舫
佛利尔等拍摄于 1911 年

Fig. 4-93. Facing Flowers boat of Zhusu Garden
Hangzhou, Zhejiang province
Photograph by Freer and Others in 1911
Charles Lang Freer Papers
Freer Gallery of Art and Arthur M. Sackler Gallery Archives
Smithsonian Institution, Washington, D.C.
Gift of the estate of Charles Lang Freer, FSA A.01 12.05.GN. 201
图 4-93：杭州竹素园临花舫
佛利尔等拍摄于 1911 年

Fig. 4-94. Coin certificate of one hundred
yuan from the Great Qing bank
With the motif on the Facing Flowers
boat of Zhusu Garden on the back
Dated 1909
图 4-94：印有竹素园临花舫的大清银行
壹百圆兑换券
宣统元年（1909）印造

Bibliography
参考文献

One: Chinese Classical Texts
一、中文古籍

◎ [明末清初] 佚名：《如梦录》，郑州：中州古籍出版社，1984年。

◎ [清] 丁丙（1832~1899）编：《武林掌故丛编》，十二册，台北：台联国风出版社、华文书局，1976年。

◎ [北宋] 郭若虚：《图画见闻志》。

◎ [清] 黄舒昺：《新修祥符县志》（成书于1898年）。

◎ [宋] 计有功（1121年进士）：《唐诗纪事》。

◎ [姚秦] 鸠摩罗什（344~413）译：《维摩诘所说经》。

◎ [明] 李濂（1488~1566）：《汴京遗迹志》，刊于《景印文渊阁四库全书·史部345·地理类》，台北：台湾商务印书馆，1983年。

◎ [清] 李卫（1687~1738）编纂：《西湖志》（成书于1731年）。

◎ [唐] 李吉甫（758~814）：《元和郡县图志》（成书于813年）。

◎ [后晋] 刘昫（888~947）：《旧唐书》。

◎ [清] 鲁曾煜：《祥符县志》（成书于1739年）。

◎ 胡道静等编：《藏外道书》，成都：巴蜀书社，1994年。

◎ [唐] 慧琳：《一切经音义》（成书于807年）。

◎ [民国] 胡祥翰：《西湖新志》。

◎ [宋] 孟元老：《东京梦华录》（成书于1147年）。

◎ [明] 聂心汤：《万历钱塘县志》，刊于丁丙编：《武林掌故丛编》第8册。

◎ [北宋] 欧阳修（1007~1072）：《新唐书》。

◎ ——：《新五代史》。

◎ [南宋] 潜说友（1216~1277）：《咸淳临安志》，刊于《中国方志丛书·华中地方》第49号，台北：成文出版社有限公司，1970年。

◎ [北宋] 沈括（1031~1095）：《梦溪笔谈》。

◎ [南宋] 施谔：《淳祐临安志》，刊于《南宋临安两志》，杭州：浙江人民出版社，1983年。

◎ [元] 施耐庵（1296~1372）、[元明] 罗贯中（1320~1400）：《水浒传》。

◎ [北宋] 司马光（1019~1086）等：《资治通鉴》。

◎ [清] 孙治、[清] 徐增同：《灵隐寺志》，刊于丁丙编：《武林掌故丛编》第6册。

◎ [北魏] 昙曜译：《付法藏因缘传》。

◎ [明] 田汝成（1503~1557）：《西湖游览志》（1547年序），刊于丁丙编：《武林掌故丛编》第10册。

◎ [元] 脱脱（1314~1355）：《宋史》。

◎ [南梁] 萧统（501~531）：《昭明文选》。

◎ [北宋] 王瓘：《北道刊误志》，刊于《丛书集成初编》第3111册，北京：中华书局，1991年。

◎ [北齐] 魏收（507~572）：《魏书》。

◎ [北宋] 文莹：《玉壶清话》。

◎ [南宋] 吴自牧：《梦粱录》，刊于丁丙编：《武林掌故丛编》第7册。

◎ [南宋] 王栐：《燕翼贻谋录》，上海：上海古籍出版社，2012年。

◎ [清] 翟灏（？~1788）、[清] 翟瀚编：《湖山便览》。

◎ [民国] 赵尔巽（1844~1927）等：《清史稿》。

◎ [南宋] 祝穆（？~1255）、[南宋] 祝洙（1256年进士）：《方舆胜览》。

◎ [春秋] 左丘明：《左传》。

Two: Research Articles and Books in Chinese
二、中文研究论著

◎ 伯希和（1878~1945）着、耿升译：《伯希和敦煌石窟笔记》，兰州：甘肃人民出版社，2008年。

◎ 常青：《北朝石窟神王雕刻述略》，《考古》1994年第12期，第1127~1141页。

◎ ——：《本土化的信仰与图相：飞来峰第68龛的布袋弥勒

与十八罗汉造像》，刊于浙江省博物馆编：《中国古代佛塔地宫文物国际学术研讨会论文集》，北京：中国书店，2015年。

◎ ——：《彬县大佛寺造像艺术》，北京：现代出版社，1998年。

◎ ——：《杭州飞来峰五百罗汉像及其相关问题》，《东方博物》2012年第42期，第50~59页。

◎ ——：《美国大都会艺术博物馆藏龙门雕像再研究》，《美成在久Orientations》第18期，2017年7月，第70~81页。

◎ 查尔斯·兰·弗利尔（1854~1919）：《佛光无尽：弗利尔1910年龙门纪行》，上海：上海书画出版社，2014年。

◎ 高念华编：《飞来峰造像》，北京：文物出版社，2002年。

◎ 郭玉堂（1888~1957）：《洛阳古物记（手抄本）》。

◎ 河南省文物考古研究所：《北宋皇陵》，郑州：中州古籍出版社，1997年。

◎ 东山健吾：《流散于欧美、日本的龙门石窟雕像》，刊于龙门文物保管所编：《中国石窟·龙门石窟》（二），北京：文物出版社，1992年。

◎ 河南省文物考古研究所编：《中国石窟·巩县石窟寺》，北京：文物出版社，1989年。

◎ 赖天兵：《杭州灵隐理公塔》，《浙江佛教》2002年第3期，第136~139页。

◎ 李崇峰：《龙门石窟唐代窟龛分期试论》，《石窟寺研究》2013年第4辑，第58~150页。

◎ 林蔚：《栖霞山千佛崖第13窟的新发现》，《文物》1996年第4期，第32~36、84、99页。

◎ 刘景龙：《宾阳洞》，北京：文物出版社，2010年。

◎ ——：《古阳洞》，北京：文物出版社，2001年。

◎ 刘景龙、李玉昆：《龙门石窟碑刻题记汇录》，北京：中国大百科全书出版社，1998年。

◎ 刘汝醴：《关于龙门三窟》，《文物》1959年第12期，第17~18页。

◎ 李文生：《龙门石窟药方洞考》，《中原文物》1981年第3期。

◎ ——：《渑池鸿庆寺石窟》，刊于龙门文物保管所编：《中国石窟·龙门石窟》（一），北京：文物出版社，1991年。

◎ 龙门石窟研究所编：《龙门流散雕像集》，上海：上海人民美术出版社，1993年。

◎ 龙门石窟研究所、中央美术学院美术史系：《龙门石窟窟龛编号图册》，北京：人民美术出版社，1994年。

◎ 龙门文物保管所编：《中国石窟·龙门石窟》（二），北京：文物出版社，1992年。

◎ [日] 曾布川宽着、颜娟英译：《唐代龙门石窟造像的研究》，《艺术学》1992年第7期，第193~267页；1992年第8期，第99~163页。

◎ 宿白（1922~2018）：《洛阳地区北朝石窟的初步考察》，刊于龙门文物保管所编：《中国石窟·龙门石窟》（一），北京：文物出版社，1991年。

◎ ——：《平城实力的集聚和"云冈模式"的形成与发展》，刊于宿白：《中国石窟寺研究》，北京：文物出版社，1996年。

◎ ——：《中国石窟寺研究》，北京：文物出版社，1996年。

◎ 苏玲怡：《龙门古阳洞研究》，台湾大学艺术史研究所硕士论文，2004年。

◎ 唐宇力：《灵隐寺两石塔两经幢——现状调查与测绘报告》，北京：文物出版社，2015年。

◎ 王丽雅、俞军芳：《杭州灵隐寺两石塔两经幢概述》，刊于浙江省博物馆编：《中国古代佛塔地宫文物国际学术研讨会论文集》，北京：中国书店，2015年，第79~85页。

◎ 王世襄（1914~2009）：《记美帝搜刮我国文物的七大中心》，《文物》1955年第7期，第45~55页。

◎ 温玉成：《古阳洞研究》，刊于龙门石窟研究所编：《龙门石窟研究论文选》，上海：上海人民美术出版社，1993年。

◎ ——：《龙门北朝小龛的类型、分期与洞窟排年》，刊于龙门文物保管所编：《中国石窟·龙门石窟》（一），北京：文物出版社，1991年。

◎ ——：《龙门唐窟排年》，刊于龙门文物保管所编：《中国石窟·龙门石窟》（二），北京：文物出版社，1992年。

◎ 谢继胜等：《江南藏传佛教艺术——杭州飞来峰石刻造像研究》，北京：中国藏学出版社，2014年。

◎ 徐苹芳（1930~2011）：《北宋开封大相国寺平面复原图说》，刊于文物出版社编辑部：《文物与考古论集》，北京：文物出版社，1986年。

◎ [日] 八木春生着、姚瑶译：《关于龙门石窟西山南部地区诸窟的编年》，《石窟寺研究》2016年第6辑，第325~347页。

◎ 阎文儒（1912～1994）：《龙门奉先寺三造像碑铭考释》，《中原文物特刊》1985年。

◎ 姚学谋、杨超杰：《龙门石窟极南洞新考》，《石窟寺研究》2010年第1辑，第74～81页。

◎ 张宝玺：《龙门北魏石窟二弟子造像的定型化》，刊于龙门石窟研究所编：《龙门石窟一千五百周年国际学术讨论会论文集》，北京：文物出版社，1996年。

◎ 张乃翥：《从龙门造像史迹看武则天与唐代佛教之关系》，《世界宗教研究》1989年第1期。

◎ 张若愚：《伊阙佛龛之碑和潜溪寺、宾阳洞》，《文物》1980年第1期，第19～24页。

◎ 浙江省文物考古研究所编：《西湖石窟》，杭州：浙江人民出版社，1986年。

◎ 中国大百科全书总编辑委员会编：《中国大百科全书·考古学》，北京：中国大百科全书出版社，1986年。

◎ 中国石窟雕塑全集编辑委员会编：《中国石窟雕塑全集5·陕西宁夏》，重庆：重庆出版社，2001年。

◎ 中国石窟雕塑全集编辑委员会编：《中国石窟雕塑全集6·北方六省》，重庆：重庆出版社，2001年。

Three: Research Articles and Books in Japanese
三、日文研究论著

◎ 常盘大定（1870～1945）、关野贞（1868～1935）：《支那佛教史迹》评解三，日本佛教史迹研究会，1926～1927年。

◎ 大英博物馆：《西域美术》2，东京：講談社，1982年。

◎ 高楠順次郎（1866～1945）、渡边海旭（1872～1933）主编：《大正新修大藏經》100册，东京：大正一切經刊行會，1924～1935年。

◎ 关野贞（1868～1935）：《天龙山石窟》，《佛教学杂志》，第3卷第4号，1922年。

◎ 山中定次郎（1866～1936）：《天龙山纪行》，《天龙山石佛集》，山中商会，1928年。

◎ 水野清一（1905～1971）、長廣敏雄（1905～1990）：《龍門石窟の研究》，东京：座右宝刊行会，1941年。

◎ ——：《響堂山石窟：河北河南省境における北齊時代の石窟寺院》，京都：東方文化學院京都研究所，1937年。

◎ ——：《雲岡石窟：西暦五世紀における中国北部佛教窟院の考古学的調査報告》，京都：京都大學人文科學研究所，1951～1955年。

◎ 小野玄妙（1883～1939）、田中俊逸：《天龙山石窟》，东京：金尾文渊堂，1922年。

Four: Research Articles and Books in Western Languages
四、西文研究论著

◎ Chang Qing. "Revisiting the Longmen Sculptures in the Collection of The Metropolitan Museum of Art" [美国大都会艺术博物馆藏龙门雕像再研究]. *Orientations*, vol. 38, No. 1, January/February 2007, pp. 81-89;

◎ Chavannes, Émmanuel-Édouard (1865-1918). *Mission Archeologiquedaus la Chine Septentrionale* [北支那考古图谱]. Paris: Leroux, 1909-1915.

◎ The Freer Gallery of Art. *The Freer Gallery of Art: China* [佛利尔美术馆：中国]. Tokyo: Kodansha Ltd., 1971.

◎ Hopkirk, Peter. *Foreign Devils on the Silk Road: The Search for the Lost Cities and Treasures of Chinese Central Asia* [丝绸之路上的魔鬼：探索失去的中国中亚古城与珍宝]. Amherst: The University of Massachusetts Press, 1980.

◎ Piotrovsky, Mikhail, ed. *Lost Empire of the Silk Road: Buddhist Art from Khara Khoto (X-XIIIth Century)* [丝路中失去的帝国：黑水城的佛教艺术（十至十三世纪）]. Electa: Thyssen-Bornemisza Foundation, 1993.

◎ Stappen, Harry Vander and Marylin Rhie. "The sculpture of T'ien Lung Shan: Reconstruction and Dating" [天龙山雕塑：复原与断代]. *Artibus Asiae* Vol. XXVII, 3, 1965.

◎ Siren, Osvald (1879-1966). *Chinese Sculpture: From the Fifth to the Fourteenth Century* [中国雕塑：五至十四世纪]. London, 1925.

◎ Stein, Aurel (1862-1943). *Ancient Khotan: Detailed Report of Archaeological Exploration in Chinese Turkistan* [古代和田：中国新疆考古发掘的详细报告]. Oxford: Clarendon press, 1907.

About the Authors

Dr. Chang Qing received his B.A and M.A. from the Archaeology Department at Beijing University and his Ph.D. from the Art History Department at the University of Kansas. He has conducted research at three institutes in China: the Longmen Research Institute, the Archaeological Research Institute of Chinese Social Science Academy, and the Chinese Buddhist Research Institute. He later became the senior research fellow at the Freer and Sackler Galleries at the Smithsonian Institute in Washington D.C. and a post-doctorial fellow at the Metropolitan Museum of Art in New York City. He was the Curatorial Fellow of Asian Art at the Ackland Art Museum of the University of North Carolina, Chapel Hill, and Associate Curator of Asian art at the Ringling Museum of Art, Sarasota, Florida, Post-doctorial Teaching Fellow at Washingtong University in Saint Louis, Adjunct Professor in Asian art at the University of Missouri-St. Louis, and Research Curator at the Crow Collection of Asian Art in Dallas. Currently he is a professor of Sichuan University. His field of expertise is Chinese Buddhist art, including Buddhist architecture, sculpture, and painting. He has published numerous research articles, and this is his eleventh book. (Email: changqing2002@yahoo.com)

作者简介

常青，1962 年 12 月生于陕西省西安市。北京大学考古系学士与硕士，主修中国石窟寺艺术。曾在龙门石窟研究所、中国社会科学院考古研究所、中国佛教文化研究所与乐天文化股份有限公司佛教文化数据库工作。1999 年来到美国研究、学习与定居。曾在华盛顿佛利尔美术馆、美国国家美术馆作高级访问学者，研究美国各大博物馆收藏的中国佛教艺术品。2005 年在堪萨斯大学获中国艺术史博士学位。后在纽约大都会艺术博物馆亚洲部作博士后研究，在北卡大学亚克兰艺术博物馆、佛罗里达州瑞格林艺术博物馆担任亚洲艺术策展人。2010 年以后，曾于密苏里州圣路易华盛顿大学任博士后讲师、密苏里大学圣路易分校任客座教授讲授亚洲与中国艺术史，并在德克萨斯州达拉斯亚州艺术博物馆担任研究策展人。自 2018 年起在四川大学艺术学院任特聘教授。出版 10 种专著、60 余篇中英文研究论文，主要研究中国佛教艺术。